社会政策学会誌第7号

経済格差と社会変動

法律文化社

社会政策学会誌編集委員会

編集委員長　森　廣正　　　編集副委員長　池田　信

＊川島　美保	木村　隆之	坂脇　昭吉
椎名　恒	＊竹内　敬子	＊富田　義典
＊中山　徹	＊浪江　巌	深澤　敦
＊藤澤　建二	藤本　剛	＊松丸　和夫
鷲谷　徹	渡辺　満	

付記：本誌の編集は，春季号編集委員会（＊印の委員で構成）が担当した。

はじめに

　本書は，社会政策学会第102回大会の大会報告を中心に編集したものである。
　2001年5月26日（土）〜27日（日）に中央大学多摩キャンパスで開催された大会の参加者総数は，440名（会員325名，非会員115名）であり，「本学会史上最大規模の大会となった」（開催校報告より）と言われるほど盛会であった。
　大会の共通論題は，『経済格差と社会変動』であり，このテーマのもとに4つの報告が行なわれた。共通論題は，経済格差の拡大が世界的にも問題視されている今日，所得格差をはじめ「経済格差」問題がはらんでいる多様な側面を明らかにし，そうした社会問題を政策との関連で捉えるという趣旨（コーディネーター・森建資氏）のもとに設定された。さいわい4人の報告者全員に論文を執筆していただくとともに，総括討論で座長を務めた中川清氏の座長報告を掲載することができた。
　座長の中川氏によれば，今回の共通論題は，「経済格差の拡大と社会政策の必要性」，そして「20世紀の社会変動の結果としての不平等化の趨勢と現状が多様な性格と拡がり」を帯びることを共通して確認するものであった。
　最大規模の大会は，共通論題以外に開催された分科会の多様性にも現われ，それは同時に社会政策学会の対象領域の広域性を示すものであった。テーマ別分科会は，これまでの大会で最も多い11分科会であり，そこでは計30の報告が行なわれた。また，自由論題分科会の数は5分科会であり，計13の報告が行なわれた。
　テーマ別分科会の30の報告から，本書に掲載できたのは6報告の論文にすぎず，多くの報告論文を掲載できなかったことは非常に残念である。しかし，テーマ別分科会での報告内容および質疑応答・討論については，11分科会すべての座長報告を掲載することができた。なお，大会の詳細については，後掲「学会記事」に掲載されている第102回大会プログラムを参照されたい。

本書の装丁から明らかなように，社会政策学会誌は，本号から全く新しい装いのもとに法律文化社から発行されることになった。本誌が，旧『社会政策学会年報』と旧『社会政策叢書』のふたつの学会誌を継承して『社会政策学会誌』として統一され，その第1号が発行されたのは1999年7月のことであった。

　社会政策学会では，数年来，多くの学会改革に取り組んできた。その一環として，学会誌編集委員会は，誌面の充実・改善，出版社の統一などの学会誌改革に取り組んできた。本誌が，旧『年報』と旧『叢書』を継承するものであることを明らかにするために，本号に《社会政策学会誌の変遷》を掲載した。それは同時に，戦後社会政策学会の軌跡の一端を示すものでもある。

　ここに，長年にわたって社会政策学会誌の発行に携わっていただいた御茶の水書房はじめ，啓文社，有斐閣，ミネルヴァ書房ならびに出版社統一に際してお世話になった各社の皆様に心からお礼申し上げたい。

　最後に，執筆者の皆様はじめ，本書刊行のためにご尽力いただいた法律文化社社長の岡村　勉氏および編集担当の田靡純子氏に感謝の意を表したい。

　2002年3月

　　　　　　　　　　　　　　　　　　　　　社会政策学会誌編集委員会

目　次

はじめに

I 共通論題＝経済格差と社会変動

1 経済格差と経済政策 ……………………………………… 橘木俊詔　3
   1. はしがき　3
   2. 公平性の達成
      ―所得再分配政策によるのか，それとも当初所得の段階か　3
   3. 当初所得（賃金所得）の平等化策　8
   4. 税と社会保障による再分配政策　13
   5. 結論　14

2 日本のベルト的労働市場の現況について …………… 大須真治　17
   ――農村実態調査をもとに――
   1. 課題への接近　17
   2. 労働者生活を規定するものとしての農村の位置　17
   3. 「農村地域労働市場」の形成・展開　20
   4. 農家実態調査の実施　21
   5. 世帯の類型とその変動　23
   6. 現状を改善する施策へ向けて　31

3 「規模別格差」と分業構造 ……………………………… 植田浩史　33
   1. はじめに　33
   2. 高度成長期初期　35
   3. 1970年代〜80年代　37
   4. 1990年代以降の状況　42
   5. まとめ　44

4 女性と階級構造 ……………………………………………… 橋本健二　47
   ――所属階級と配偶関係からみた女性の経済的・社会的格差――
   1. 階級構造図式と階級カテゴリー　47

2 所属階級と配偶関係からみた女性の類型　50
        3 女性たちの経済的・社会的格差とその変動：1985-1995年　57
        4 結　論　61

〔座長報告〕
５　社会変動と不平等への視点……………………………………中川　清　64
        1 不平等化の問題提起　64
        2 社会変動の結果としての不平等　65
        3 格差の諸相と実態把握―不平等の問題構図　67
        4 不平等化の現状と行方　69

Ⅱ　テーマ別分科会＝報告論文と座長報告

テーマ別分科会１＝社会的・経済的格差とジェンダー
１　女性の社会移動の新たな視座に向けて………………橋本摂子　77
    ――所得関数による地位達成過程分析――
        1 はじめに　77
        2 独立モデルによる地位達成過程　80
        3 借用モデルによる地位達成過程　83
        4 終わりに　85

テーマ別分科会２＝若年者の雇用問題
２　フランスの若年層の雇用と失業……………………………鈴木宏昌　89
        はじめに　89
        1 フランスの教育制度と職業　90
        2 最近の雇用と失業　93
        3 学校より仕事へ：移行期間の長期化と複線化　95
        おわりに　101

テーマ別分科会３＝社会福祉改革における公私関係変容の構図
３　戦後社会福祉立法における公私関係とその民間社会
　　福祉事業に対する内在的制約について………………北場　勉　105
        1 はじめに　105

2 戦後社会福祉立法における公私関係を規制した
     原理とその背景　105
   3 GHQ の描いた理念と現実の政策　110
   4 日本的公私関係の形成とその民間社会福祉事業に
     対する内在的制約　113

テーマ別分科会 4 ＝変貌する地域社会と社会保障の今日的課題
❹ 大都市における高齢者の社会的孤立と
   社会保障・社会福祉の課題 ……………………河合克義　118
   ──東京都港区のひとり暮らし高齢者の生活実態を中心に──
   1 介護保険・社会福祉基礎構造改革における
     高齢者の生活像と制度選択能力　118
   2 ひとり暮らし高齢者の高出現率の地域的特徴と
     東京都港区の位置　119
   3 港区におけるひとり暮らし高齢者の量と生活実態　125
   4 「利用選択化」・「契約制度化」をめぐる問題点と
     社会保障・社会福祉の今日的課題　130

テーマ別分科会 8 ＝福祉国家と福祉社会
❺ グローバル化と福祉国家──EU 諸国のケース…下平好博　132
   1 はじめに　132
   2 「グローバル化プロセス」としての EU 経済統合　132
   3 経済通貨統合 (EMU) とマクロ経済政策の自律性の喪失　135
   4 「底辺への競争」は起きるのか？　136
   5 「アングロサクソン・モデル」への収斂は起きているのか？　141
   6 「国民国家の終焉」か？　147
   7 おわりに　148

テーマ別分科会10＝台湾の労働と社会保障
❻ 台湾の国民年金論議・素描 ……………………上村泰裕　151
   ──グローバル経済のなかの後発福祉国家形成──
   1 はじめに　151
   2 権威主義体制の遺産　152
   3 民主化と国民年金　155
   4 政権交代と国民年金　158

5 おわりに 160

〔座長報告〕
第1分科会 社会的・経済的格差とジェンダー（竹内敬子） 165
第2分科会 若年者の雇用問題（仁田道夫） 169
第3分科会 社会福祉改革における公私関係変容の構図（小笠原浩一） 172
第4分科会 変貌する地域社会と社会保障の今日的課題（川上昌子） 176
第5分科会 ホワイトカラーの雇用管理の生成史（三宅明正） 180
第6分科会 社会変動が労働者世帯の生活時間に及ぼす影響（伊藤セツ） 183
　　　　　——カップル単位の小規模生活時間調査から——
第7分科会 労働組合における新たな賃金政策の模索（遠藤公嗣） 187
　　　　　——「同一価値労働同一賃金」原則と単産の賃金政策——
第8分科会 福祉国家と福祉社会（武川正吾） 191
第9分科会 介護保険開始後1年（高田一夫） 195
第10分科会 台湾の労働と社会保障（埋橋孝文） 198
第11分科会 介護の市場化とホームヘルプ労働（深澤和子） 202

III 投稿論文

1 アメリカ年金政策における401(k)成立の意義 … 吉田健三 209
——1980年代企業IRAとの競合関係の分析を中心に——

　はじめに 209
　1 アメリカ企業年金制度における401(k) 210
　2 401(k)の成立過程 213
　3 企業IRAの成立とその背景 216
　4 企業IRAと401(k)の競合とその帰結 222
　むすび 228

2 職務給化政策の意義 ………………………………… 青木宏之 231
——F製鉄K製鉄所の1957年職務評価制度導入の事例——

　1 はじめに 231
　2 1957年賃金制度改訂——職務評価による能率給の合理化 232
　3 中央対現場 241
　4 格付の全社不統一 246

5　おわりに　249

33　衣服産業における生産過程の国外移転と
　　女性移住労働者の導入……………………………………村上英吾　252
　　1　はじめに　252
　　2　英米における「女性産業」に就労する移住労働者　254
　　3　日本における移住労働者の就労実態　256
　　4　衣服産業における生産の国際化と移住労働者の導入　263
　　5　まとめと展望　266

SUMMARY　273

学会記事（2001年度）　281

《社会政策学会誌の変遷》　287

編集後記　290

『社会政策学会誌』投稿論文募集について・【投稿規程】　291

I 【共通論題】経済格差と社会変動

経済格差と経済政策　　　　　　　　　　　　橘木俊詔
日本のベルト的労働市場の現況について　　　大須真治
「規模別格差」と分業構造　　　　　　　　　植田浩史
女性と階級構造　　　　　　　　　　　　　　橋本健二

座長報告：社会変動と不平等への視点　　　　中川　清

共通論題=経済格差と社会変動── 1

経済格差と経済政策

橘木俊詔 Tachibanaki Toshiaki

1 はしがき

　経済格差を所得分配の観点から評価した上で,どのような経済体制がこの世にあるかを考えれば,所得分配の平等性を重視する国とそうでない国が存在する。この区分は公平性(equity)をどの程度重視するかにかかっている。
　一方で,一国の生産量が高ければ高いほど良いとする,効率性(efficiency)を重視することも必要である。経済学では一般に,効率性と公平性にはトレード・オフがあるとみなされている。古くは Okun [1975] の有名な主張がある。最近に至って,公平性が高ければ,効率性も高くなる,という主張も結構ある。その理由の1つは,賃金分配が平等であれば,大多数の人が勤労意欲を高くもつからである。私は過去の日本はこの理由が相当作用して,国民の多くが一生懸命働いた,と思っている。ただし,この理由は有能な人や貢献度の高い人が,ヤル気を失う可能性もある。このマイナス効果をどこまで食いとめるかが鍵である。最近の興味ある文献として,Aghion and Howitt [1997] が有用である。
　本稿の目的は,この分野の本格的かつ厳密な理論展開をせずに,直感的な議論に基づいて公平性を期するには,再分配政策に依存すべきなのか,それとも当初所得の段階で公平性を期すべきかを論じる。そして,それぞれに関してどのような具体的政策があるかを論じてみたい。

2 公平性の達成──所得再分配政策によるのか,それとも当初所得の段階か

　資本主義ないし市場主義を基礎とする先進諸国の中で,アメリカと北欧諸国

I 共通論題

は好対照をなす。効率性（特に生活水準の高さ）は共に高いが，公平性の性質が異なる。すなわち，アメリカは機会の平等を尊重するが結果の平等は問わない。北欧諸国との1つの差は，所得分配の不平等度に現われる。すなわち，アメリカの所得分配の不平等度は，北欧のそれよりはるかに高くなる。いわばアメリカは貧富の差は大きいが，北欧は小さいのである。そのあたりの現状については，日本の現状も含めて橘木［1998a, 2000b］参照。本稿で公平性を議論する時は，水平的公平と垂直的公平のうち，主として垂直的公平に関することである。

　所得分配を語る時に重要な点は，当初所得なのか再分配所得なのか，という差である。もとより，再分配所得は税制や社会保障制度による所得再分配効果を織り込んだものであるが，当初所得はそれを織り込まないものである。所得分配の現状を議論する時は，再分配所得（可処分所得と呼んでもよい）に基づく方が望ましい。なぜならば，再分配所得は消費，ないし生活水準を規定する指標になるからである。

　私が強調したいことは，再分配所得の平等・不平等を決定するのは，2つの評価軸ないし変数があるということである。第1は，当初所得の平等・不平等の現状であり，第2は，税制と社会保障制度による再分配効果の強度である。もう少し具体的にいえば，もし再分配所得を平等にするには，第1と第2の組み合わせをどのようにすればよいか，という問題に帰着する。

　もし当初所得が既に平等であれば，再分配政策の登場は必要ない。一方，たとえ当初所得が不平等であっても，強力な再分配政策を採用すればよい。前者と後者の方法では，どちらが望ましいのだろうか，というのがここでの問題意識であるといってもよい。もとより，アメリカのように当初所得の不平等を是正する必要がなく，したがって再分配政策も弱くてよい，という考え方もある。私は個人的にこの考え方を支持しないので，一応考慮の対象から除いておく。しかし，わが国でもこの考え方を支持する層は増加している。例えば，昨今のアメリカ型市場原理を模範として，わが国に規制緩和政策や競争至上主義を導入すべし，とする人々に多い。これは最近のアメリカ経済の成功も遠因になっているし，貧富の差は本人の能力と努力の差によるとみなして，自然の流れとみなすのである。

ここで望ましいということを判断するには，①資源配分上はどうだろうか，②人々が感じる公平感・不公平感はどうなのか，③政府の立場からみたらどうか，といったことが基準になる。

　まず当初所得について考えてみよう。当初所得が既に平等であるということは，おおまかにいって賃金分配が平等であることを意味する。わが国の賃金決定方式が年功序列制であったということは，賃金分配が平等であったことを意味する。この方式のメリットは，全社員が平等に処遇されていることを認知させるので，すべての労働者の勤労意欲を大切にすることになる。特に，能力分布の下方にいる人の勤労意欲の向上に役立つ。しかし，能力分布の上方にいる人の勤労意欲にとってマイナスになる可能性がある。すなわち，自分はこれだけ高い生産性，ないし貢献度なのに，正当に評価されていないと不満をもって，勤労意欲を損なう可能性がある。

　一方，当初所得が不平等であるならば，賃金決定方式は能力・実績主義を採用しているといってよい。労働者の生産性・貢献度に応じて報酬を決めるので，賃金格差は拡大する傾向にある。この場合には，能力分布の下方にいる人の勤労意欲にとってマイナス，能力分布の上方にいる人の勤労意欲にとってプラスとなる。

　年功序列制がよいのか，能力・実績主義がよいのかの判断は，1つの企業の生産性を決定するのは，能力分布の下方にいる人ないし全員なのか，それとも主として上方にいる人なのかの違いによる。言い換えれば，社員全員の勤労意欲なのか，それとも一部の有能な人の貢献が，ほぼすべてを決めるのかの違いである。

　少品種の製品を大量生産する方式が前者にふさわしく，多品種の製品を小量生産する方式が後者にふさわしいともいえる。あるいは製造業が前者であり，サービス業が後者ともいえる。前者は高度成長期の日本がそれに相当し，後者はポスト産業社会のアメリカといってもよい。こう理解すると，日本が年功序列制を採用し，アメリカが能力・実績主義を採用したことが，自然な解釈となるのではないだろうか。

　現在のわが国では，年功序列制から能力・実績主義への移行論が主流である。

I 共通論題

　私も橘木［1998b］において，これを主張した。しかし，民間会社の富士通では能力・実績主義を見直して，その程度を低めにする政策を最近導入した。その理由は，能力・実績主義では，誰もが嫌がる仕事をしなくなり，目立つ仕事やすぐに実績の上がる仕事を多くの人がやりたがる，というデメリットが顕在化したからだとされる。

　これはひとえに仕事ぶりの査定がうまくいっていないことによる。確かに査定はむずかしいが，上で述べたデメリットを顕在化させない査定の方法を生み出す必要がある。

　結論を急ごう。賃金分配の平等・不平等の決定，すなわちどのような労使関係によるのか，という問題は，実はその国の産業の現状や生産方式，人の能力分布への対処の仕方，等と結びついているのである。これらの要因を総合的に判断することによって，当初所得（すなわち賃金）の平等でいくのか，それとも不平等を容認していくのかが決定されるのである。

　次に再分配政策を考えてみよう。もし当初所得が平等であれば，税や社会保障による強力な再分配政策は不必要である。もし当初所得が不平等であれば，結果の平等を達成するために，社会の合意がある限り，再分配政策の登場に期待がかかる。具体的にいえば，高所得者には高率の税率と社会保険料を課し，低所得者には逆に低率の税率や社会保険料率を課すと共に，手厚い社会保障給付を行なうことになる。これらの政策が再分配所得の平等化に貢献するのは明白である。

　ここで問題になってくるのは，強力な再分配政策がもつ経済効果をどう評価するかである。人々（特に高額所得者）は高い税・社会保障負担に対して，異議を唱える可能性がある。例えば高負担は労働供給にマイナスの効果があるとか，貯蓄をするインセンティブの阻害になる，といった不満である。

　現にいくつかの先進諸国においては，労働供給や私的貯蓄（すなわち資本蓄積）を阻害するという効果も実証されており，資源配分や経済成長の面でマイナスの効果がある。いわば効率性にとって有害な場合もあり，高い税・社会保障負担が見直されたこともある。福祉国家の典型である北欧諸国においても，この批判が深刻となり制度の見直しがなされたことがある。福祉国家ではない

が，イギリスのサッチャー首相とアメリカのレーガン大統領は，福祉の充実は国民を怠惰にすると批判した。しかも，効率性優先の政策を採用して，落ち込んでいた英米経済の再建に成功した例もある。欧米ではこの種の問題は，時の移りと共に，議論が振幅する。すなわち，政治の世界と結びついていることも確かである。

経済学からの福祉国家批判の代表として，Lindbeck et al. [1994]，Dreze and Malinvaud [1994] を挙げておこう。反批判の代表として Atkinson [1995, 1999] がある。

わが国ではどうだろうか。橘木 [1998a] では，税や社会保障制度が労働供給や私的貯蓄に与えた効果はほとんどなく，人々の税に対する反対は，根拠のないキャンペーンにすぎないと解釈した。しかも，わが国の租税・社会保険料負担は，先進諸国の中では最低位に属しているのに，不満が高いという不思議な国である。詳しくは同書参照。社会学からの福祉国家を積極的に支持しているものとして，富永 [2001] がわかりやすく有用である。

ここで興味深い課題は，当初所得（賃金）を受け取った段階で人々が感じることと，租税や社会保険料を徴収された段階で感じることと，どちらがより深刻な負担感や影響を与えるか，ということである。もう少し具体的にいえば，能力の高い人がもし賃金が低くしか支払われないことへの不満と，賃金は高くとも税金を多くとられることの不満，どちらがより不満・不服の程度が深刻なのだろうか，という問題設定におきかえてもよい。

政策の実施という観点からすると，期待される政策の効果に大きな差がないのであれば，できれば人々の不満ないし不服の程度の低い方の政策を採用した方が望ましい。しかし，この2つの選択肢に関して，どちらの政策がより有効なのか，あるいは人々の不満は高いのか，といった種類の研究を知らない。単純化していえば，税金の前の段階にこだわるのか，それとも税金を徴収された段階にこだわるのか，ということになる。

1つ明確にいえることは，当初所得の段階にこだわると，労使関係を含めて企業制度や社会全体の制度改革を問題にするので，やらねばならないことが大規模となる。逆に，税・社会保障であれば制度がすっきりしているし，税率や

I 共通論題

社会保険料,そして社会保障給付額の変更は,比較的短期にしかも単純に行なうことができる。さらに,政策立案も比較的簡単にやりやすいという利点はある。今後この種のことにも関心を払って,政策の遂行にあたる必要がある。

3 当初所得(賃金所得)の平等化策

　当初所得(特に賃金)を平等化することが望まれるのであれば,どのような政策が期待できるのだろうか。わが国が年功序列制から能力・実績主義への移行が時代の勢いであるのなら,その帰結は賃金所得の不平等化を生む確率が高いことを意味する。そのような状況の下,当初所得(賃金所得)の平等化はそう容易に達成できない。すなわち,能力・実績主義のもたらす自然の成り行きを阻止するのであるから,相当強い政策を実行せねばならない。

　その政策を,私は「最低賃金法の強化」,「パート・タイム労働者とフル・タイム労働者の時間あたり賃金を同一にする」,「就業形態別格差の是正」,「セーフティ・ネットの充実」であると考える。能力・実績主義の浸透によって,賃金格差の拡大は不可避とすれば,ここで述べたこれらの政策がうまく機能する限り,当初所得の不平等化を少しでも阻止できるという,望ましい効果が期待できるからである。それを述べてみよう。

(1) 最低賃金法の強化

　当然のことながらわが国には,最低賃金法は厳と存在する。しかし,その実効力については疑問符がつきまとう。それは法律の拘束力が弱いからである。すなわち,法律の規定する時間あたり賃金額以下の賃金支払いがあっても,最低賃金法の実効作用が弱いことが,次の3つの現実で証明される。①違法であるかどうかの監視能力が弱い,②違法が摘発されたとしても罰則が弱い,③国民全体の雰囲気として遵法精神がさほど強くない。

　③の指摘には反対意見も強いかもしれないが,法や裁判による決済に頼るよりも,示談ないし話し合いで解決することを好む日本人の国民性から理解できる。逆に,移民国家ないし多民族国家であるアメリカと比較すれば,遵法精神

の希薄さもわかってもらえるのではないか。

　10年以上前に「男女雇用均等法」が施行され，数年前に改正されてやや進歩したとはいえ，この法律は関係者にとって努力義務だけとみなされており，男女雇用均等や昇進平等，賃金同等は遅々として進まない。「最低賃金法」も「男女雇用均等法」ほどとはいわないが，努力義務とみなされているのではないか。

　私は最低賃金法では，監視機能の強化と罰則適用の徹底が有効な解決策と考える。監視機能の強化には費用もかかるが，公共政策の公平な施行には費用がかかるというのはやむをえない。いわば必要コストである。罰則適用の徹底を主張する案は，人を性悪説に基づいて評価するので好ましくないかもしれない。しかし，アメリカで脱税行為が少ないのは，牢獄行きの多い罰適用がひとえにその理由なのである。最低賃金法違反企業の罰則適用の増加はやむをえない。

　次に重要なことは，最低賃金額の増額である。わが国の時間あたり最低賃金額は府県や産業によって微妙に異なるが，1999年で日額5200円前後である。1ヵ月に25日働くとすると，月額13万円位となる。この額が1ヵ月の生活費として十分であるかどうか，その人の年齢と家族構成にもよるが，年齢が高く家族人員が多ければ，最低生活水準以下であるといわざるをえない。

　もとより賃金の決定は，労働者の資質や経験年数，生産性，企業の業績状況，等々に大きく作用されるので，安易に法定最低賃金が低過ぎると非難できない。しかし，わが国にはいわゆる電産型といわれるように，賃金を生計(活)費原理（すなわち生活を保障する）に基づいて認識する伝統がある。生計(活)費原理を現代に即して，理論的・実証的に再検証したものとして，Ohta and Tachibanaki [1998] がある。

　生計に困難をもたらすのであれば，人権保証の見地からも，最低賃金額の増額が求められる。しかし，現実には最低賃金の増額はそう容易に達成されていない。中央政府・地方政府の最低賃金審議会は，大幅な増額の勧告をしていないのである。なぜだろうか。

　これは主として経営側の拒絶にある。審議会は経営側・労働側・中立学識経験者の三者で構成されているが，経営側は労働コストを押さえることがいわば

命題ともいえるので,増額に容易に賛成しない。いわば当然の行動ともいえる。

打開策はないのだろうか。これは労働側の問題といってよいかもしれない。一般に労働側の審議会参加者は,労働組合の代表者が中心である。大企業中心の労働組合では大半の人が最低賃金より相当高い賃金を受け取っている。その人達にとって,最低賃金額の決定は自分達にとって死活問題ではない。したがって要求もおよび腰の可能性がある。最低賃金額の増額のためには,実はそれら労働組合員であるフル・タイム労働者の犠牲（すなわち多少の賃金削減策）も必要なのである。

もとより,組合員の労働者だけに犠牲を強いるのは不公平である。経営側も最低賃金あたりの所得では,生活が相当苦しいことを理解してほしい。賃金決定に生活費仮説の伝統があるわが国では,経営側にも最低賃金法の意義をわかってもらえれば,多少の進歩がみられるのではないか。もとより労使一体となって,生産性の向上に努め,パイの増大を図って,その果実の多くを労働側に,できるだけ高い賃金を配分することも有効な一案である。

(2) パートタイマーとフルタイマーの時間あたり賃金を同一に

先進諸国では男女間賃金格差は縮小傾向にあるが,わが国だけは逆に拡大傾向にある。その最大の理由は,パートタイマーとフルタイマーの時間あたり賃金率が拡大しているからである。パートタイマーのほとんどは女性なので,全体でみると男女間賃金格差が拡大することになる。

企業がパートタイマーを多く需要することには,当然の理由がある。時間あたり賃金の低いこと,ボーナス支払いがないかそれとも少額ですむ,社会保険料の企業主負担分の節約,等々様々である。すなわち,労働費用の節約につながるからである。しかも,女性を中心にして,週あたり労働時間の短いパート労働の供給希望が根強いことが手伝って,パート労働の需要が決定している。

しかし,パートの労働需要が供給を上まわっているとみなせるのに,なぜパートとフルタイムの時間あたり賃金格差は拡大したのだろうか。次のような理由が考えられる。第1に,パート労働者のほとんどは労働組合に加入しておらず,企業との賃金交渉において拮抗力が弱い。第2に,このことと関連する

が，労働市場はパートに関して需要独占に近い。第3に，パート労働者の多くは既婚女性なので，夫の職に拘束されがちであり，企業や地域を移動する可能性が低く，労働市場が分断されている。第4に，夫が職にある限り家計に所得はあるので，妻の賃金増額への要望はさほど強くない。第5に，企業もこれらのことがわかっているので，なるべくパート労働の賃金率を押さえようとする。もし企業に余力があるのなら，夫（すなわち男性）やフルタイマーの賃金を上げることを優先しがちである。第6に，わが国では一般的に時間あたり賃金に重きをおかない。特にフルタイマーは月給が主流なので，パートタイマーの時間あたり賃金とフルタイマーの月給とを比較することには多少の無理がある。

賃金を生活費給の観点からみれば，上で述べた諸理由は説得力が増すし，合理的とも評価できる。しかし，同一労働・同一賃金の立場からすれば，賃金格差の拡大は容認できない。現今の職場では，フルタイマーもパートタイマーも同じ仕事に就き，かつ生産性や貢献度もほぼ同一というケースが結構多い。週あたり労働時間が異なるのみである。あえて異なる点を強調すれば，企業への忠誠心や責任感に多少の差があり，忙しい時期にフルタイマーは超過勤務に応じることぐらいではないか。この理解が正しければ，パートタイマーとフルタイマーの時間あたり賃金格差が小さくなる必要性は高い。

オランダは1982年の「ワッセナー合意」によって，政労使がこのことを確認し，格差をゼロにすることを法律で決めた。これがワーク・シェアリングの起源となったのは有名である。いわばパートタイマーとフルタイマーの差別を禁じたのである。これを達成するには，フルタイマーにある程度の犠牲が強いられるが，わが国の労働組合は大企業のフルタイマーだけで構成されているので，抵抗は強いかもしれない。

わが国でもパートタイマーの時間あたり賃金の上昇策が望まれる。それは公共政策の一環として，オランダに習って法制化が必要ともいえる。そのメリットは次の点に要約される。第1に，当初所得（賃金所得）の平等化に貢献する。第2に，パートタイマーの勤労意欲を高めることができる。第3に，ワーク・シェアリングないし賃金シェアリングの効果が功を奏して，パートタイマーをより多く雇用できるので，失業率の低下につながる可能性が高い。

I 共通論題

(3) 企業規模間格差と就労形態別格差

　わが国には二重構造論として，大企業と中小企業の間に賃金を筆頭にして，様々な格差がある。マル経・近経を問わず経済学者を魅了してきた課題である。近経側からは尾高 [1984]，Tachibanaki [1996]，石川 [1999] を挙げておこう。

　植田 [2001] が指摘するように，現代では規模間格差は変容しつつある。ベンチャー企業をはじめ，中小企業によっては大企業以上に成功を収めて，賃金・利潤率・株価からみて高成果を生み出している一部の中小企業の繁栄もある。逆に大企業でも構造不況業種の中には，生産性や競争力の低い，場合によっては倒産の憂き目にあう企業もある。伝統的な二重構造論と異なった別の姿が現われていることは確かである。

　かといって，格差が消滅したわけではない。まだ一般的に残存する規模間格差是正のために，様々な政策が必要であることに変わりはない。ここではそれらを議論するのではなく，大企業における労働者の就労形態による差に注目したい。

　わが国の企業では，いわゆる非正規労働者（パートタイマー，期限つき契約社員，派遣社員，等々）の比率が高くなりつつある。労働者のうち約3割が非正規といわれ，かつ大企業にその比率が高いのが特色である。もっとも，中小企業に非正規社員の比率が低くとも，開業・廃業率の高い企業群なので，結果として雇用期間の短い人が多いので，非正規社員の顔も保持しているともいえる。

　先程パートタイマーとフルタイマーの賃金格差拡大を示したが，これで代表されるように，各種の非正規労働者と正規労働者の賃金格差拡大もみられる。もとより一部の限られた職種では，契約社員や派遣社員の賃金に高い職種もあるが，全般的には非正規社員の特色により，賃金は正規社員よりも低い。同じ大企業の中でほとんど似た仕事をしているにもかかわらず，就業形態の差による賃金差が規模間格差よりも深刻な場合が結構ある。

　人が賃金格差や不平等を実感するのは，異なる職場や企業にいる見知らぬ人の間よりも，同じ職場で同じ仕事をしている人同士の方が，より強いのではないか。これらお互いによく知っている人の間では，勤労意欲にも響くのではないかと思われるので，格差はなるべく小さい方が望ましい。とはいえ，是正策

はそう容易ではない。就業形態の差は採用される時からわかっていることなので，不満をあからさまに述べることができる雰囲気はないだろう。つまり，格差を不条理と感じて，あきらめているかもしれない。正規労働を希望する人には，全員それを与えられるような国にすることが，多分ベストな政策だろう。

（4）セーフティ・ネットの充実

人は様々な理由で無所得あるいは低所得になる場合がある。代表的な理由は，失業するとか，健康を害して働けなくなる場合である。そういう事態に備えて，社会は失業保険制度とか生活保護制度を設けて，所得保障制度を設けている。これらの社会保障制度による所得保障は，基本的には再分配所得政策とみなせるが，所得分配の不平等を是正する目的からすれば，当初所得の低い人に対する是正策という目的をも兼ねている。国によっては，社会保障給付額を当初所得に計上していることからも，このことがいえる。

わが国の失業保険制度や生活保護制度は，他の先進諸国と比較して相当見劣りするというのが私の判断である。親族や企業（例えば失業させない企業行動）がセーフティ・ネットないし，所得保障の担い手とみなされていたので，制度の未熟にはそれなりの根拠はあったが，もうそういう時代ではないことは確実である。詳細な議論は橘木［2000b, 2001］に譲るとして，様々なセーフティ・ネットの充実策が必要であることを強調しておきたい。

4　税と社会保障による再分配政策

税と社会保障による再分配政策にはどのようなものがあるのだろうか。この課題を論じるだけで1つの論文の長さになるので，ここでは簡単に述べることにする。

課税後所得に影響を与える租税は，所得税と消費税である。特に所得税（国税，地方税）のもつ意味が大きい。所得税に関しては3つの方策がある。第1に，課税最低限の所得を上げること。第2に，所得税率の累進度を上げる，ないし強化すること。第3に，各種の所得控除額を増加させることである。

私見は次のようなものである。わが国の課税最低限所得は相当高いので，これ以上高める政策は考えられない。橘木［1998］によると，税率の累進度は過去20年間位下げられてきたので，これを元に戻す案は考えられてよい。ただし，この政策を国民に納得してもらうのは容易ではないが，わが国の再分配所得が不平等化していることを理解してもらって，平等化の必要性を説くしかない。各種の所得控除制度を増加することは，税制の単純化が望ましいとする精神に反するので，これ以上所得控除を増加することは望めない。むしろそれを減らす方向が望ましい。

　このように理解すると，残された方策は所得税率の累進度を強化する案しかない。高所得者にはより高い税率を，低所得者にはより低い税率を，ということになる。国民の合意を得る必要性がある政策であるが，所得税制度の設計は税率の決定に大きく依存するので，やりやすい政策の代表である。

　消費税は現在のところ5％の比例税制なので，逆進性があるといってよい。私は累進消費税，ないし累進支出税の導入が理想と主張している。例えば，橘木［2000a, 2002］参照。徴税技術上そう容易な税ではないので，これ以上言及しない。

　最後は，社会保障制度による所得再分配政策である。社会保障制度のうち，失業保険制度や生活保護制度は既に述べた。これ以外にも，年金制度，医療保険制度，介護保険制度がある。これらがどのような所得再分配効果があるのかを議論するには長文を必要とするし，この論文の範囲を越えているともいえる。

　私の個人的意見は，社会保障制度に所得再分配効果を期待するのは合理的ではない，とするものである。社会保障制度の1つの大きな目的はリスクのシェアーと，セーフティ・ネットの準備である。死亡時期や疾病の不確実性による，結果として所得再分配効果が生じるのはやむをえないが，あらかじめ制度に再分配効果を織り込む必要はない。所得再分配効果は税制に期待するのがよい。

5　結　　論

　所得分配の公平性を達成するには2つの手段がある。第1に，たとえ当初所

得（賃金所得）が不平等であっても，税や社会保障によって強力な再分配政策を採用する。第2に，最初から当初所得の平等分配を求めて，再分配政策には効果を求めない。

　税や社会保障による再分配政策の具体案，特に税制は比較的簡単に制度の設計ができる。一方，当初所得の平等策は各種あるし，複雑な制度設計や変更を必要とする。本稿ではそれらの各種ある諸政策のうち，低所得者の所得を上昇させる諸案を呈示し，それらを具体的に述べた。

　理想的な政策は，第1の手段と第2の手段が，それぞれ人々にどれほどの不平・不満ないし負担感をもたらすのか，あるいはそれぞれの手段を実行するに際してのコスト，等が判明した上で，第1と第2の最適な組み合わせを決定することであろう。本稿ではそれぞれの手段のもつメリット・デメリットを示したが，考え方のみを呈示したにすぎず，具体的なメリット・デメリットを数量的に示したわけではない。しかし，私は税による再分配政策を用いる方が，比較的短期間にかつ簡明に，コスト最小で行なえるメリットがあるので，好ましい方策に思える。とはいえ，第2の方法も補助的に用いる必要はある。

　最後に，この論文は所得配分の公平性ないし平等性を達成するための施策を議論したが，どれほどの分配の平等・不平等が最適であるかの議論をしていない。それは社会を構成する人々の価値判断によって決定されるものだからである。例えば，Libertalian, Marxian, Rawlsian, Utilitarian, その他様々な価値判断がある。この論文は，できれば所得分配は平等である方が望ましい，という価値判断の下で書かれていることは確かである。

【参考文献】

石川経夫 [1999]，『分配の経済学』東京大学出版会
植田浩史 [2001]，「規模間格差について」社会政策学会102回大会報告
尾高煌之助 [1984]，『労働市場分析』岩波書店
橘木俊詔 [1998a]，『日本の経済格差』岩波新書
橘木俊詔 [1998b]，「日本の労働問題と社会保障問題」小宮隆太郎・奥野正寛編『日本経済21世紀への課題』第10章，東洋経済新報社，219-238頁
橘木俊詔 [2000a]，『セーフティ・ネットの経済学』日本経済新聞社

I 共通論題

橘木俊詔 [2000b],「日本の所得格差は拡大しているか―疑問への答えと新しい視点」『日本労働研究雑誌』July, 41-52頁

橘木俊詔 [2001],「失業リスクとワーク・シェアリング」橘木俊詔編『ライフサイクルとリスク』第5章, 東洋経済新報社, 103-124頁

橘木俊詔 [2002],「社会保障制度における世代間公平論と民営化を含んだ制度改革」貝塚啓明編『社会保障と世代・公正』第3章, 東京大学出版会, 43-73頁

富永健一 [2001],『社会変動の中の福祉国家』中公新書

Aghion, P. and P, Howitt [1998], *Endogenous Growth Theory*, Cambridge, MIT Press.

Atkinson, A. B. [1995], *Incomes and the Welfare State*, Cambridge, Cambridge University Press.

Atkinson, A. B. [1999], *The Economic Consequences of Rolling Back the Welfare State*, Cambridge, MIT Press.

Dreze, J. H. and E. Malinvaud [1994], "Growth and Employment: the Scope for a European Initiative", *European Economy*, No.1, pp. 77-106.

Lindbeck et al. [1994], "Options for Economic and Political Reform in Sweden", *Economic Policy*, No. 17, pp. 219-264.

Ohta, S. and T. Tachibanaki [1998], "Job Tenure Versus Age: Effects on Wages and the Implication of Consumption for Wages", in I. Ohashi and T. Tachibanaki, (eds.) *Internal Labour Markaets, Incentives and Employment*, London: Macmillan Press, pp. 49-80.

Okun, A. [1975], Equality and Efficiency; The Big Tradeoff, Washington D. C., Brookings Institutions.

Tachibanaki, T. [1996], *Wage Determination and Distribution in Japan*, Oxford; Oxford University Press.

共通論題＝経済格差と社会変動——— 2

日本のベルト的労働市場の現況について
農村実態調査をもとに

大須真治　Ohsu Sinji

1　課題への接近

　1990年代以後，社会経済構造の変化で国民生活も激しく変動し，国民生活の安定のために必要な施策が真剣に求められている。この場合に必要なことは，国民それぞれの暮らしと仕事のあり様を生き生きと捉え，それを規定する仕組みを明らかにすることである。それに基づいて，国民生活の安定の施策は策定されなければならない。この場合問題となるのは，人々の暮らしと仕事のあり様は個々具体的に把握されなければならないが，示されるべき施策は個々の違いを超えて，国民に共通するものとして提起されなければならないということである。この困難を克服する方法として社会階層的な方法が考えられる[1]。

　社会階層は特定の性格をもった人々の集まりで，内部に共通し，外部に異質なものとなっている。社会階層として見ることにより，そこにある人々の仕事と生活のあり様は具体的に観察され，集まりの間の関係をたどっていけば社会全体の構造に迫っていくことができる。こうして特定の区切られた集団の具体的な観察から出発して，社会の全体の構造に達し，そこから国民共通の施策を提起することが可能となる。

2　労働者生活を規定するものとしての農村の位置

　国民生活の問題を考察する出発点となる社会階層としては，その最大部分を占めている労働者のそれを考えることができる。労働者の経済生活を左右する最大の要因は労働条件で，それは労働市場における労働力の需要・供給関係に

I 共通論題

規定されている。低水準の労働条件による労働力をどれだけ大量に労働市場に流入させることができるかどうかにより，労働力需要・供給関係は左右され，それによって賃金・労働時間等を中心とする労働条件は，決定づけられる。こうした脈絡で，労働市場に追加的に流入させられているか，あるいは流入させられようとしている労働力の性格を明らかにすることが必要となってくる。

そうした追加的な労働力の供給基盤として農村の果たした役割を分析する。1970年代のはじめまで，農家から農外への就職者の数は，年間80万人を超し[2]，その雇用就職者総数に占める比率は，1964年17.0％，72年14.1％で，この間12％を下回ったことはなかった[3]。その後，就職者の数も比率もともに低下し，88年には4.3％となっている。この低下は，供給の仕方の転換とともに進行する。農家からの転出によるものから，在宅によるものへの転換である。在宅就職の割合は，60年代60％以下であったものが，70年代後半には70％を超えている。こうして高度経済成長期に農村からの労働力供給は，量を減らしつつ転出型から在宅型へと転換していった。これをさらに細かく見ると，労働力供給における農村の役割の変化に別の面が出てくる。農家就職者の雇用就職者総数に占める割合を産業別男女別年齢別に示してみる。紙数により製造業だけを示す（図1）。

この図1から全体の動きとは異なった動きを見ることができる。1つは19歳未満の若年者の労働力供給の割合の高さである[4]。男女とも30％以上の高さにあり，この年齢層で農家の労働力供給は，特別な位置をもっていた。80年代以後には低下するが，他の年齢層に比べれば高い割合を保っている。2つ目は製造業女子の30～34歳，35歳以上の69～74年の動きで，34歳以上は72・73年には20％を超え，30～34歳も15％を超え，他には見られない高さを示す。製造業・女子・中高年齢者は特異な動きを示す。これは当時，農家に残されていた労働力である農家主婦層が製造業に追加供給されたことを意味する。これが「農村地域労働市場」の形成に関わるものである。「農村地域労働市場」は農家主婦をこれまでとは異なる形で農外の労働力とした。つまり農家世帯から切り離すことなく追加労働力としたのである。これまでのように農家の労働力を農家から切り離し，都市で労働力とするのではなく，工場が農村に出かけて行って，

図1　農家就職者の雇用就職者に占める割合

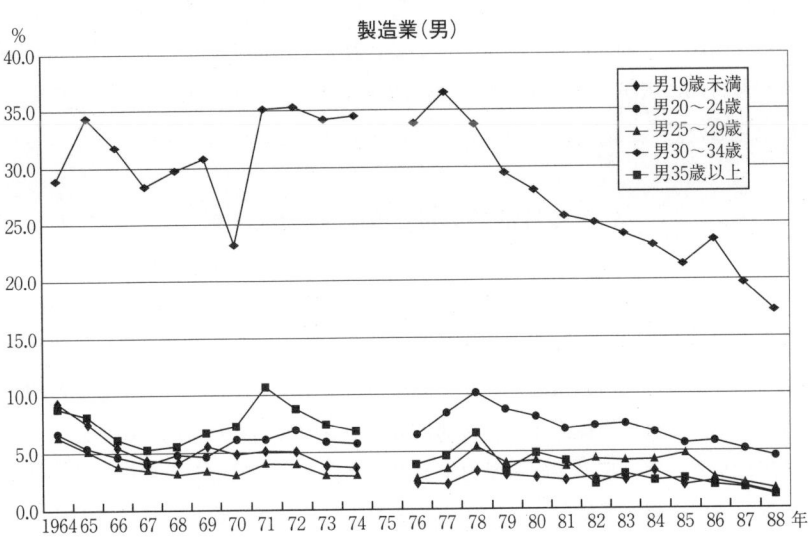

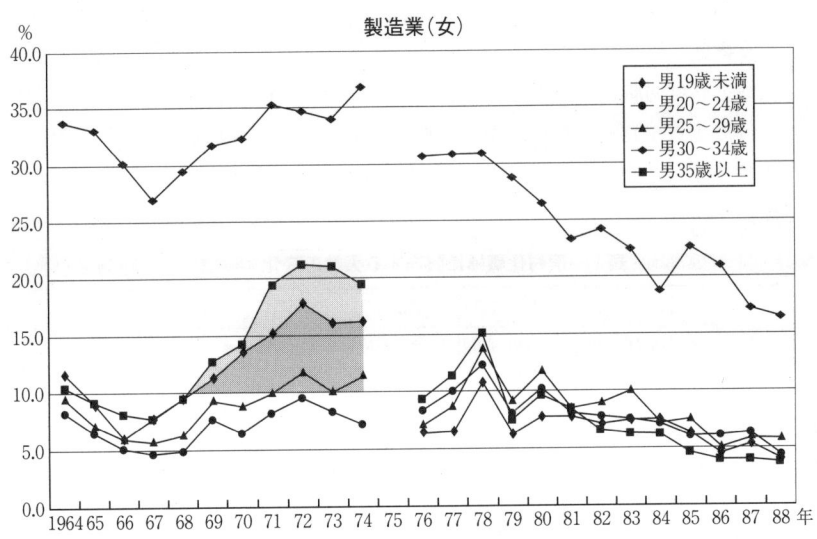

資料：農林水産省「農家就業動向調査」および労働省「雇用動向調査」より作成（注3参照）。

そこで労働力化したのである。これは，農村部の零細企業をも都市の大企業の下請け関係の下に組み込んで行われ，農村部で作られた利潤が大企業に吸収される仕組みを下敷きとしている。ここにこれまでとは異なった労働力の需給関係が農村部に広がったのである。一過的な性格をもって労働力追加供給の仕方が成立した。

3 「農村地域労働市場」の形成・展開

こうして農村部には，従来のものに加えて，主に3つの性格を持った労働市場が形成されることとなる。①自家農業就業と密着した農業賃労働，建設や食品などの地場的な労働市場，そして②公務・金融など農村部にもある都市的な労働市場，これらは従来から農村部にあったものである。これらに加えて，③60年代後半以後，農家主婦労働力を労働力基盤として都市から農村部に移動してきた労働市場が登場する。こうして3つの部分が折り重なって「農村地域労働市場」が形成されることとなった[5]。「農村地域労働市場」のそれぞれに対応する職種従業者数によってその変化を見る。①の地域に密着した地場産業的な職種を農村的職種，②農村部にもある都市的な職種を都市的職種，③都市から農村に重点を移した農村工業に対応する職種を農村化職種とする[6]。③の農村化職種が「農村地域労働市場」の動きと直接関わるので，それを見てみる（表1）。

表1　農村化職種に該当する人数の変化（男女計）　　（単位：人）

年	1960年	1965年	1970年	1980年	1990年	1995年
人　数	4,309,100	5,530,900	7,392,285	7,068,766	8,142,647	7,774,560

農村化職種従事者数は1960年から70年まで急速に増大し，70年代に減少し，80年代に増加した後，低下する。こうした動きから，「農村工業」の農村部への進出の一過的性格が明らかになる。しかし，「農村工業」の進出が停滞に向かった後の農村は，決して元の農村に復帰したのではない。「農村工業」を前後して農村は大きく変化したのである。その内容を農家階層の変化で捉えよう

とするのが，われわれの農家実態調査の目的であった。

4 農家実態調査の実施

　農家実態調査は，長野県伊那市の2つの農業集落で行った。伊那市は，諏訪湖から流出する天竜川が作る伊那谷の最北部の盆地の両岸に位置する。調査集落は天竜川東岸部にある。

　諏訪，岡谷地区は電気・精密機器製造工場の密集する地域で，その下請け工場が伊那盆地にも進出し，一時は，伊那谷は日本の「シリコンバレー」とも言われる状況であった。伊那市の製造業従事者数は，1970年7,723人，75年8,639人，80年9,765人，85年11,231人と5年毎にほぼ1,000人増加したが，その後90年は11,319人，95年は11,616人と停滞している。同地域は，もともと養蚕地帯であったが，三峰川総合開発（1955～65年）で開田が進み，その後の構造改善事業，農村地域工業導入特別対策事業等により大型機械による米生産が一般化し，養蚕は衰退した。米以外の作物としては雨除けトマト，菌茸，矮化りんごなどの導入が順次なされてきた。

　農業就業者数は1970年の10,190人から85年の4,322人へ急減し，90年3,929人，95年3,906人と，なお減少している。製造業就業者の増大と農業就業の減少が対応して「農村地域労働市場」が形成されたが，その後，製造業就業者の増加が見られなくなってもなお農業就業者数が減少している。農家の仕事と生活の変化を実態調査によって分析する。調査対象とした集落は，伊那市富県地区・北荒井集落と東春近地区・榛原集落である。調査集落の特徴を「農業センサス農業集落カード」で見る（表2）。2集落を比較すると，榛原集落は経営耕地規模も大きく，兼業化の比率も小さく，農業の生産基盤が比較的強い集落になっている。とはいえ，集落内にいくつかの農村工場も立地し，農村工業の影響も受けている。それに対して北荒井集落は，兼業の進展は深く，集落内にも農村工場が立地し，農村工業の影響をより直接的に受けている。両集落はそのように対照的な存在となっている。

　実態調査は集落内の非農家を含めた全戸を調査対象として実施した。対象世

Ⅰ 共通論題

表2 福地荒井農業集落と

福地荒井農業集落

	総戸数(戸)	総農家数(戸)	専業農家(戸)	第1種兼業農家(戸)	第2種兼業農家(戸)
1970年	61	54	6	25	23
1975年		56	2	9	45
1980年	66	56	5	3	48
1985年		57	3	1	53
1990年	67	53	3	1	49
販売農家		44	2	1	41
1995年		51	4	1	46
販売農家		42	4	1	37

榛原農業集落

	総戸数(戸)	総農家数(戸)	専業農家(戸)	第1種兼業農家(戸)	第2種兼業農家(戸)
1970年	41	39	3	28	8
1975年		39	5	15	19
1980年	41	39	2	10	27
1985年		38	2	10	26
1990年	44	37	6	10	21
販売農家		35	6	10	19
1995年		38	5	5	28
販売農家		36	5	5	26

注：福地荒井は北荒井と南荒井の2つの常会組織を統合して調査農業集落としたもの。
資料：農林水産省「1995年農業センサス・農業集落カード」より作成。

帯数は集落カードの数とほぼ一致する。福地荒井農業集落は統計上2集落を統合したもので，北荒井集落はそのうちの一部をなしている。調査は，第1回調査1977～79年，第2回調査89年，第3回調査2000～01年である。

榛原農業集落の特徴

自給的農家	経営耕地規模別農家数割合（%）					
	0.3 ha 未満	0.3~0.5	0.5~1.0	1.0~2.0	2.0~3.0	3.0 ha 以上
	16.7	14.8	35.2	31.5	1.9	—
	17.9	12.5	37.5	30.4	1.8	—
	17.9	19.6	32.1	30.4	—	—
	21.1	19.3	35.1	22.8	1.8	—
17.0						
		18.2	38.6	38.6	4.5	—
17.6						
		14.3	47.6	35.7	2.4	

自給的農家	経営耕地規模別農家数割合（%）					
	0.3 ha 未満	0.3~0.5	0.5~1.0	1.0~2.0	2.0~3.0	3.0 ha 以上
	5.1	2.6	15.4	64.1	12.8	—
	5.1	7.7	15.4	59.0	12.8	—
	7.7	2.6	23.1	56.4	7.7	2.6
	5.3	5.3	18.4	55.3	13.2	2.6
	—	2.9	20.0	51.4	22.9	2.9
	—	8.3	13.9	58.3	16.7	2.8

5　世帯の類型とその変動

　農村工業の影響はすべての世帯に一律ではないので，世帯を類型化してその影響を分析した。影響を異ならせる要因は，農業経営である。これは農家と非農家で大きく異なる。また同じ農家世帯であっても，自家農業への労働力の配

Ⅰ 共通論題

分により，農村工業の影響は異なったものとなる。その違いを明らかにする尺度として，調査地域で，一般化した米生産に加えて，別の販売作物を導入しているかどうかを用いた。米生産は機械化一貫体系が成立し，かなりの規模でも兼業が成立しうる。米以外の作物では集中的な労力の投入を必要とする時期があり，少なくとも夫婦2人の農業就業者を必要としている。そうした理由から，米だけの生産を行っている農家と，米とその他の作物を導入している農家とで労力配分に大きなちがいがあるとし，区分した。経営耕地規模で区分しなかったのは，現実には農地の一定量が農家の生活や就労を保障する手段となっていないからである。農家経営の限界は，農地の不足ではなく，零細な農地を活用しきれないところにある。そうした状況をふまえて，農家の区分は農業生産のあり方によって決めるのが現実的である。そこで米と米以外の農産物を導入している農家をA型農家とし，米だけを作っている農家をB型農家として表3のように分類を行った。

表3　農業生産兼業のあり方による農家の型

類型Ⅰ	農業生産の状況	類型Ⅱ	世帯員の就業の状況	
A型農家	米プラスアルファ	Ⅰ型	第1世代：農業就業	第2世代：農業就業
		Ⅱ型	第1世代：農業就業	第2世代：農外就業
B型農家	米のみ	Ⅰ型	農外就業：自営業（自営業主が居る）	
		Ⅱ型	農外就業：常勤的雇用（常勤的雇用の人が居る）	
		Ⅲ型	農外就業：不安定的雇用（常勤的雇用の人が居ない）	
C型世帯	農業なし（非農家）	Ⅰ型	農外就業：自営業（自営業主が居る）	
		Ⅱ型	農外就業：常勤的雇用（常勤的雇用の人が居る）	
		Ⅲ型	農外就業：不安定的雇用（常勤的雇用の人が居ない）	
Ⅳ型農家	就業状況は問わない		1人または2人の世帯	

類型農家数の変化について第1回目と第2回目の調査結果は，報告書[7]を出しているので，今回の報告に必要な点だけを述べておく。79年の調査結果としてはA型農家が全農家のほぼ3分の1を占めていたということが特徴で，89年の調査ではAⅡ農家がB型農家に分解したことを大きな特徴としていた。今回の調査結果をふまえて以下の点を指摘することができる（表4-1，4-2参照）。

表4-1 北荒井農家類型の変化

	1989年	2000年 （1989年基準）
1戸	AⅠ	AⅡ
1戸	AⅡ	AⅡ
5戸	BⅠ BⅠ BⅠ BⅠ BⅠ	AⅡ BⅠ BⅠ BⅠ BⅠ
9戸	BⅡ BⅡ BⅡ BⅡ BⅡ BⅡ BⅡ BⅡ BⅡ	BⅡ BⅡ BⅡ BⅡ BⅡ BⅡ BⅡ BⅡ BⅡ
11戸	BⅢ BⅢ BⅢ BⅢ BⅢ BⅢ BⅢ BⅢ BⅢ BⅢ BⅢ	BⅡ BⅡ BⅡ BⅢ BⅢ BⅢ BⅢ BⅢ BⅢ BⅣ BⅣ
4戸	BⅣ BⅣ BⅣ BⅣ	BⅡ BⅣ BⅣ BⅣ
2戸	CⅠ CⅠ	CⅠ CⅠ
2戸	CⅡ CⅡ	CⅡ CⅡ
5戸	CⅢ CⅢ CⅢ CⅢ CⅢ	CⅠ CⅡ CⅢ CⅢ CⅢ
1戸	CⅣ	CⅣ
計	41戸	41戸

表4-2 榛原農家類型の変化

	1989年	2000年 （1989年基準）
6戸	AⅠ AⅠ AⅠ AⅠ AⅠ AⅠ	AⅠ AⅠ AⅠ AⅠ AⅠ△ AⅡ
7戸	AⅡ AⅡ AⅡ AⅡ AⅡ AⅡ AⅡ	AⅡ AⅡ AⅡ AⅡ BⅠ BⅡ BⅢ
1戸	AⅣ	AⅣ
4戸	BⅠ BⅠ BⅠ BⅠ	BⅠ BⅠ BⅠ BⅡ
7戸	BⅡ BⅡ BⅡ BⅡ BⅡ BⅡ BⅡ	BⅡ BⅡ BⅡ BⅡ BⅡ BⅡ BⅣ△
6戸	BⅢ BⅢ BⅢ BⅢ BⅢ BⅢ	BⅢ BⅢ BⅢ BⅢ BⅢ BⅣ△
1戸	BⅣ	BⅣ
1戸	CⅠ	CⅠ
1戸	CⅡ	CⅡ
	—	CⅡ
計	34戸	35戸

注：AⅠ△：現在は次世代が年少のため不明であるが，次世代が農業を行う余地のある世帯。
　　BⅣ△：現在は1人ないし2人世帯ではないが，そうなると思われる世帯。

Ⅰ　共通論題

　1)　農家類型の変化で，両集落に共通のものとして，農業経営に重点を置いているA型農家の減少がある。北荒井では79年の7戸から89年2戸そして2000年ではAⅠ農家が壊滅しA型農家は3戸となった。榛原では79年13戸，A型農家数は変わらないが，AⅠが2戸減少，AⅡが2戸増加し，2000年にはA型農家は10戸となっている。農業経営を続けるAⅠの農家の減少が顕著で，北荒井では消滅した。移行の方向として，AⅠ農家はAⅡ農家へ，AⅡ農家はB型農家となっている。この動きは，榛原より北荒井が急激になっている。これらは農業経営基盤が労力面で狭隘化し，しかもそれが将来も続くことを示している。現在，榛原でAⅠ農家が5戸あるが，真の意味で後継者が確保されているのは2戸に留まり，それ以外の農家は第1世代の世帯主が高齢のため，第2世代が農業就業している形となっているに過ぎない。

　2)　これに対してB型農家（Ⅰ～Ⅲ）は総数としては維持ないし増加している。北荒井で79年19戸から2000年22戸，榛原は19戸から18戸へとなっている。そのうち農外就労が不安定な雇用であることを特徴とするBⅢ農家は，常勤的雇用のBⅡ農家と並んで，集落内で最大の部分をなしていたが，2000年の調査では，BⅢ農家が減少し，BⅡ農家が増大した。これは第2回調査以後の変化である。79年から89年ではBⅢ農家は増加していた。特に北荒井ではBⅢ農家は7戸から11戸に急増し，集落内で最大になった。しかし，その後，BⅢ農家の増加はなかった。榛原でも穏やかにではあるが，BⅡ農家の増大が進んでいる。BⅢ農家の減少，BⅡ農家の増大が89年から2000年の間の変化の特徴である。

　この変化はどのようにして起こったのかを見てみよう。89年調査から2000年調査の北荒井の動きを見ると，この間BⅢ農家は11戸から4戸に激減している。具体的に見ると，11戸のBⅢ農家のうち4戸がBⅡの農家に移行し，3戸がBⅣ農家に移行している。つまり，BⅢ農家はBⅡとBⅣに分解したのである。榛原では89年調査から2000年調査の間で，BⅢ農家の数に変化はない。しかし，89年に6戸あったBⅢ農家のうち1戸がBⅡの農家へ，1戸がBⅣの農家に移行している。この限りでは榛原も同じことが起こっている。AⅠ，BⅡから1戸ずつBⅢ農家へ移動したため総数で変化はなかった。

　3)　BⅣの農家は固定的な量として存在し，わずかずつ増加の兆しがあり，

すでに北荒井では１割を超え，榛原でもAⅣ農家を加えて１割に接近している。

　以上の変化状況をまとめると，①A型農家の減少，②BⅢ農家のBⅡ，BⅣへの分解そして③BⅣ農家の固定的な存在となる。

▶BⅢ農家のBⅡ，BⅣ農家への分解の意味

　89年調査と2000年調査との間で農家類型変化の中心にBⅢ農家のBⅡ農家，BⅣ農家への分解がある。それを農外就労の変化から分析してみよう。農家の農外就業者数は，北荒井集落では，79年69人，89年61人，2000年68人であった。そのうち農村化職種の就業者は21人（30.0％），30人（49.1％），22人（32.4％）で，さらにBⅢ農家で農村化職種に就業している人は79年11人，2000年6人と減少している。榛原集落で農外就業者は79年66人，89年79人，2000年57人である。うち農村化職種の就業者は22〜24人（33.3〜36.4％），22人（27.8％），15人（26.3％）となった。さらにBⅢ農家で農村化職種に就業している人は79年8〜9人から1人に激減している。このように農村化職種就業者数が89年から2000年にかけて人数・率共に2つの集落で減少し，これがBⅢ農家の存立基盤に大きな影響を与えている。それがBⅢの変動とどう関わっているかを見てみよう。全部の調査結果を示すことは紙数の関係で不可能なので，北荒井集落の関連するところのみを掲載させてもらう（表5）。

▶BⅢ農家からBⅡ農家への移行

　BⅢからBⅡに移った農家は，北荒井で4戸，榛原で1戸ある。その状況を見よう。

　北荒井4（農家番号）の世帯は89年調査の時は，同居家族は現在の世帯主と母の2人で，前回調査直前に父と義祖母が死亡，現世帯主は大学在学中に交通事故で治療中，世帯主の妹も大学在学中であった。農村工場に働きに行っている母ひとりで生活をまかなう状況であった。世帯主が大学を卒業，市内の病院勤務となり，結婚し，収入の安定が得られている。

　北荒井42の農家は現在，7人の家族。世帯主と長男が同じ建設会社で働き，父は糖尿病，母は寝たきり，妻が農村工場に勤務しながら，老人2人の面倒を見ている。妻の勤務が近場の農村工場勤務のため，介護と勤務がなんとか両立

Ⅰ 共通論題

表5　北荒井世帯員別就業状況（2000年）

農家番号	農家類型			世帯員（15歳以上）の就業状況				
	1979年	1989年	2000年	性・年齢	仕事状況	兼業職種類型		
						農村的職種	農村化職種	都市的職種
4	BⅢ	BⅢ	BⅡ	m32 f32 f58	兼業主 兼業のみ 家　事			医療技術(公務) 看護婦(公務)
8	BⅢ	BⅢ	BⅡ	m50 f48 f23 m20 f80	兼業主 兼業主 兼業のみ 兼業のみ 老　齢	農業法人 (茸)		学校用務員 保母(臨時) 消防員
19	BⅢ	BⅢ	BⅡ	m64 f59 f33 f28	兼業主 兼業のみ 兼業のみ 兼業のみ	石碑加工 I食品(研究員)		I農協 教員
42	BⅢ	BⅢ	BⅡ	m52 f53 f24 f22 m19 m77 f	兼業主 兼業主 兼業のみ 兼業のみ 兼業主 病　気 要介護	J建設 J建設	T計器(パート) ㈱SEP	Aコマーシャル
1	BⅢ	BⅢ	BⅢ	m42 f73 f41	兼業主 老　齢 兼業主	生コン運転	I電算(パート)	
10	AⅡ	BⅢ	BⅢ	m47 f46 f23	兼業主 兼業主 通　学	生コン運転	T計器	
22	AⅡ	BⅢ	BⅢ	m50 f45 f18 f75	兼業主 兼業のみ 通　学 老　齢			測量技師 看護婦
31	BⅢ	BⅢ	BⅢ	m74 f78 m48 f48 f18	老　齢 老　齢 兼業のみ 兼業主 通　学		S金属 製造工場	
3	BⅡ	BⅢ	BⅣ	f80 m53	老　齢 兼業主			団体(事務)
32	BⅣ	BⅢ	BⅣ	m59 f53	兼業のみ 家　事		NR時計	
36	BⅣ	BⅢ	BⅣ	f76 m42	老　齢 兼業主		N機械加工	

注：mは男，fは女，70歳以上は老齢

している。長女の規模の大きな農村工場勤務でBⅡに移動した。次女が都市的職種に勤務，長女の移動によって再びBⅢに戻る可能性もある。

このようにBⅢからBⅡへの移行は，子供世代の就職で実現している。子供世代の動向により，4のように安定した状況になる場合と，42のように依然として不安定要因を含んでいる場合とがある。

▶BⅢ農家からBⅣ農家への移行

BⅢからBⅣの農家へ移った状況を見てみよう。これに該当する世帯は，北荒井で3戸，榛原で1戸ある。榛原41の農家は，82歳の母と世帯主夫婦の世帯である。3人世帯であるが今後2人になる可能性がある。世帯主は建設土木に就業，妻は仕事を辞め雇用保険の給付を受けながら，母の面倒を見ている。現在の生活は世帯主の収入と妻の雇用保険収入，母の年金で当面大きな問題はない。妻の退職による収入減は，野菜を自給することで対応している。長男，長女が地域外で就職し，特に長男は運輸会社勤務で，転勤を重ねている。子世代の就職でBⅣへ移行したが，決定的な問題は，地域内で仕事の確保ができなかったことにある。

北荒井3の農家は，世帯主の兄が養子で転出した結果，母と世帯主の2人の世帯となった。世帯の都合で2人世帯となっている。母が元気なため，当面の生活に特別の支障はないが，生活に変動が起こった場合に，社会的な支援が欠かせなくなることが予測される。

このようにBⅢ農家からBⅡあるいはBⅣ農家への移行は，その要因についてはどちらも次世代の動向にかかっている。両者は，次世代が地域内で安定的な就業の場を確保するかどうかによって分かれる。結果，農家世帯の抱える問題点は異なったものとなる。

▶BⅢを継続している農家の性格

最後にBⅢ世帯に留まっている世帯の状況を考察してみよう。これに相当する農家は北荒井，榛原それぞれ4戸，計8戸ある。

榛原13の農家は，世帯主（50歳）夫妻と母，子供1人の4人世帯。母の年金収入は家計と別勘定にし，世帯主の運転手の収入と妻のパート収入で家計がまかなわれている。子供の教育費負担が大きくなく，母も健康であるため，当面

Ⅰ　共通論題

の生活費はまかなわれている。

　榛原22の農家は，世帯主夫妻と長男の3人世帯。世帯主は70歳で日9000円の土木作業に従事，妻（66歳）は手のしびれなどがあり仕事はできない。長男は警備職。家のローンがあるが，今のところは2人の収入でまかなわれている。ローンの返済に支障が生まれた時には年金からの支払いを考えている。全員今のままの健康状態を前提にして収支のバランスは保たれる。

　榛原25の農家は，世帯主（73歳）夫妻と長男の世帯。世帯主は，不整脈で今は仕事はできない。長男の建設重機運転と妻の農家手伝の収入がある。長男が住宅ローンを支払っている。生活費は妻の収入と年金収入でまかなっている。

　北荒井1の農家は，世帯主夫妻とその母，子供2人の5人世帯。母の年金収入は別にし，子供の教育費が今のところそれほどかからないため，生活費は世帯主の運転手の収入と妻のパート収入でまかなわれている。

　このようにBⅢに留まっている農家は，教育費や医療費の負担が大きくないことを前提に生活費のバランスは保たれている。しかし，すでに高齢者や病人，未就学者を抱えており，今のままの収支を保てない要因を抱えている世帯である。BⅢ農家はぎりぎりのところでバランスを保っている世帯といえよう。

　以上の考察から，BⅡ，BⅢ，BⅣ農家の性格についてほぼ次のようにまとめることができる。いずれの形態をとるかは，地域内での比較的安定した仕事の確保に関わっている。確保に成功したのがBⅡの農家で，一応当面の生活の安定を得ている。地域内での安定的な仕事を確保できず，BⅢに留まっている農家は，病気や教育などの負担が比較的小さいことを前提になんとか維持されている世帯である。さらにBⅣの世帯は，地域の外で仕事を確保した世帯で，高齢者世帯の問題を抱え込むこととなる。

　このような不安定な状態が生まれる原因は，「農村工業」化で農業基盤が脆弱化され，多くの農家が農外就業を前提としてしか家計が成り立たなくなっていたところに，「農村工業」の衰退が起こり，地域内の雇用機会が狭隘化したことにある。

　これらの農家よりもさらに生活の厳しい世帯が，地域の非農家世帯の中にあ

る。北荒井34・39の世帯等がその典型である。34の場合，世帯主（70歳）は妻と子の3人世帯であるが，34歳の時から腰痛で，何度も手術をしたが良くならず，今は治療もせず，1日寝ている状態。本人と妻の年金はすべて借金の返済にあて，生活費は，妻が派遣の清掃をして日5000円，月10万円の収入によっている。息子も同じ清掃の仕事をしているがお金は家に入れていない。39番の場合，世帯主（65歳）は運転手のアルバイトをやっていたが，今は失業中，妻は糖尿病で月に2回は諏訪に通院，息子は飲食店の手伝いをしているが家計には入れない。薬代，タクシー代だけで月2万円はかかり，失業が続くと生活は大変になる。これらの世帯は生活する事自体がかなり苦しいだけでなく，治療費の負担がさらに重くのしかかり，放置されれば家計の悪化は避けられない状況に陥っている。

6　現状を改善する施策へ向けて

　これまで，社会階層的な方法で今日の農村の状況を見てきた。これで社会的格差の全容に迫るにはかなりの距離がある。しかし，全容が解明されなければ，格差状態を改善する施策がつくれないわけではない。むしろここから間違いなく格差状態の改善に寄与する施策をつくりあげることができる。ここに発見された底辺部分の状態をより安定したより良いものに押し上げれば，それが格差を緩和する方向に作用することは間違いないのである。このような施策を絶えまなく繰り返していくことで，極端な社会的な格差を適正なものへ近づけていくことができる。こうした押し上げの当面の対象として，調査結果から浮かんでくるのは，BⅢ，BⅣの農家そして非農家の中の生活困難な世帯である。

　それらに対する課題を例示すると，BⅢ農家の第1の課題は地域内に安定的な就業の場を確保することである。農内外を問わず安定就労の場を確保すれば，複数世代の世帯として一応の生活の確保を得ることができるであろう。BⅣ農家の問題としては，高齢者の生活安定の施策が必要となる。所得の確保として年金，高齢者に適した就労，さらに適切な医療を受けられる保障が必要となる。ここで高齢者の生活の保障が確保されれば，それはBⅢ農家内の高齢者にも作

Ⅰ 共通論題

用し，BⅢ農家内の高齢者は，それだけ自立的な生活の場を確保できることになるであろう。非農家の生活困難世帯は，負債を解決することがすぐ必要であろう。今回の調査では直接問題としては出てこなかったが，住宅の確保も必要であろう。これらの困難が克服されればBⅢ・Ⅳの農家とほぼ同じ問題のレベルで生活困難の問題は解決されていくことになる。

このように生活状態の改善をより具体的にし，上に積み上げていくとともに，他地域の同じような階層へと横に「ベルト的」に広げていけば，これは確実で壮大な社会的な格差状態改善の運動となっていくのである。

1) 江口英一『現代の「低所得層」』(上) 未来社，1979年9月，23頁。
2) 農林水産省「農家就業動向調査」による。
3) 農林水産省「農家就業動向調査」の就職者数の労働省「雇用動向調査」の雇用就職者総数に占める比率（参照：「自動車産業の展開と農村社会構造の変貌についての実態調査研究〈昭和60年度科学研究費補助金研究成果報告書〉」）。
4) 苅谷剛彦氏は『文部省学校基本調査』と農林省『農家子弟の新規学卒者の動向』によって1967年の新規学卒者（中卒＋高卒）で製造業に就職した者のうちの農家出身者の割合を男子32.9％，女子38.9％と推計し，「高度成長期を支えた人材需要に，農業出身が大量に流出していった様子をしめしている」としている（「学校・職安・地域間移動」苅谷剛彦・菅山真次・石田浩編『学校・職安と労働市場』第2章，東京大学出版会，2000年2月，37頁）。
5) 江口英一「農村における過剰人口プールのあたらしい形成」中央大学経済研究所編『農業の構造変化と労働市場』中央大学出版部，1978年。
6) 推計の方法は「国勢調査」の職業小分類によって，都市地域から農村地域に重心が移動した職種をとりだし，それに該当する人数を集計することによってできる。具体的な方法としては，1960年，70年および80年「国勢調査」の職業小分類を用いて，各小分類の就業者総数に占める比率を全国総数と人口集中地区総数で比較し，人口集中地区の比率の方が高いのを都市的職種，全国の比率の方が高いのを農村的職種とし，3時点ですべて同じ分類に留まったものは留まった職種に分類し，移動したもののうち都市から農村に移ったものを農村化職種とした。詳しくは「自動車産業の展開と農村社会構造の変貌についての実態調査研究（昭和60年度科学研究費補助金研究成果報告書）」1986年3月参照。
7) 中央大学経済研究所編『兼業農家の労働と生活・社会保障』中央大学出版部，1982年，中央大学経済研究所編『「地域労働市場」の変容と農家生活保障』中央大学出版部，1994年。

共通論題＝経済格差と社会変動——3

「規模別格差」と分業構造

植田浩史 Ueda Hirofumi

1 はじめに

　企業規模の違いによってみられる格差（規模別格差）は，戦前の中小工業研究や，戦後の二重構造論など，長年にわたって探求されてきた[1]。そのなかでは，①何を対象として格差と考えるのか，また，どの程度の違いがあれば格差と判断するのか，②格差が存在するとした場合，そうした格差の背景や条件をどのように理解するのか，③格差の背景や条件を問題として理解するのか，経済合理性をもつものとして理解するのか，という問題について触れられてきた。
　本稿では，格差の指標として企業規模別の賃金の違いを取り上げる。企業規模別の平均賃金の差は一般的な統計でも見出すことができるが（橘木俊詔『日本の経済格差』岩波書店，1998年，99-102頁），その差の解釈をめぐってはさまざまな見解がある。労働力の属性や雇用安定性，能力開発機会の差などその質的構成に着目すべきという見解（鈴木不二一「賃金格差」高梨昌・花見忠監修『事典・労働の世界』日本労働研究機構，2000年，167頁）や中小企業内部の多様性を重視すべきだという見解（中小企業庁『中小企業白書　2000年版』417-418頁）など，近年では平均値での違いはあっても，「格差」の問題として理解することに対し否定的な見方が増えている。特に，小池和男氏らによる能力差仮説[2]をベースにした研究では，知的熟練論のフレームワークを活用しながら，熟練の企業特殊性や社内OJT，作業組織の特徴などが分析され，労働の質の違いが重視され，分業構造や労働市場の階層性にまで議論を展開している[3]。こうした研究では，実際の企業内における職務・職務群の質，熟練の企業特殊性の多少，およびその高さなどの労働の質的違いを実証的に明らかにしようとしているが，

Ⅰ　共通論題

本稿との関係では，①階層的な違いとして発見されている事柄についての再検討，②労働の質の階層性が存在するとした場合には，分業構造の形成とどちらが規定要因になるのか，③知的熟練が下位階層で形成されていないとして，それは努力によって改善できるものなのか[4]，④歴史的に存在してきた格差は，労働の質の違いで説明できるのか，などの点で疑問が残る。

　以上の点に留意しながら，本稿では次の点を課題とする。第1に，「規模別格差」について，平均的な規模別賃金水準ではなく，受発注関係という分業構造の位置のなかで，その実態について検討していく。対象としてトヨタ自動車（工業）とその1次サプライヤを取り上げ，検討する。

　第2に，分業構造自体が時期によって変化しているものであり，動態的に捉える必要があるので，分析の対象を高度成長期がスタートした1960年前後から90年代までというように長期で捉える。自動車産業自身の発展レベル，労働市場の状況，競争関係の変化，など，規模別格差に与える条件の変化は多様であり，また時期によって影響の大きさがそれぞれ異なっている。

　次に留意点であるが，第1に，ここではトヨタと1次サプライヤとの関係を中心とする。高度成長期以降の自動車産業の発展のなかで，1次サプライヤの規模が中小企業の範囲を超えることが多くなったので，大企業と中小企業という形の規模別比較には必ずしもなっていない。しかし，ここで述べるトヨタ＝1次サプライヤの関係は，分業構造の下位においても該当するものであり，その点では普遍性をもちうると考えている。第2に，格差を多様な側面から見ていくことの重要性は否定しないが，とりあえずここでは賃金の問題に限定している。第3に，資料の関係上，正社員（常傭社員）に限定して見ている。ただし，正社員以外の従業員の存在と分業構造の階層性は密接な関連をもっているので，必要に応じてこの問題については触れていく。

　以下，大きく，高度成長期，1970年代〜80年代，1990年代と3つの時期にわけ，分析を行う。

2 高度成長期初期[5]

　日本の自動車産業は，1950年代末から乗用車の量産を本格化させ，高度成長期に飛躍的な拡大をとげる。トヨタ自動車工業（以下トヨタ）は，ドッジ不況を契機に1950年の争議後に人員削減を実施したが，朝鮮戦争による特需で生産量を回復させ，その後乗用車の量産に乗り出した。1953年に月産3000台の設備計画に着手し，55年にそれを実現した。高度成長期に入ると増大する需要に積極的に対応するため，さらに59年には乗用車量産専門工場である元町工場を完成させ，月産1万台体制を整えていった。自動車生産は55年の年産2万台強が1960年には15.5万台と7倍になっている。1960年代に入ってからも，トヨタは次々と新鋭完成車工場を竣工し，生産能力を高めていった。トヨタの生産台数は，1970年には161万台へと10年間に10倍の急成長をとげ，乗用車比率も27.2％から66.4％となっていた。

　こうした乗用車量産化を本格的に始動する1950年代後半から60年前後の高度成長期初期のトヨタとサプライヤとの関係には，次のような特徴が見られた。第1に，50年代初めの争議後トヨタは正規社員を50年代末までほとんど増やさず，社内では設備更新等による生産合理化や臨時工の増加，社外への外注量の拡大で生産拡大を実現していた。第2に，外注量は増大させるが，サプライヤ数の増加は抑えていた。その結果，個々のサプライヤへの発注量は増大していった。第3に，サプライヤ側は，こうしたトヨタからの要請に対して，自動車産業自体の将来性に不安を感じながらも，結果として積極的に対応し，設備投資，規模拡大に努めてきた。トヨタと取引的に密接な関係にある愛知県周辺のサプライヤの多くは，1950年代初めには中小企業規模であったものが，高度成長期には数百人規模の企業に拡大していった。

　こうした拡大のなかでトヨタとサプライヤの労働者構成と賃金の違いを描いたのが図表1，図表2である。先述したように，トヨタは争議後正規社員の採用を控えてきたため，正規社員の平均年齢が上昇し，班長，組長の平均年齢も高かった。基本給も年齢給化していたため，平均給与の水準も高かった。一方，

I 共通論題

図表1 トヨタとサプライヤの若年者・短期勤続者比率（1959年）

企業名	対象	人数	25歳以下比率(%)	勤続5年以下比率(%)
トヨタ自動車工業	男性	4,673	7.9	8.3
	女性	409	51.1	49.3
	正規計	5,082	11.4	11.6
	臨時工	838	75.4	95.5
	総計	5,920	20.4	23.5
新川工業	総計（臨時工含む）	526	71.3	67.7
中庸スプリング	総計（製造部門）	137	71.5	68.7
東海理化電機	総計（臨時工含む）	798	—	90.6
小島プレス	総計	185	—	90.8

出所：植田浩史「高度成長初期の自動車産業のサプライヤシステム」『季刊経済研究』第24巻第2号，2001年，参照．

図表2 トヨタ自動車工業と中庸スプリングの階層別賃金

階層	トヨタ自動車工業（1959年）				中庸スプリング（1961年3月）			
	人数(人)	平均年齢(歳)	平均勤続年数(年)	平均給与計(円)	人数(人)	平均年齢(歳)	平均勤続年数(年)	平均給与計(円)
工長	56	46.1	22.5	56,934	1	34.0	12.8	46,947
組長	204	44.0	20.4	51,512	6	35.8	11.1	36,956
班長	379	40.8	19.0	45,510	12	31.3	9.8	30,381
作業員男子	2,982	35.0	12.4	33,002	84	24.3	3.2	15,622
作業員女子	131	33.8	10.0	20,623	31	26.8	4.2	12,088
臨時工男子	798	23.7	1.9	10,892				
臨時工女子	40	24.3	1.3	7,374				

注：トヨタの数字は，平均勤続年数と平均給与計の母数は，人数と平均年齢で若干異なっている．
出所：図表1に同じ．

　サプライヤの方は，逆に1950年代後半は規模拡大の時期であり，若年層を中心に毎年採用が増えていた．そのため，50年代末には若年層の比率がトヨタと比べて高く，平均年齢は低かった．平均年齢，勤続年数ではトヨタとまったく異なった労働者構成であり，平均賃金は労働者構成の違いを反映するかたちで，トヨタの2分の1程度の水準であった．

　労働者構成の違いを理由とするこうした賃金格差は，トヨタの外注利用増大の条件でもあり，結果でもあった．労働コストの差は，機械設備や生産技術面

での自動車メーカーとサプライヤの違いによる生産性の差を考慮しても，正規雇用の拡大を控えていたトヨタに外注利用のメリットを感じさせるものであった。また，サプライヤ側も受注量増大とコスト低下に対応するためには，賃金水準の低い若年労働者を中心に採用を増やしていく必要があった。この時期には，自動車の量産化が進展するのにともなって，部品の生産方式も近代的な設備の導入や生産管理方式の近代化によって大きく変化する時期であり，こうした変化に対応できる若年労働者が求められていた。

しかし，こうした関係は，1960年代に入り変化する。第1に，トヨタが1959年頃から自社の従業員の採用増を図るようになった。若年従業員，特に新卒若年者を正規従業員として大量に雇用するようになり，その結果労働者構成の若年化が60年代に急速に進んだ。第2に，1次メーカー側も1960年代に入り，一層規模拡張を進めていった。こちらも，新卒，中途採用を含めて若年労働者の採用を増やしていったが，トヨタが新卒採用を拡大していたこともあり労働力市場が徐々に逼迫していった。その結果，第3に，トヨタと1次メーカーの間でも特に新規学卒者賃金が近接していった[6]。若年者の採用が困難になっただけでなく，若年者の採用が労働コストの低減に与える効果は，1960年代に入り労働力市場が逼迫するなかで，低下していったのである。第4に，1次メーカーのなかには，こうした状況のもとで中途採用を増大させた企業が少なくなかったようで，従業員の平均年齢が1960年代に上昇する傾向が見られた。

3　1970年代～80年代

（1）石油危機前後の賃金

1950年代の終わりに存在していた労働者構成の違いを条件とした賃金格差は，1960年代に入りトヨタと1次メーカーの違いが小さくなるにしたがって，縮小していったと考えられる。1次サプライヤに労働組合が組織され，サプライヤ側の労務管理も整備されていったのも高度成長期である。1970年代初めには，50年代のようなかたちでの賃金格差は見られなくなっていた。

図表3は，第1次石油危機後の1975年のトヨタと1次メーカー組合員の平均

I 共通論題

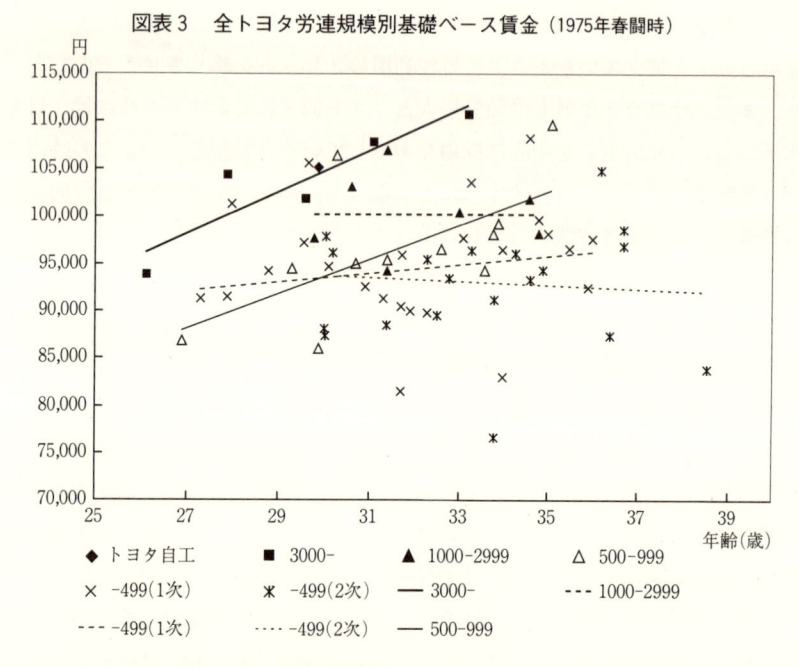

図表3　全トヨタ労連規模別基礎ベース賃金（1975年春闘時）

凡例			
◆ トヨタ自工	■ 3000-	▲ 1000-2999	△ 500-999
× -499(1次)	＊ -499(2次)	─ 3000-	---- 1000-2999
---- -499(1次)	‥‥ -499(2次)	─ 500-999	

出所：全トヨタ労連1975年春闘関連資料より作成。

基礎ベース賃金を示したものである。第1次石油危機後の賃上げも加わり，トヨタと1次メーカーの賃金レベルは平均賃金を見る限り，高度成長期初期とはまったく様相が異なっており，次のような特徴が見られる。第1に，全トヨタ労連の基礎ベース賃金の分布を見ると，かなり下位の方に位置している組合が存在している。中小レベルの組合は，後述するように石油危機以降の賃上げ水準でより大きな規模の組合の水準と比較して差がついていたこともあり，トヨタと比較すると相当下の位置に存在している。ただし，それでも，1960年前後の平均賃金の差のように，2分の1という差ではなくなっている。

第2に，同一規模レベルの賃金分布を見ると，近似線が平均年齢に応じて右上がりになっている層と，そうはなっていない層がある。同じ規模の組合でも，賃金レベルが分散している層があることを示している。また，規模別に見ると，全体としてはほぼ規模別に並んでいるともいえるが，重なるところや逆転して

いるところも存在している。単純には，規模別に並んでいるとはいえない。

　第3に，平均年齢を見るとトヨタより上位に位置している組合が多い。1960年代後半の労働力市場の逼迫や石油危機後の採用減が影響していると考えられる。

（2）労連（全トヨタ労連）の活動

　長らく産別組織が存在していなかった自動車産業に，1972年自動車総連が結成された。自動車メーカーごとに部品サプライヤやディーラーの労働組合と一緒に労連を結成し，自動車総連では，労連が組織上，そして日常的な活動において重要な役割を果たしている[7]。

　全トヨタ労連が結成された1972年からの春闘賃上げ率の組合規模別平均妥結率は規模別に差が生じ，特に石油危機の影響が大きい1975年には最小規模と最大規模の平均賃上げ率の差が4.5％に達していた。個々の組合レベルでは，最高14.94％，最低3.8％と11％以上の差があった。全トヨタ労連では，こうした特に規模別に賃上げ率に格差が生じてしまった状況を総括し，「75春闘の経過を踏まえ，格差拡大の阻止を図るべく，統一的な考え・行動を最重点とし，一体となった取り組みを進める」ことになった。そして，1976年の春闘では，製造関係で14％の統一要求をかかげた（全トヨタ労連『十年のあゆみ』1981年，81-89頁）。

　全トヨタ労連の春闘時の統一要求はその後も継続し，規模別の差は1977年には0.5％に，79年には0.22％の枠内に収まっていた。全トヨタ労連内部での賃上げ率の規模別格差は，1970年代終わりには，小さなものになっていった。この賃上げ率の規模別格差の縮小あるいは同一化は，どのような意味をもっていたのだろうか。

　第1に，トヨタ自動車とサプライヤの組合の連合体である全トヨタ労連としての一体感を醸し出すことである。全トヨタ労連に加盟している組合の企業は，取引関係，資本関係でトヨタと密接な関係をもつサプライヤであり，トヨタの動向はこれらサプライヤの経営にも大きな影響を与える。こうした関係の強さが，労働組合においても一体感を生み出していた。また，特に後述するように，

I 共通論題

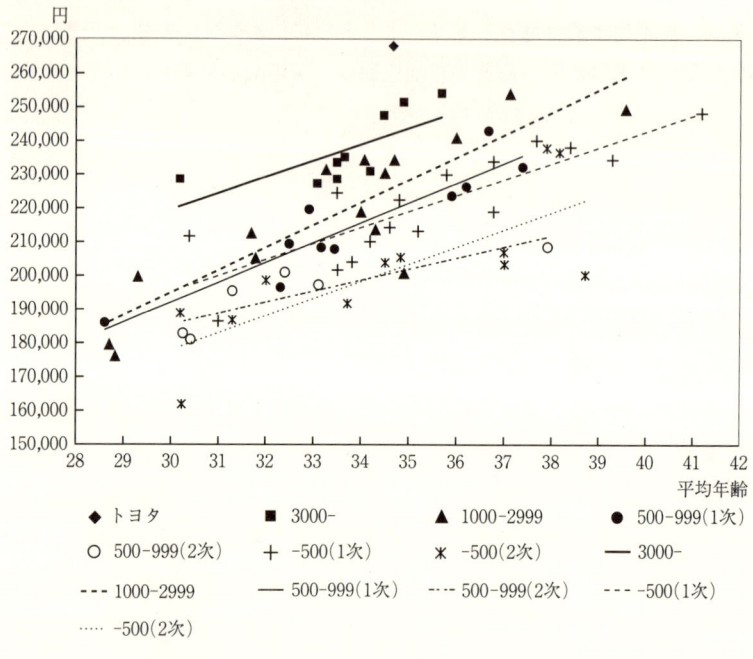

図表 4 全トヨタ労連規模別基準内賃金（1988年，男子組合員）

（円／平均年齢）

出所：全トヨタ労連資料より作成。

凡例：
- ◆ トヨタ
- ■ 3000-
- ▲ 1000-2999
- ● 500-999(1次)
- ○ 500-999(2次)
- ＋ -500(1次)
- ＊ -500(2次)
- ── 3000-
- --- 1000-2999
- ── 500-999(1次)
- ─‧─ 500-999(2次)
- --- -500(1次)
- …… -500(2次)

生産システムの改革にグループとして一体的に取り組もうとしていたときだったために，こうした一体感がより求められていたのかもしれない。

　第 2 に，一体感と矛盾するが，規模別，階層別の一定の秩序ある格差というものが一方で存在していた。この点は，一時金水準が事実上規模別に差をもって決定されていることに典型的に見ることができる。一体感と同時に一定の範囲での差を設けるというかたちで賃金水準が労使の間で決定されていた点に大きな特徴がある。

　第 3 に，サプライヤ側にとっての意味である。発注側との単価交渉の際に，コンペティタや発注側と比較して著しく賃金水準や賃上げ率が異なると，そのことでより大きなコストダウンが求められる可能性がある。こうしたことを回避する上で，ほぼ横並びの賃上げ率を認めることに企業側もメリットがある。

それでは，実際に賃金水準はどう変化したのだろう。図表4は，労連による賃金闘争が定着した1988年の男子組合員の基準内賃金を示したものである。トヨタが最上位に位置し，その下にほぼ規模別に近似線が並んでいる。1975年のデータと比較すると，規模別の賃金レベルの均衡が進み，階層的に序列化されたことがわかる。ただし，その差は1次メーカーの場合には，トヨタを除くと10％以内に収まっている。一方，同じ規模であっても2次メーカーの場合には下位に位置している。賃金水準の階層化は，規模別，そして分業構造の位置による序列化がこの間に進んだことを意味している[8],[9]。

（3）サプライヤシステムの発展

　日本のサプライヤシステムの特徴は，長期的な右上がり成長という条件のなかで，発注側とサプライヤ側が長期的な関係を規範にしながら，サプライヤ側が意識的に発注側からの要請に応えていたことにあった。高度成長期には設備投資を進め，生産能力を拡張し，生産性を高め，石油危機以降はトヨタ生産方式のような環境変化に対応しうる生産システムを導入していくとともに，単に生産を受注するだけでなく，開発や提案能力も高めていった。そして，発注側は，限られた目に見える範囲でのサプライヤ間，あるいはサプライヤと発注企業内部の生産部門との競争を管理することを通じて，サプライヤ側の積極的な対応を引き出してきた。こうした競争は，分業構造内の取引では常に行われ，サプライヤ側は常に発注側に短期的な対応力とともに長期的な可能性について評価を受ける。

　1970年代から80年代というのは，日本の自動車産業の国際競争力が評価を受け，「リーン生産システム」としてその生産システムが注目を集めた時期である。自動車産業の生産システムは，自動車メーカーだけでなく，広範に部品メーカーにも広がりを見せていった。特に，サプライヤのなかでも中核を担う資本関係，取引関係の密なサプライヤは，生産システムの同一性が求められていた。こうした，生産システムの同一性というサプライヤシステムの動向と全トヨタ労連結成後の賃金決定方式の変化が時期的に重なり，賃上げ率というかたちや労使関係に関する制度の面で一体感を培養させていった。もちろん，こ

れは労働条件の同一化を意味するのではなく，そこには常に一定水準での格差を含んでいたことは前述したとおりである。

4 1990年代以降の状況

(1) 1990年代以降の自動車産業の変化

　一時的な停滞はあったものの，日本の自動車産業は高度成長期以降バブル経済期まで，基本的には右上がりの成長をとげてきた。それだけにバブル経済崩壊後の停滞は，単に経営上の問題だけでなく，自動車産業を支えるシステムにさまざまな問題を投げかけることとなった。その1つが，従来のサプライヤシステムの変化，あるいは「系列の崩壊」と呼ばれる現象である。

　「系列の崩壊」は，自動車メーカーごとで状況も異なっており，単純に捉えるわけにはいかないが，1980年代に見られたようなサプライヤ関係が変化し，従来の系列関係にとらわれない取引が増えていることは確かである。もっとも，サプライヤとしての技術力やコスト力で相対的に強いといわれるトヨタ系では，こうした「系列の崩壊」の影響は相対的に小さい。

　自動車産業の成長の停滞とこうした系列の変化は，労連方式をベースにした賃金決定方式に変化をもたらしつつあるが，その変化が具体的にどのような影響をトヨタ系サプライヤにもたらしているのかは，まだ不明である。少なくとも，規模別の賃金水準については，今日までのところはまだ大きな変化は見られないといえよう。

　1990年代の変化としてもう1つ無視できないのは，自動車産業，自動車部品産業におけるグローバル競争の進展である。海外メーカーの国内市場進出が進むなかで，自動車メーカーの部品調達でも，国内部品メーカーが海外メーカーと直接競争するケースが増えてきている。また，自動車メーカーも生き残りのため，従来以上にコストダウンを進めており，部品メーカーもコストダウンをどれだけ実現できるのかがサプライヤとして生き残るための重要な課題となっている[10]。

　コストダウンへの1つの取り組みとして，社外工として請負労働者などを活

用している。自動車部品メーカーで全体としてどの程度こうした請負労働者が働いているのか，正確なデータがないので具体的にはわからないが，最近調査した1次部品メーカーのある工場では，現場作業者の18.6％を請負労働者が占めていた。なお，同工場では，多いときには32.6％を請負労働者が占めており，その数は状況に応じて伸縮させている。賃金水準が階層的に形成されているとはいえ，自動車総連に加盟している組合の賃金水準は硬直的であり，新たなコストダウンを進めていくためには，労働コストのより一層低い労働力の調達が求められるようになっている。

(2) モジュール化

　欧米の自動車産業では，部品をかたまりとしてサブアセンブルして自動車メーカーに供給するモジュール化が1990年代に入り，展開している[11]。欧米でモジュール化が進んでいる理由の1つとして，自動車メーカーと部品メーカーの賃金格差の存在が指摘されている。自動車メーカーが，従来内製していたサブアセンブルを，特定のサプライヤにアウトソーシングし，細かい部品はそのサプライヤに供給させることで，直接取引先を減らし，購買コストも抑えようとするものである。1990年代に入り，アメリカでは自動車産業が再生したが，こうしたアウトソーシング化が進んだ結果，1987年から98年までに5万人の雇用が自動車メーカーで減少し，一方部品サプライヤでは15万人増加したといわれている[12]。アウトソーシング化の背景にあるのが，部品メーカーにおける非組合員の増加であり，その結果1970年代末から拡大していった自動車メーカーの労働者との賃金格差である。1997年には時給で1ドル強しかなかった差が，95年には5ドル程度にまで拡大（19ドル対14ドル）したというデータもある[13]。

　前述したように，日本では，1970年代より部品のサブアセンブルやアウトソーシング化，あるいはユニット化，システム化が進められており，部品メーカーが製品開発を担当することも多かったため，当初はモジュール化に対して積極的な対応を示してこなかった。しかし，最近ではこうした欧米で進められていたのと類似したアウトソーシング化の計画が進められている。

　この場合，問題になるのが当然コストである。アウトソーシング化の理由と

してコスト削減があることは明らかであり、アウトソーシングを受ける側は既存コストより低いコストで対応することが求められる。アウトソーシングを受けるサプライヤ側の賃金水準は、自動車メーカーよりは低いものの、その低さには限界があるのも事実である。こうした際に、サプライヤ側がどういった対応をするのか、また、それがサプライヤ側の全体の賃金水準にどういった影響を与えていくのか、今後注目される点である[14]。

5 まとめ

　本稿では、自動車生産のサプライヤシステムの展開と自動車メーカーとサプライヤの賃金格差について、1960年ころから2000年前後までを概観してきた。今日見られる自動車メーカーと1次サプライヤ間の賃金の差は、1970年代から80年代にかけて、グループ労連が賃上げ交渉に関わることを通じて形成されてきたものであり、そこで見られるのは賃上げ率の同一化と一時金の規模別格差を通じた規模別、階層別の賃金水準の格差構造である。この差が、能力差仮説で十分説明ができるのかどうかが問題になる。筆者は、能力差によって妥当な範囲のところに落ち着いたというよりは、賃金はグループ内での位置によって事実上決定されていると考えている。賃金水準は、単価をめぐる取引関係の競争力を反映し、結果的にサプライヤ側が発注側に対して相対的に低い水準に落ち着くことになる。その差は、1960年ころに見られた2分の1といった水準からは大きく改善されたが、自動車メーカーと1次メーカー、1次メーカーと2次メーカーといったかたちで、階層で下位に行くほど、そして規模では小規模になればなるほど差が広がっていくことになる。トヨタでサプライヤシステムが確立した1980年代以降、今日までこうした構造は基本的に維持されている。
　しかし、日本の自動車産業が大きく変わり、グローバル競争が激しくなっている今日、一方でこうした構造を維持させながら、一方でフレキシブルに対応し、低コスト化に対応する労働力として、部品サプライヤでは請負労働者が増大している。今後は、自動車産業をめぐる競争条件が変化するなかで、こうした労働力のあり方を含めて、検討していく必要がある。

1) 戦前の中小工業研究としては，藤田敬三『日本産業構造と中小企業』（岩波書店，1964年），小宮山琢二『日本中小工業研究』（中央公論社，1941年）等を参照。
2) 尾高煌之助『労働市場分析』（岩波書店，1984年），小池和男「企業規模別賃金格差をめぐって——大企業本工の賃金と中小企業ホワイトカラーの賃金——」（『日本労働協会雑誌』第156号，1972年3月号）などを参照。
3) 中村圭介『日本の職場と生産システム』（東京大学出版会，1996年），（財）中部産業・労働政策研究会『産業成熟時代の分業関係とグループ労連の役割——中京地区自動車産業の事例から——』（1995年）などを参照。
4) 前掲『産業成熟時代の分業関係とグループ労連の役割』では，「幅広い層に知的熟練の形成を」を提言し，中・小企業での知的熟練の形成の必要性を論じている。
5) この時期に関する詳しい分析については，植田浩史「高度成長期初期の自動車産業のサプライヤシステム」（『季刊経済研究』第24巻第2号，2001年）を参照。
6) 「自動車部品工業の現状と問題点」（『長期信用銀行調査月報』1963年10月号）43-45頁参照。1962年は規模別の初任給で逆転が発生していることが示されている。
7) 自動車産業の労連については，植田浩史「自動車部品メーカーにおけるフレキシビリティの形成と労使関係——全A労働組合連合会と加盟単組の組織と活動——（1）（2）」（『季刊経済研究』第15巻第3・4号，1992-3年），前掲『産業成熟時代の分業関係とグループ労連の役割——中京地区自動車産業の事例から——』，中田喜文「日本における企業間賃金格差の現状——自動車産業に見る定昇込み賃上げ率交渉と企業系列型労使関係の持つ賃金格差固定化効果——」（『日本労働研究雑誌』第449号，1997年10月）なども参照。
8) なお，賃上げ率の統一化が，なぜこのような階層化を可能にしたのか，その理由については，個別の組合・企業における賃金体系や労働者構成の変化など，いくつかの要因を細かく検討しなければならない。
9) 前掲中里論文では，労連について次のようにまとめている。「1) 1980-94年の期間において，定昇込み賃金引き上げ率の産業内平準化が大きく進展し，その結果，産業内企業間賃金格差の固定化が起こった。2) その固定化において，産業内の企業系列に対応する労働組合組織である労連の果たした役割が大きかった。3) 労働組合の賃金に対する規制力は，非組合員を含む大卒労働者より，組合員である高卒労働者において，より強く確認された。4) 労連間で大きな賃金格差が存在し，上位労連と下位労連では，月収で15％，年収で20％もの差が確認された。その限りで，組合規制力は，労連別の経済原理を超える産業横断的なものではない。5) 1980年から94年の期間において，自動車産業は大きく成長したにもかかわらず，産業内の企業間賃金格差は驚くほど安定していた。この期間，安定的であった自動車産業の労使関係制度を反映した結果と言える。」（25頁）
10) トヨタが，3年間で部品調達コストを約3割削減する計画をまとめたことが最近報道された（『日本経済新聞』2000年12月21日付）。
11) モジュール化については，植田浩史「自動車生産のモジュール化とサプライヤ」（『経済学論纂（中央大学）』第41巻第5号，2001年3月）等を参照。なお，ここで述べているサプライヤがサブアセンブルを担当するというのは，モジュール化の1つの段階であり，サプライヤ側がモジュールの設計開発を担当することをモジュール化として重視す

Ⅰ 共通論題

る場合もある。
12) ILO, *The social and labour impact of globalization in the manufacture of transport equipment*, 2000 の第3章 Global systems integrators : The supplier industry reinvents itself を参照。
13) 同上。なお，価格1992年のデフレート値。
14) モジュール化は韓国でも行われている。現代自動車の関連企業である最近再編された現代 MOBIS は，企業の1つの目的としてサブアセンブルによるモジュール生産を掲げている。現代自動車の蔚山工場内にある同社のサブアセンブル工場では，モジュールを同期化生産し供給しているが，そこでは多くの請負労働者が働いていた。

共通論題＝経済格差と社会変動―― 4

女性と階級構造
所属階級と配偶関係からみた女性の経済的・社会的格差

橋本健二 Hashimoto Kenji

　本稿の目的は，現代日本の女性の経済的・社会的格差の構造とその趨勢を，階級論的アプローチを用いて実証的に明らかにすることにある。ここで階級論的アプローチというのは，経済構造の中で占める位置に注目して人々を区分し，これらの諸区分＝階級間の不平等の構造と相互作用を分析することを通じて，経済的・社会的格差の構造を明らかにするとともに，社会現象を説明しようとするアプローチのことをいう。従来の階級研究は有職男性，とくに世帯主男性を中心的な研究対象とすることが多く，その女性差別的性格を批判されてきた[1]。これに対して本稿は，階級論的アプローチは依然として，男性のみならず，女性の経済的・社会的格差を解明するための優れた方法となりうることを示そうとするものである。

1　階級構造図式と階級カテゴリー

　実証的な階級研究のためには，まず「階級構造図式」と「階級カテゴリー」を確定する必要がある。ここで階級構造図式というのは，諸階級の数と種類および相互関係についての規定，階級カテゴリーというのは，階級構造図式によって規定された諸階級の，操作的に定義されたカテゴリーのことである。

（1）階級構造図式
　ここで採用する階級構造図式は，資本主義的生産様式と単純商品生産という2つの生産様式が共存・節合していることを前提とした，4階級図式である。もっとも広く知られた階級構造図式は，資本家階級―労働者階級の2階級図

Ⅰ 共通論題

図表 1　基本的階級構造図式

（資本主義セクター）　　　　　（単純商品生産セクター）

経営体の一人あたり資本量

生産手段に対する効果的統制力

資本家階級
新中間階級　　　　　　旧中間階級
労働者階級

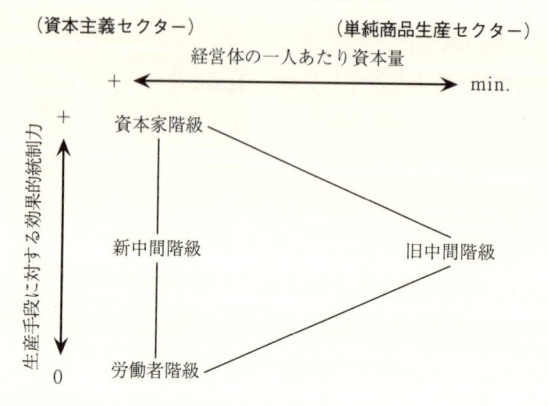

式だが，これにはすでに，多くの欠陥が指摘されている。まず第 1 に，現代資本主義社会にも自営で農業・製造業・商業等を営む人々が多く存在する。これらの人々は生産手段の所有者ではあるが，所有する生産手段の量が最低限の規模にとどまっているために，基本的に他者を雇用することなくもっぱら自己労働によって収入を得ている。これらの人々は，単純商品生産によって構成されるひとつの階級であり，旧中間階級と呼ぶことができる。

他方，現代資本主義社会では，被雇用者の比率が増加するとともにその内部が多様化し，とくに管理職・技術職層を中心に，伝統的な意味での労働者階級とはさまざまな意味で異なる性格をもつ人々が増加している。これらの人々は被雇用者でありながら，資格・知識・技能・組織内での地位などを基盤に，生産手段の運用や他者労働力の統制に関与するとともに，相対的に高い収入を得ているなど，労働者階級とは区別されるという見解が有力である[2]。ここでは，これらの人々を新中間階級と呼ぶことにする。

ここからわれわれは，資本家階級・新中間階級・労働者階級・旧中間階級の 4 階級モデルを設定することができる。これを示したのが，**図表 1** である。

（2）階級カテゴリー

次に必要なのは，それぞれの階級を，実証的な分析に適用できる操作的なカ

テゴリーへと翻訳することである。この階級カテゴリーは，階級構造図式をできるだけ忠実に再現すること，そして可能な限り，シンプルで再現性の高いものであることが望ましい。

　これまでにも数多くの階級カテゴリーが作成されてきたが，これらの多くには共通の問題があった。それは，階級カテゴリーの構成が男女とも同一とされてきたことである。たとえば「大橋方式」では，被雇用の専門職・事務職が，労働者階級内部の「いわゆるサラリーマン層」に区分されているが，1990年の国勢調査からその比率を男女別に計算すると，男性20.8％，女性35.9％と女性の方が明らかに大きく，「いわゆるサラリーマン層」に占める女性の比率は53.0％に達する。ここに含まれる女性の大部分は事務職だが，その大部分は昇進機会のない単純事務作業者であり，学歴や収入，社会意識などの上でも販売・マニュアル職に近い[3]。したがってこれを，男性事務職と同一視して「いわゆるサラリーマン層」に含めることには大きな問題がある。そもそも今回採用する階級構造図式では，生産手段の運用や他者の労働力の統制に関与する人々を新中間階級と呼ぶのだから，もっぱら単純事務作業に従事する女性事務職を，新中間階級に含めることはできない。

　そこで男性事務職は新中間階級，女性事務職は労働者階級に含めるとともに，資本家階級と旧中間階級の境界を従業先規模5人に設定して，次のように階級カテゴリーを定めることにした[4]。

　　資本家階級　従業先規模が5人以上の経営者・役員・自営業者・家族従業者
　　新中間階級　専門・管理・事務に従事する被雇用者（ただし，女性では事務を除外）
　　労働者階級　専門・管理・事務以外に従事する被雇用者（女性では事務を含める）
　　旧中間階級　従業先規模が5人未満の経営者・役員・自営業者・家族従業者

（3）データ

　今回の分析で使用するのは，1985年と1995年のSSM調査データである。SSM調査（社会階層と移動全国調査）は，社会学者を中心とする研究グループ

によって1955年から10年ごとに行われており，1995年に実施された調査が5回目となる。調査票には一貫して，学歴，初職以来の職歴と現在の職業，収入，階層意識など，階級・階層研究に不可欠な質問項目が多数含まれている。調査対象は，20歳から69歳。今回用いたのは女性サンプルのみで，その数は1985年が2171，1995年が2867である。データの使用に関しては，1995年SSM調査委員会の許可を得た。

2　所属階級と配偶関係からみた女性の類型

階級との関係で女性の経済的・社会的格差を理解しようとする際に問題となるのは，①かなりの数の女性が職業を，したがって直接の階級所属をもっていないこと，②有職女性には短時間労働者や低所得者で夫に経済的に依存しているケースが多く，本人の階級所属は必ずしも経済的・社会的状況の最大の決定要因ではないこと，である。したがって，本人の所属階級とともに夫の所属階級を考慮し，新たに女性を類型化することが必要となる。

（1）夫婦の階級構成

図表2は，1995年SSM調査データから女性サンプルのみを取りだし，これを，①本人の所属階級と，②配偶者の有無および配偶者の所属階級によって分類し，それぞれの人数と全体に占めるパーセンテージを示したものである。ここには日本の女性たちが，そのもっとも基本的な生活条件にもとづいて25のグループに分類されていることになる。ここで25グループの女性たちのうち，人数で60人以上，比率にしておよそ2.3％以上を占める13グループの女性（合計2380人，全体に占める比率90.4％）たちに注目しよう。これらの女性たちの所属階級を，①本人が有職の場合は本人の所属階級，②本人が無職の場合は夫の所属階級によって判断することにすれば，これら13グループを4つの階級と，無職で配偶者のいない1つのグループに大別することができる。そして，これら5カテゴリー13グループの女性たちの経済的・社会的特性の違いを明らかにすることにより，われわれは階級構造の中で生きる女性たちの姿を浮き彫りにで

図表2　女性の所属階級別夫の所属階級（1995年）　　　　（　）＝％

本人の所属階級 （現職）	夫の所属階級（現職）					合　計
	資本家階級	新中間階級	労働者階級	旧中間階級	配偶者なし	
資 本 家 階 級	88① (3.3)	6 (0.2)	4 (0.2)	5 (0.2)	10 (0.4)	113 (4.3)
新 中 間 階 級	7 (0.3)	72③ (2.7)	36 (1.4)	8 (0.3)	60④ (2.3)	183 (7.0)
労 働 者 階 級	37 (1.4)	243⑥ (9.2)	330⑦ (12.5)	75⑧ (2.8)	274⑨ (10.4)	959 (36.4)
旧 中 間 階 級	8 (0.3)	26 (1.0)	51 (1.9)	243⑪ (9.2)	54 (2.1)	382 (14.5)
無　　　　職	66② (2.5)	359⑤ (13.6)	326⑩ (12.4)	94⑫ (3.6)	150⑬ (5.7)	995 (37.8)
合　　計	206 (7.8)	706 (26.8)	747 (28.4)	425 (16.1)	548 (20.8)	2632 (100.0)

きるはずである。なお図表3は，主要な設問への回答を13グループ別に集計したものである。

(2) **資本家階級の女性たち**

資本家階級は2つのグループからなる。

①資本家階級―資本家階級グループは，夫とともに企業を経営する女性たちである。世帯収入は平均1373万円で，全グループ中最高。結婚した時点で夫が資本家階級だった人が59.1％，夫の父親が資本家階級である人が39.4％に達していることから，企業の経営者またはそのあとつぎと結婚し，その仕事を手伝うようになったケースが多いことがわかる。経営規模はきわめて小さく，88.6％までが従業員30人未満である。伝統的な性役割観を支持する人の比率が全体に高く，夫の家事参加の度合いは最低レベルである。職業をもち，高い生活水準を維持しながらも，伝統的な夫婦関係・家族関係の中に生きる女性たちで，「中小企業のおかみさんたち」と呼ぶことができる。

②無職―資本家階級グループは，企業経営に携わる夫をもつ専業主婦たちである。世帯収入は平均1090万円で，2番目に多い。夫の経営する企業の従業員規模は，従業員30名未満が54.5％にとどまり，30-299名33.3％，300名以上

Ⅰ 共通論題

図表3　13グループの女性たちとそのプロフィール（1995年）

	①中小企業のおかみさんたち	②経営者の妻たち	③ダブル・インカム族の女性たち	④「独身貴族」たち	⑤専業主婦のコア・グループ	⑥働く主婦Ⅰ	⑦働く主婦Ⅱ	⑧「過剰人口」の女性たち	⑨不安定な女性労働者	⑩労働者階級の妻たち	⑪家業に生きる女性たち	⑫職人の妻たち	⑬老いに直面する女性たち
平均年齢（歳）	48.6	48.0	42.0	31.9	44.2	42.9	45.2	48.1	35.4	46.3	52.3	49.3	55.0
本人収入（万円）	285	64	319	290	23	163	148	148	237	23	152	23	125
夫の収入（万円）	892	903	620	—	663	644	461	415	—	456	577	448	—
世帯収入（万円）	1373	1090	1045	622	771	876	667	606	568	562	883	598	370
臨時・パート比率	0.0	—	34.7	18.3	—	59.7	55.8	54.7	25.2	—	0.0	—	—
事務職比率	57.0	—	0.0	0.0	—	49.2	24.8	20.0	56.9	—	26.7	—	—
マニュアル職比率	10.4	—	0.0	0.0	—	33.4	54.0	57.4	24.1	—	21.4	—	—
高等教育学歴比率	25.3	31.8	63.9	55.0	29.5	25.1	6.1	13.3	27.8	9.8	11.1	20.4	12.7
夫の高等教育学歴比率	42.0	48.5	69.4	—	57.4	37.2	6.7	12.2	—	13.6	18.6	19.4	—
階層帰属意識「上」「中の上」	62.2	56.9	45.1	43.9	36.9	34.2	22.0	23.0	24.8	25.7	36.5	33.7	20.0
今の社会「公平」「だいたい公平」	32.5	31.7	36.6	24.6	36.4	28.0	23.1	23.9	26.4	28.4	29.6	21.1	25.9
生活全般に「満足」「どちらかといえば満足」	79.5	83.3	74.6	68.3	79.1	70.4	63.6	56.8	56.6	73.5	72.4	67.7	63.1
性役割意識													
男は外，女は家庭	38.6	50.8	16.7	16.7	48.2	30.0	31.2	30.7	33.9	49.2	48.1	54.3	41.5
男の子と女の子は違った育て方	48.3	41.9	19.4	25.4	41.5	34.6	31.4	32.9	33.0	41.8	44.8	37.6	48.6
家事や育児には女性が向いている	78.6	78.1	45.8	45.6	67.8	60.6	62.7	69.9	62.5	67.8	74.2	79.8	74.5
専業主婦は社会的に意義ある仕事	60.7	71.4	59.2	66.1	68.2	49.8	52.6	50.7	62.3	68.2	63.4	69.7	62.2
女性も職業生活重視の生き方を	75.6	76.3	76.1	84.7	75.4	78.6	76.7	74.3	78.9	69.3	81.5	79.1	77.8
専業主婦は恵まれている	50.0	43.3	28.2	8.9	36.2	24.2	32.1	44.3	28.9	29.3	35.9	36.4	43.8
夫の家事参加（「いつも」＋「ときどき」）													
食事の支度や後かたづけ	23.3	26.9	37.1	—	46.8	46.2	48.0	43.2	—	39.9	37.1	34.0	—
掃除や洗濯	27.9	19.2	40.0	—	37.0	40.3	41.5	37.8	—	37.0	30.1	30.0	—
育児や子育て	45.5	56.5	80.6	—	80.2	71.4	64.3	54.8	—	71.7	59.7	65.0	—
性別による不公平「大いにある」	33.3	23.1	45.7	40.6	38.3	33.3	32.6	22.2	42.0	32.1	23.9	16.0	24.1

注：単位を明示していない項目は％。マニュアル職はサービス職を含む。

12.1％など，比較的大きい。結婚時点ですでに夫が資本家階級だった人が63.9％と多いが，新中間階級だった人も27.8％おり，サラリーマン型の経営者を夫にもつ女性をかなり含む。性役割意識と性役割分業は明確で，「男は仕事，女は家庭」「専業主婦は社会的に意義ある仕事だ」と考える人は最高レベル，夫の家事参加度は最低レベルである。また子どもの進学への関心が高く，「子どもにはできるだけ高い教育を」「子どもには家庭教師や塾を」と考える人が最高レベルになっている。明確な性役割分業と子どもへの関心の強さという点で，近代ブルジョア家族の主婦モデルを体現する女性たちで，「経営者の妻たち」と呼ぶことができる。

(3) 新中間階級の女性たち

新中間階級は3つのグループからなる。

③新中間階級—新中間階級グループは，主に専門職に従事し，ホワイトカラーの夫をもつ女性たちである。勤務先は官公庁が46.5％と半数近くに上る。平均収入は319万円と全グループ中最高で，世帯収入は資本家階級以外ではもっとも多い。高等教育を受けた人の比率は，本人63.9％，夫69.4％で，いずれも全グループ中最高である。彼女たちには，伝統的な性役割分業を拒否するという明らかな特徴があり，「男は仕事，女は家庭」「男の子と女の子は違った育て方をすべきだ」という考えを支持する人はいずれも全グループ中最低で，夫の家事参加率も比較的高い。性役割が明確でない平等な夫婦関係を志向する女性たちで，「ダブル・インカム族の女性たち」と呼ぶことができる。

④新中間階級—配偶者なしグループは，やはり主に専門職だが，配偶者のいない女性たちである。平均収入は290万円とけっして高くはないが，女性としては恵まれた方であり，55.0％が高等教育を受けている。伝統的な性役割分業を否定する人が多いのに加え，「専業主婦は恵まれている」と考える人はわずか8.9％で，専業主婦になることを忌避する傾向が強い。彼女たちは，親との同居の有無によって2つのサブ・グループに分けられる。親と同居する人々は，かなり高収入の親と同居しているために世帯収入が高く，伝統的な性役割への反発が強い反面，「家事や育児には女性が向いている」と考える人も57.6％い

るなど，性役割分業の否定一色ではない。これに対して親と同居していない人々は，平均年齢が37.8歳とやや高く，「家事や育児には女性が向いている」と考える人が少ないなど，確信をもってシングルを生きる傾向が強い。女性としては，という限定つきながら，比較的高収入であるだけでなく，専門性のある職業についているため，雇用の安定という点でも恵まれている女性たちで，「『独身貴族』たち」と呼ぶことが許されよう。

⑤無職―新中間階級グループは，主に企業で働くホワイトカラーの夫をもつ専業主婦たちである。女性全体に占める比率は13.6％と，全グループ中で最大。夫の収入は663万円で，資本家階級以外では最高である。高等教育を受けた人の比率は29.5％とそれほど高くはないが，夫では57.4％と高く，学歴面での「上昇婚」が多いといえる。生活への満足度は資本家階級なみに高い。全体的に性役割分業を支持する傾向が強く，また職歴をみると，30歳以降のどの時点でも無職比率が85％を越えており，一貫して専業主婦である人々が大部分を占める。「専業主婦」というもののイメージの中核に位置する女性たちであり，「専業主婦のコア・グループ」と呼ぶことができる。

（4）労働者階級の女性たち

労働者階級は，5つのグループからなる。

⑥労働者階級―新中間階級グループは，ホワイトカラーとして働く夫をもちながら，自分も主にパートとして働いている女性たちである。職種は事務が49.2％と約半数を占め，平均収入は163万円と低い。同じく新中間階級の夫をもつ⑤と比較すると，夫の収入は約20万円低いだけだが，高等教育を受けた夫の比率が大幅に低く，300人未満の中小企業に勤務する夫の比率が高いなど，階層的にはやや下に位置するとみられる。性役割意識は中間的である。人並みよりやや上の生活水準を確保するために，パート勤務などによって家計を支える平凡な主婦たちで，「働く主婦Ⅰ」と呼んでおこう。

⑦労働者階級―労働者階級グループは，労働者階級として働く夫をもちながら，自分も主にパートとして働いている女性たちである。職種は半熟練が27.0％ともっとも多く，事務は24.8％とやや少ない。勤務先の大多数は中小企

業である。高等教育を受けた人の比率は6.1%で，全グループ中最低。平均収入も，有職者としては全グループ中最低である。このグループの特徴は，夫の職業をみるとさらにはっきりする。高等教育を受けた人の比率はわずか6.7%で，全グループ中最低。収入も461万円と低く，職種ではマニュアル労働者が大多数，勤務先は中小企業が中心である。中小企業のマニュアル労働者を中心とした労働者階級下層の夫をもち，家事・育児を引き受けるとともにパートなどでなんとか生計を維持する健気な女性たちで，「働く主婦Ⅱ」と呼んでおこう。

⑧労働者階級—旧中間階級グループは，夫が営む家業や自由業とは別に，労働者として外へ働きに出て収入を得ている女性たちである。平均収入は148万円と低く，パートとマニュアル職が多く，勤務先は中小企業が中心で，労働者階級下層としての性格が強い。このグループの特徴も，やはり夫の職業をみると明らかになる。従業員規模「1人」が54.7%と過半数に達し，平均収入は415万円で，全グループ中最低。産業分野では，建設業が34.7%と多いのが特徴である。農林漁業は26.7%を占めるが，この農林漁業を営む夫の平均収入は，わずか213万円にすぎない。つまり夫の職業が個人営業的なものであること，または手伝うにはあまりにも事業の規模が小さいことなどから，他の職場で働くことになった女性たちなのである。旧中間階級の下層であり，しかも労働者階級の下層でもあるという，二重の意味で下層的性格が強い女性たちであり，しばしば用いられる経済学用語を借りて，「『過剰人口』の女性たち」と呼ぶことができる。

⑨労働者階級—配偶者なしグループは，主に企業で働く独身女性たちである。平均年齢は35.4歳と若く，常雇が72.3%と多数を占める。職種では事務が56.9%と多く，販売がこれに次ぎ，マニュアル職は少ない。同じく独身の④と比較すると，伝統的な性役割を受け入れる傾向が明らかに強く，有職女性全体でも最高レベルである。彼女たちもやはり，親との同居の有無によって大きく2つのサブ・グループに分けられる。親と同居する人々は平均年齢28.6歳と若く，親を含めた世帯収入は791万円で，生活水準は低くないが，やがて結婚することを期待する経過的な存在ということができる。これに対して親と同居し

ていない人々は，平均年齢が46.7歳と高く，夫と死別した人が30.1％，離別した人が35.9％，未婚の子どもと同居する人が40.8％にも上っている。25歳，30歳時点の職業をみると，いずれも4割程度が無職で，結婚とともにいったん仕事をやめ，離死別を経て，生計を立てるため再就職した人が多いものとみられる。いずれにしても，確信的シングルでもなければ夫の庇護の下にあるというわけでもない，今後の生活に不確実さを抱えた低賃金労働者であり，「不安定な女性労働者」ということができる。

⑩無職—労働者階級グループは，企業で働くマニュアル職または販売職の夫をもつ専業主婦たちである。夫の平均収入は456万円で，⑦とほぼ同じだが，夫が300人以上の大企業または官公庁に勤務する人が40.9％とかなり多く，学歴もやや高いなど，階層的にはやや上に位置するとみられる。全体的に伝統的な性役割を支持する傾向が強いが，「専業主婦は恵まれている」と考える人の比率は29.3％と低く，専業主婦としての境遇に必ずしも満足していないことがうかがえる。同じく専業主婦の⑤と比較すると，世帯収入は200万円以上低く，階層帰属意識・生活への満足度も低い。家事・育児を一手に引き受け，大企業ブルーカラーの夫を仕事に専念させることによって，日本の産業を陰で支える女性たちで，「労働者階級の妻たち」と呼ぶことができる。

（5）旧中間階級の女性たち

旧中間階級は，2つのグループからなる。

⑪旧中間階級—旧中間階級グループは，夫とともに家業を営む女性たちである。平均収入は152万円と高くないが，世帯収入は883万円とかなり多く，旧中間階級の主力グループに位置する女性たちということができる。産業分野をみると，販売業・飲食店，農業，対個人サービス業などが多い。また夫婦ともに同じ職業についている人が62.8％と多く，彼女たちの仕事が「家業」という性格の強いものであることがわかる。共働きであるにもかかわらず伝統的な性役割を支持する傾向が強いが，他方では「女性も職業生活重視の生き方を」と考える人が81.5％と多い。「家を守る妻」と「家業を支える働き手」という二重の性格をもつ女性たちで，「家業に生きる女性たち」と呼ぶことができる。

⑫無職—旧中間階級グループは，家業や自由業を営む夫をもつ専業主婦たちである。世帯の平均収入は598万円，夫の収入は448万円と，いずれも低い。夫の職業をみると，大工・左官・とび職，漁師，運転手，洋服・和服仕立職など，本人の熟練にもとづく個人営業的なものが比較的多く，手に職をつけた夫を裏で支える主婦たちということができる。伝統的な性役割を支持する傾向が強く，とくに「男は仕事，女は家庭」「家事や育児には女性が向いている」と考える人の比率は，全グループ中最高である。一部を除いて，旧中間階級下層としての性格が強い専業主婦たちで，「職人の妻たち」と呼ぶことができる。

(6) 老いに直面する女性たち

最後は，⑬無職—配偶者なしグループ。無職の独身女性たちである。20-30歳代で親と同居する女性たちが約2割含まれるが，これはいわゆる「家事手伝い」や，一時的に失業している人々とみられるので，40歳以上だけを取り上げることにしよう。平均年齢は62.0歳。配偶関係は未婚23.1％，死別67.8％，離別9.1％で，離死別者が4分の3以上を占めている。平均収入は133万円だが，70-250万円に54.7％が集中しており，年金生活者が中心と考えられる。世帯の平均収入は355万円と極端に低く，33.9％までが独居者で，二人暮らしが24.0％とこれに次いでいる。二人暮らしの場合の同居相手は，過半数が未婚の子ども，約4分の1が親である。一人暮らしで自分の老いに直面する女性を中心に，みずから高齢期を迎えつつも親の老いを看る女性，子どもに頼りながら高齢期を迎えつつある女性などで，「老いに直面する女性たち」ということができる。

3 女性たちの経済的・社会的格差とその変動：1985-1995年

それでは次に，女性たちの間の経済的・社会的格差がどのように変化してきたかをみることにしよう。ここで取り上げるのは，世帯収入の格差と階級間移動機会の格差である。

I 共通論題

図表4　各グループの構成比率の変化（1985-95年）

(単位：%)

	1985年	1995年
①中小企業のおかみさんたち	2.1	3.3
②経営者の妻たち	1.4	2.5
③ダブル・インカム族の女性たち	2.0	2.7
④「独身貴族」たち	1.7	2.3
⑤専業主婦のコア・グループ	13.6	13.6
⑥働く主婦Ⅰ	8.2	9.2
⑦働く主婦Ⅱ	12.4	12.5
⑧「過剰人口」の女性たち	3.6	2.8
⑨不安定な女性労働者	11.3	10.4
⑩労働者階級の妻たち	10.9	12.4
⑪家業に生きる女性たち	10.9	9.2
⑫職人の妻たち	5.5	3.6
⑬老いに直面する女性たち	6.9	5.7
（同40歳以上）	(4.7)	(4.6)
その他	9.5	9.8
合　　計	100.0	100.0

（1）世帯収入格差の変動

　まず，全女性に対する各グループの構成比率の変化を確認しておこう（図表4）。明らかに増加しているのは資本家階級（①②）と有職の新中間階級（③④）で，減少しているのは配偶者のない労働者（⑨）と，旧中間階級世帯（⑧⑪⑫）である。資本家階級と旧中間階級の変化からは，自営業・零細企業が一方では規模拡大，他方では廃業するという，両極分解傾向がみて取れる。また新中間階級と労働者階級の変化からは，全体として女性新中間階級が増加するとともに，独身女性が労働者階級から新中間階級へとシフトする傾向がうかがえる。

　図表5は，13グループごとに世帯収入額の変化をみたものである。表の下の部分には，世帯収入の格差の大きさを表わす統計量[5]を示しておいた。この10年間に，変動係数は0.276から0.341，相関比は0.370から0.450といずれも大きく増加しており，世帯収入の格差が拡大していることは明らかである。個別にみると，収入が相対的に増加しているのは，新旧中間階級の上層（③⑪）と，

図表5　各グループの世帯収入（1985-95年）

	1985年		1995年	
	実額(万円)	指数	実額(万円)	指数
①中小企業のおかみさんたち	924.0	173.6	1372.8	187.5
②経営者の妻たち	906.7	170.3	1089.8	148.8
③ダブル・インカム族の女性たち	710.4	133.5	1044.7	142.7
④「独身貴族」たち	526.7	98.9	621.8	84.9
⑤専業主婦のコア・グループ	594.0	111.6	770.6	105.2
⑥働く主婦Ⅰ	638.9	120.0	875.5	119.6
⑦働く主婦Ⅱ	504.8	94.8	667.0	91.1
⑧「過剰人口」の女性たち	490.9	92.2	606.3	82.8
⑨不安定な女性労働者	429.5	80.7	567.8	77.5
⑩労働者階級の妻たち	413.8	77.7	562.1	76.8
⑪家業に生きる女性たち	510.5	95.9	883.0	120.6
⑫職人の妻たち	498.8	93.7	597.6	81.6
⑬老いに直面する女性たち	452.7	85.0	369.5	50.5
（同40歳以上）	(372.2)	(69.9)	(354.9)	(48.5)
全　　　　体	532.3	100.0	732.3	100.0
平　均　値	584.7		771.4	
標　準　偏　差	161.7		262.9	
変　動　係　数	0.276		0.341	
相　関　比	0.370		0.450	

旧中間階級の上に連なる中小資本家層（①）である。収入が相対的に減少しているグループはかなり多いが，とくに旧中間階級世帯下層（⑧⑫），専業主婦を含む世帯（②⑤），そして老いに直面する女性たち（⑬）の低下が目立つ。全体としてみると，中間階級内部の格差が拡大し，この格差拡大はフルタイムの共働き世帯とそれ以外の格差と関連している，ということができる。

（2）階級間移動の機会とその趨勢

　最近，階級・階層間移動の機会の不平等が，社会的に広く注目を集めている。その契機となったのは佐藤［2000］である。この中で佐藤は，SSM調査データの分析から「ホワイトカラー雇用上層」の閉鎖性が強まっていることを示し，ここから「新たな階級の出現」を主張した。この主張にはすでにいくつかの問題点が指摘されているが，なかでも重要なのは次の2点である。第1に，佐藤

Ⅰ 共通論題

図表6 世代間移動の趨勢（女性・35-44歳）

		1985年	1995年
父親と本人の比較	オッズ比		
	資本家階級	4.067	2.648
	新中間階級	2.368	1.732
	労働者階級	2.600	1.706
	旧中間階級	1.923	1.373
	開放性係数	0.727	0.859
	純粋移動率	0.214	0.326
父親と夫の比較	オッズ比		
	資本家階級	4.268	1.791
	新中間階級	3.889	1.853
	労働者階級	1.834	1.404
	旧中間階級	2.054	2.077
	開放性係数	0.740	0.852
	純粋移動率	0.348	0.390

の分析は基本的に男性のみを対象とした分析から日本社会全体について結論しようとするものであり，明らかに女性が無視されている。第2に，彼が分析に用いたのはきわめて便宜的な階層カテゴリーで，しかも分析の際には「40歳時職」という特殊な基準が用いられているため，その結論は特殊なカテゴリー設定のためにたまたま得られた脆弱なものである可能性が否定できない。実際，盛山和夫は，佐藤の結論がカテゴリー設定に依存するものであることをデータによって明らかにしている（盛山 [2000]）。また世代間移動の少ない固定的な社会階層のことを「階級」と呼ぶ，学説史を無視した特殊な階級概念にも問題がある。

ここではこの2つの問題点を克服するため，①女性を分析対象とし，②より理論的なカテゴリーである階級カテゴリーを用いた分析を提示することにしよう。図表6は，35-44歳女性を分析対象として，世代間移動に関するいくつかの指標を1985年と1995年で比較したものである[6]。世代間移動量を測定する際には，出身階級を父親の所属階級とし，所属階級には本人の所属階級（本人基準）と夫の所属階級（夫基準）の2つを用いた。移動指標は，一般に使用されることが多い3種類を示した。オッズ比は，ある階級Aの出身者とそれ以外の階級の出身者で，階級Aへの「なりやすさ」がどれだけ違うかを，各階級ごと

に比率で示したもので,「なりやすさ」が等しい場合には1,格差が大きいほど,つまりその階級が閉鎖的なほど,大きい値をとる。開放性係数と純粋移動率は,階級構造が全体として閉鎖的か開放的かを示すもので,階級構造が開放的になるほど大きい値をとる。

　結果はかなり明瞭である。開放性係数と純粋移動率をみると,本人基準,夫基準いずれの場合でも明らかに増加しており,女性にとってはこの10年間に,階級構造は開放的なものになったということができる。オッズ比を階級別にみると,夫基準の旧中間階級ではほとんど変化がみられないが,その他ではかなり大きく減少しており,女性にとっては多くの階級で移動が容易になったとみることができる。女性についての分析からは,佐藤[2000]とはまったく逆の結果が得られるのである[7]。

　しかしこのことは,女性にとって日本の社会が階級社会ではないということを意味するのではない。すでに,配偶関係と本人・夫双方の階級所属を用いた分析から確認したように,女性たちの間には本人および夫の階級所属による明らかな格差があり,この格差は拡大している。ただし,それぞれの階級に所属するチャンスは,女性に対しては相対的に開かれているということなのである。

4　結　論

　女性たちの生活水準や社会的特性は,本人の所属階級という単一の要因によって規定されているわけではないが,配偶関係と本人および夫の階級所属の組み合わせという少数の要因によって,大きく規定されている。そしてこれらの要因による経済的格差は,世代間階級移動量の増加にもかかわらず,この10年間で明らかに拡大した。その意味で,現代日本社会は女性たちにとって,明らかな階級社会だということができる。

　さらに一般的に,次のようにいうこともできる。現代日本社会は,所属階級という単一要因によって経済的・社会的格差が決定されるという階級一元論的な意味では,階級社会だとはいえないかもしれない。しかし階級所属が,夫婦

I 共通論題

関係や家族といった社会諸関係とも結びつきながら経済的・社会的格差を決定するという意味では，明らかな階級社会である。つまり階級構造は，他の社会構造・社会諸関係と節合することを通じて，全体的な経済的・社会的格差の構造を決定するのである。同じように階級構造は，その社会の産業構造や企業組織，キャリア構造などと節合することによって，人々の生活を枠づける。こうした節合関係を視野に入れることによって，階級研究はその可能性を十分に発揮することができるだろう。このような意味で階級論的アプローチは依然として，経済的・社会的格差の研究におけるもっとも有力な方法なのである。

1) この点について詳しくは，Edgell [1993=2002] の第3章を参照。
2) たとえば E. O. Wright は，管理職・技術職などの人々は，一方では被雇用者として資本家階級に搾取されながらも，技能や組織内での地位を基盤に労働者階級を搾取して高い所得を得る，独自の階級的位置にあると主張した（Wright [1985]）。
3) この点についてのデータ分析を含めた検討は，橋本 [1995] で行われている。
4) 女性内職者は，すべて労働者階級に区分した。なお，この階級カテゴリーの有効性は，すでに橋本 [1986, 2001]，原（Hara [1994]）などによって確認されている。
5) 変動係数は標準偏差を平均値で調整したもので，全体的なバラツキの大きさを示す統計量，相関比は個人差を含めたすべての格差の中でカテゴリー間の格差（ここでは階級間の格差）が占める比重を示す統計量である。
6) 2001年5月27日の社会政策学会共通論題配付資料の図表7では，1985年の「父親と本人の比較」の部分で数値に誤りがあった。配付資料のこの部分については，今回のものに数値を訂正する。ただし結論そのものは変化していない。
7) なお同じ分析を男性について行うと，佐藤とまったく同様に，上層階級（資本家階級と新中間階級）の閉鎖性が高まっているという結果を得ることができる。この分析結果については，橋本 [2001] を参照されたい。

【参考文献】

Edgell, Stephen [1993], *Class*, *Routledge*. (橋本健二訳 [2002]，『階級とは何か』青木書店)

Hara, Junsuke [1994], Political Attitudes and Social Strata, in, Kosaka, Kenji(ed.) [1994], *Social Stratification in Contemporary Japan*, Kegan Paul International.

橋本健二 [1986]，「現代日本社会の階級分析」『社会学評論』第37巻第2号

橋本健二 [1995]，「『企業社会』日本の階級・階層構造と女性労働者」日本労働社会学会編『「企業社会」の中の女性労働者』東信堂

橋本健二［2001］,『階級社会日本』青木書店
佐藤俊樹［2000］,『不平等社会日本―さよなら総中流』中央公論社
盛山和夫［2000］,「中流崩壊は『物語』にすぎない」『中央公論』2000年11月号
Wright, Erik Olin [1985], *Classes*, Verso.

共通論題＝経済格差と社会変動――座長報告
社会変動と不平等への視点

中川　清　Nakagawa Kiyoshi

1　不平等化の問題提起

　21世紀の始まりに，社会政策学会があらためて「経済格差と社会変動」を共通論題に取り上げたことは，現代の不平等に対して新たな視点が求められていることの表明でもある。いうまでもなく，格差あるいは不平等，そして貧困は，一貫して社会政策学会が最も得意とする守備範囲であった。このような伝統を十分踏まえた上で，あえて「経済格差と社会変動」という一見中立的なテーマ設定を行った背景には，少なくとも3つの課題が込められていると考えられる。

　1つは，経済格差の拡大と政策的対応の必要性が，学会の外部から力強く提起されたことである。橘木は，1980年代の中頃から，所得においても資産においても分配の不平等化が進行してきたこと，さらに「機会の均等すら満たされない世の中になりつつある」ことを指摘した。その上で，「再分配政策の強化による経済効率のロスは小さいので，政策の発動を行ってよい」（そもそも「福祉国家でないわが国が，勤労意欲や貯蓄への効果を恐れること自体が，むしろ本末転倒である」）と主張した［橘木　1998］。

　今回の共通論題は，このような橘木の問題提起を真摯に受け止める形で設定された。本来なら社会政策学会が率先して展開すべき課題が，いわば外側から提起されたわけであるが，それは必ずしも学会の怠慢を意味しない。社会政策の領域と課題が拡大するとともに多様化し，しかも専門化する今日の状況においては，特定の課題領域とはいえ，1つの学会がすべてをカバーすることは困難になりつつある。したがって，外部の問題提起を積極的に受け止め，学会の共通認識を深めていくことは，これまでの学会の研究蓄積を新たな視点から検

証し発展させるためにも，欠くことのできない作業であるといわねばならない。前回春のテーマ「自己選択と共同性」の設定方法をも含めて，今後の開かれた学会運営と研究蓄積のあり方が問われている。

　2つは，森建資春季企画委員長の冒頭説明にあったように，日本の格差を論じるにあたって，国際的な格差の動向が視野にいれられねばならないことである。一方では，先進地域における不平等化の実態が，文化的再生産論やアンダークラス論［Wilson 1987］，そして相対的剥奪［Townsend 1993, Bradshaw & Sainsbury 2000］や社会的排除［Gordon 他　2000，都留　2000］などの文脈で議論されている。他方では，世界銀行の報告でさえ，開発地域における貧困が必ずしも改善されていないことを認めた［World Bank 1990］。仮に開発地域の貧困水準を1人1日1ドル以下とすれば，先進地域である日本の1人当たりGDP（米ドル換算）は，そのほぼ100倍に達することになる。

　このような関係構図はもとより，先進地域での不平等化の議論も，今回の共通論題では直接取り上げられなかった。けれども，20世紀の社会変動が必ずしも一方向的な平等化をもたらしたのではなく，21世紀において世界規模での多様な性格の不平等化を引き起こしている，という共通認識のもとでテーマ設定がなされたことは確かである。その上で，何よりもまず日本の格差の実態把握が目指されたのである。この実態把握の成果が，国際的な格差の動向において，どのように位置づけられるかは今後の課題である。

2　社会変動の結果としての不平等

　3つは，日本の社会変動の捉え方に関わる課題である。これまで不平等や貧困は，単純化すれば，存在するはずのものとして前提とされ，社会変動によってどの程度取り除かれたか，それとも取り残され固定化されたかをめぐって論じられてきた。また社会変動にともなって，新たな不平等や貧困が生じたとしても，それらは変動が引き起こす部分的な問題として，あるいは否定的な側面として理解されてきた。今回の共通論題は，不平等と社会変動のこのような関係づけを，再検討する試みでもある。すなわち，戦後日本の社会変動の結果と

I 共通論題

して、これまでとは異なった性格の不平等が新たに登場しつつあるのではないか、という問題関心にほかならない。

　不平等や貧困に関する社会政策学会の流れを大まかに振り返ってみると、1950年前後の全般的な窮乏化をめぐる議論から始まり、60年前後に隆盛をきわめた社会階層論的なアプローチ、その延長における「不安定就業階層」への集約［江口　1979-80］という形で展開してきた。その後、歴史的な研究［中川 1985、玉井 1992］をへて、1990年代においては「不定住的貧困」［岩田 1995］そして共通論題の外国人労働者や日雇労働者・ホームレスに示されるような特定のイシューへと限定されることになった。あえてまとめれば、学会が不平等と貧困に対して打った大きな網は、社会全体から社会階層さらに限定された対象へと絞り込まれてきたのである。

　このような事情は、社会政策学会にとどまらなかった。社会学の分野でも、青木秀男が最近の労作において、「単身男性の日雇労働者と野宿者、外国人労働者下層に対象を絞って」都市下層を論じている［青木 2000］。また「国民生活白書」においては、格差や不平等がほとんど見失われかけている。1960年代には執拗に各種の格差を確認していた白書は、70年前後からは立ち遅れが大きい「社会的不適応層」の存在を指摘するものの、80年代に入ると「社会的弱者」への言及が生活指標をめぐる議論に取って代わられるからである［中川 2000］。この過程で明示的ではないものの、白書が不平等の尺度を、60年代までの生活状態から、変動への対応能力に転換したことは注目されてよい。けれども、そこでの「能力」の把握が、社会変動のもたらす生き方の多様性や幅としてではなく、変動そのものへの対応に限定されたため、新旧の格差を見失うことになった。いずれにしても、格差と不平等の取扱い方が、この半世紀の間に極度に絞り込まれてきたことは確かである。

　さきの問題関心とは、このような絞り込みの網の目から大きく免れてしまった不平等、近代の地殻を揺るがすような社会変動の結果として生じている格差を見逃しているのではないか、という自省でもある。絞り込まれた対象から変動全体の性格を見出すとしても、その視野は自ずから限定されてしまうからである。平均寿命の著しい伸びは、他の年齢層に比べて格差が大きい高齢者世帯

を増大させ，社会的な格差の構造を変容させるのではないか。女性のライフコースの多様化は，例えばひとり親世帯のような新たな格差要因を生みだすのではないか。若者の生き方の幅の拡がりは，ライフサイクルの出発点での格差を拡大させ，その後も継続的に格差を累積させるのではないか。これらは，20世紀の社会変動の結果としてもたらされた新たな不平等化の動きであり，しかも従来の社会政策によっては必ずしも十分に対応できない性格を帯びている。

3 格差の諸相と実態把握——不平等の問題構図

以上のような問題関心からすれば，社会変動によって引き起こされる格差の諸相と，その結果を経済格差として実態把握することとは，概念的に区別されることになる。これこそ「経済格差と社会変動」という共通論題の含意にほかならない。不平等化をめぐる問題構図は，さしあたり以下のように整理できよう。

〔格差の諸相〕	〔媒　介〕	〔実態把握〕		
職業別格差				
学歴別格差	世帯形態	所得格差	〔社会的評価〕	〔階層・不平等・貧困に関する理論構築〕
地域間格差 ⇄	の差異 ⇄		と ⇄ ⇒	
世代間格差		資産格差	〔社会政策〕	
性別格差				

格差の諸相は5つに分けられるが，それらが相互に関連していることはいうまでもない。まず規模別格差を含む職業別格差は，これまでの研究蓄積が最も厚い分野であり，今日でも格差をもたらす重要な要因であることに変わりはない。かつての社会階層研究では，職業階層が社会階層と等置されることも少なくなかったし，社会移動をテーマとしたSSM調査においても，分析の基軸はなお職業階層に据えられている［原・盛山　1999］。規模別格差については，植田浩史論文で詳しく取り上げられるが，就業形態が多様化する状況下で，職業別格差をどのような枠組みで捉えるかは，今後の課題でもある。

学歴別格差は，親の所属階層と本人の到達階層を結びつける要因として，文

Ⅰ 共通論題

化的再生産論の導入とも相まって，近年注目を集めている。職業別格差において「ホワイトカラー雇用上層」の再生産力が強まっている［佐藤 2000］，学歴別格差において「意欲や努力」にも関わる機会の不平等が拡大しつつある［苅谷 2001］という相つぐ指摘は，橘木の問題提起と強く共鳴している。

どこで生まれ，どこで生活するかは，なお大きな制約条件であり続けている。農業自営層にとっての地域間格差の問題は，大須真治論文に譲るとして，都市自営層にとっても，地域の盛衰は重大な格差要因である。さらに各種の生活機会や社会的資源の偏りは，地域間移動が激しかった時代とは異なった不平等化の基盤を醸成する。都市における「周辺部分の切りすて」や中心部分の「空洞化」も例外ではない［Pinch 1997］。

いつ生まれるか，どの性に生まれるかは，本人が選びとれない事柄であり，これまで正面から格差要因として論じられることが少なかった。世代間格差は現在，若者の生きがたさとして集中的に現れているといっても過言ではない。年齢間の収入格差の拡大傾向［盛山 2001］，ライフサイクルの出発点での若い世代における所得の不平等化［岩本 2000］，若い世代内外の亀裂が深まり，かつてない閉塞感が若者をおおっている［金子 2000］などの相つぐ指摘は，先行世代による控えめな代弁でもある。

性別格差をめぐる問題は，近代の性別役割分業を前提とする限り，主として女性において顕在化する。配偶関係や世帯のあり方をとおして，ライフコースの多様性や不平等化の傾向が女性に集中するからである。橋本健二論文では，本人の所属階層のほかに夫の所属階層を介在させることによって，女性の多様な格差の類型化を試みている。ところで，世代や性による格差は，機会の不平等とも深く関わっていることはいうまでもない。いずれにしても，近代が建前としては解決したはずの属性的な特徴が，20世紀の社会変動の結果，あらためて格差の諸相として浮上しつつあるのではないだろうか。

媒介として世帯形態の差異があげられているのは，格差の実態把握に際して，何らかの生活単位が設定されねばならないからである。事実，年齢や性という属性は，世帯のあり方において現実化する。若者が親世帯から独立するか否か，逆に高齢者が子世帯と同居するか否か，さらに女性がどのようなライフコース

を歩むか。これらは経済格差の実態に直接的に影響するとともに，格差とその可能性に対する人々の生活対応でもある。なお媒介としては，同一世帯を構成しない家族の関係や，家族とは異なった社会的共同性を有する各種の中間集団なども含まれるが，ここでは，計測の可能性という点で世帯をあげるにとどめた。

　格差の実態把握についても検討すべき課題は少なくない。「所得や資源を潜在能力に変換できる可能性」の観点からすれば，不平等は生き方の幅の制約であるという主張 [Sen 1992] はもとより，機会の格差と結果の格差との関連をめぐる議論の内在的な検討は，本稿の範囲をこえている。今日の集計データによる限り，機会の格差でさえ，結果の格差の事後的な検証の積み重ねからしか，実際には説明困難であろう。問題構図における格差の諸相と世帯形態の記述的な分析の蓄積によって，生き方の幅をめぐる課題への接近方法が，初めて明らかになるのではないだろうか。いずれにしても，実態把握において重要なのは，明示的な計測可能性である。所得を中心とした結果の格差については，橘木論文で詳しく論じられるので，ここでは繰り返さない。また所得や資産の格差を論じる場合，金融機関の利用が実質的に排除されたり [福光　2001]，金融機関が強い階層性を帯びている点も見逃されてはならない。

　実態把握の成果に対する評価は，研究者のレベルでも一様ではない。ましてや社会的な評価が定まって合意が形成され，社会政策の実施や新たな政策形成にいたるには，多くの過程が必要とされる。とはいえ今回の共通論題においては，いずれの論文でもそれぞれの側面から格差の拡大（あるいは固定）傾向が論じられ，さらに2つの論文では政策的対応の必要性が主張された。4つの論文の対象や手法の相違をこえて，不平等の現状に対する社会政策学会の姿勢が，全体として示唆されているという印象を強くした。

4　不平等化の現状と行方

　以上の問題構図を念頭におきながら，最後に4つの論文を振り返っておきたい。植田論文「『規模別格差』と分業構造」は，トヨタと1次サプライヤとの

I 共通論題

受発注関係を取り上げて，高度成長期以降の賃金格差の動向を組合資料も駆使して分析したもので，さきの構図では，もっぱら職業別（規模別）格差を対象としている。そこでは，1970年代から80年代にかけて形成され，現在まで基本的に維持されている規模別・階層別の賃金格差が，企業や労働者の能力差によってではなく，むしろグループ内の位置によって，いわば制度的に決定されてきたことが明らかにされる。市場と最も親密な賃金格差でさえ，必ずしも市場合理的には説明できないのである。最後に，部品サプライヤで請負労働者が増加している現在，賃金格差の行方は予断を許さないと指摘される。

大須論文「日本のベルト的労働市場の現況について」では，1977年から2001年までの3次にわたる農家実態調査にもとづいて，2つの農村地域における農家世帯の変動が詳細な事例分析によって明らかにされる。70年代の「農村工業」に依拠して形作られた農家のあり方が，その後の「農村工業」の衰退によって再編と不安定化を余儀なくされ，不安定化の波は，高齢者のみの農家はもとより，安定した雇用に欠ける「米作のみ」の農家にまで及んでおり，社会的格差の底辺にあるこれらの農家世帯への政策対応が緊急の課題である，と主張される。大須論文は，地域間格差の現状を農家世帯のあり方をとおして析出し，政策課題を導きだすという問題構図の流れに位置している。

橋本論文「女性と階級構造」は，1985年と1995年のSSM調査を利用し，女性の所属階級を配偶者の所属階級と組み合わせることによって，主要な13グループの女性の姿を描きだしている。その上で，女性の世代間移動が増加しているにもかかわらず，13グループの世帯収入の格差は明らかに拡大しており，拡大傾向は，おおむね専業主婦を含む世帯に集中し，とりわけ「老いに直面する女性たち」に顕著である，と結論づける。配偶関係を媒介として性別格差を女性の側から類型化することで，考えられる以上に多様な女性の経済的・社会的格差の現状が浮かび上がる。このような作業をとおして，橋本論文は，あらためて階級論的アプローチの構築を試みている。

橘木論文「経済格差と経済政策」では，日本における不平等化の実態把握を前提として [橘木 1998]，平等化を推進する広範な政策形成の道筋が提言される。そこには，格差拡大と政策不在の現状への強い危機意識と，「極端な結果

の不平等は人間社会の自然原理に反する」とする立場が貫かれている。橘木の実態把握に対しては、人口高齢化と世帯構造の変化が大きな要因であり、年齢内の所得格差は拡大していない［大竹　2000］などの批判が寄せられたが、橘木は、高齢者間の所得格差が大きいこと自体が、社会的な不平等化の現状にほかならず、総じて所得分配の不平等化の事実は変わらないと再論している［橘木　2000］。政策提言は、当初（賃金）所得の平等化政策と、再分配政策とに分けて検討される。前者については、雇用形態の多様化も踏まえて、社会政策学会において論じられてきた最低賃金制や同一労働同一賃金原則にあらたな役割が期待される。後者の再分配政策については、税を中心に社会保障を補助的に用いることが主張され、失業保険や生活保護などのセーフティ・ネットの充実が強調される。いずれにしても橘木論文は、不平等化の現状に対してどのような政策体系を用意するのか、という緊急かつ重大な問いを投げかけているのではないだろうか。

　4つの論文は、取り上げる対象においても、利用するデータや調査においても、依拠する方法論においても、さきの問題構図における位置のとり方においても、それぞれ全くといっていいほど異なっている。にもかかわらず、いずれの論文においても、不平等化の趨勢と現状が共通に確認されていることは、注目に値する。20世紀の社会変動の結果としての不平等化が、これまでとは異なった多様な性格と拡がりを帯びるのだとすれば、多様な視点から格差の実態に接近した上で、それぞれの結果が共通に確認されねばならないからである。ちなみに、戦後ほぼ一貫して低下してきた生活保護率（対人員比・全国）も、1995年の7.0‰をボトムに、その後反転して漸増傾向をたどり［生活保護の動向編集委員会編　2001］、2000年には8‰を上回るものと考えられる。国際的にも捕捉率が低いといわれる日本の保護率でさえ、不平等化の現実を反映せざるを得なくなっているのである。さらに、もう1つ共通に確認されたことは（明示的でない場合も含め）、様々な非正規労働者、農村の生活困難世帯、老いに直面する女性、そして失業者や要保護世帯など、不平等化の底辺に対する社会政策の必要性である。今回の共通論題では、少なくとも以上の2点が確認されたが、同時にそれは、社会政策学会とその構成員に大きな課題を突きつけている。

I　共通論題

【引用・参考文献】
青木秀男　2000　『現代日本の都市下層―寄せ場と野宿者と外国人労働者』明石書店
Bradshaw, B. and Sainsbury, R. (eds.) 2000　*Researching Poverty*, Ashgate Publishing Ltd.
江口英一　1979-80　『現代の「低所得層」―「貧困」研究の方法（上・中・下）』未来社
福光寛　2001　『金融排除論』同文舘出版
Gordon, D. *et al*. 2000　*Poverty and Social Exclusion in Britain*, Joseph Rowntree Foundation
原純輔・盛山和夫　1999　『社会階層―豊かさの中の不平等』東京大学出版会
原純輔編　2000　『日本の階層システム1　近代化と社会階層』東京大学出版会
岩本康志　2000　「ライフサイクルから見た不平等度」国立社会保障・人口問題研究所編『家族・世帯の変容と生活保障機能』東京大学出版会
岩田正美　1995　『戦後社会福祉の展開と大都市最底辺』ミネルヴァ書房
金子勝　2000　「三つの格差『所得・世代・学歴』を突き抜ける道」『論座』2000年7月
鹿又伸夫　2001　『機会と結果の不平等―世代間移動と所得・資産格差』ミネルヴァ書房
苅谷剛彦　2001　『階層化日本と教育危機』有信堂
経済企画庁経済研究所編　1998　『日本の所得格差―国際比較の視点から』大蔵省印刷局
中川清　1985　『日本の都市下層』勁草書房
中川清　2000　『日本都市の生活変動』勁草書房
OECD　1999　*A Caring World : The New Social Policy Agenda*, OECD（牛津信忠他監訳　2001　『ケアリング・ワールド―福祉世界への挑戦』黎明書房）
大竹文雄　2000　「90年代の所得格差」『日本労働研究雑誌』2000年7月
Pinch, S.　1997　*Worlds of Welfare : Understanding the Changing Geographies of Scial Welfare Provision*, Routledge（神谷浩夫監訳　2001　『福祉の世界』古今書院）
佐藤俊樹　2000　『不平等社会日本―さよなら総中流』中央公論新社
生活保護の動向編集委員会編　2001　『生活保護の動向　平成13年版』中央法規出版
盛山和夫　2001　「所得格差をどう問題にするか」『季刊家計経済研究』2001年夏
Sen, A.　1992　*Inequarity Reexamined*, Oxford University Press（池本幸生他訳　1999　『不平等の再検討―潜在能力と自由』岩波書店）
橘木俊詔　1998　『日本の経済格差―所得と資産から考える』岩波書店

橘木俊詔　2000　「日本の所得格差は拡大しているか――疑問への答えと新しい視点」
『日本労働研究雑誌』2000年7月
玉井金五　1992　『防貧の創造――近代社会政策論研究』啓文社
Townsend, P. 1993 *The International Analysis of Poverty*, Harvester Wheatsheaf
都留民子　2000　『フランスの貧困と社会保護』法律文化社
Wilson, W. J. 1987 *The Truly Disadvantaged : The Inner City, the Underclass, and Public Policy*, The University of Chicago Press（青木秀男監訳　1999　『アメリカのアンダークラス――本当に不利な立場に置かれた人々』明石書店）
World Bank 1990 *World Development Report 1990 : Poverty*, The World Bank

II 【テーマ別分科会】報告論文と座長報告

女性の社会移動の新たな視座に向けて　　橋本摂子
フランスの若年層の雇用と失業　　鈴木宏昌
戦後社会福祉立法における公私関係とその民間社会
福祉事業に対する内在的制約について　　北場　勉
大都市における高齢者の社会的孤立と
社会保障・社会福祉の課題　　河合克義
グローバル化と福祉国家──EU諸国のケース
　　　　　　　　　　　　　　　　　　下平好博
台湾の国民年金論議・素描　　上村泰裕

〈座長報告〉
竹内　敬子　　仁田　道夫　　小笠原浩一　　川上　昌子
三宅　明正　　伊藤　セツ　　遠藤　公嗣　　武川　正吾
高田　一夫　　埋橋　孝文　　深澤　和子

テーマ別分科会1＝社会的・経済的格差とジェンダー

女性の社会移動の新たな視座に向けて
所得関数による地位達成過程分析

橋本摂子　Hashimoto Setsuko

1　はじめに

（1）問題の所在

　階層移動研究において，女性は長らく移動主体とみなされてこなかった。「社会移動」というニュートラルな表記は，特に断りがない限り男性の移動を意味し（これは現時点でも続いている風潮である），稀に女性が分析対象となる場合でも，その移動は出身家庭の父親の階層から配偶者である夫の階層への移動，つまり配偶者選択問題という特殊な社会移動に還元されていた。このようなセクシズムを温存してきた主要因には——もちろん深層にはそうした問題圏に対する研究者自身の頑迷な鈍感さがあるのだが——，同一世帯の成員は同一かつ唯一の社会的地位を共有するという前提に加え，地位指標に職業的地位を用いる階層研究特有の慣行が挙げられる[1]。女性の地位を配偶者の地位であらわすことで，本人の社会的地位を合法的に抹消するこうした所作は，フェミニズム的な見地からの異議を誘発するだけではない。女性の職業進出が量的に無視しがたくなっている現実世界の状況と，階層研究内で構築される仮想世界との間にさらなる乖離を引き起こし，研究の存立基盤をも危うくする。こうした問題意識から，階層研究では女性の地位を適切にあらわすモデルの構築が模索されてきた[2]。

　しかしながら，女性の社会的地位という問いへの最適な解は未だ確立されていない[3]。配偶者の職業的地位を代用する従来の「借用モデル」に対し，代替案として提示されるのは，女性本人の職業的地位を用いる「独立モデル」と，両者のいわば折衷案とでもいうべき「合成モデル」である。これら2つのモデ

ルはそれぞれに難点を抱えている。「独立モデル」は女性を移動主体として扱い得る唯一のモデルであるが，無職者の女性の地位はブランクになるため，有職者の女性の地位をまったく考慮に入れない借用モデルの欠陥が反転した形で残ってしまう。夫婦の地位を合成し，新たな指標の創出を試みる「合成モデル」に至っては，借用／独立モデルの欠点は表面的に克服されるものの，移動主体が誰なのかという基本的な問いを消してしまうため，現実世界からの乖離というより浮遊に近い空転が起こる。

こうした閉塞状況を打開する1つの方途として，以下のような選択があり得る。つまり，女性の社会的地位を確立するために，地位指標の唯一性を放棄するという途である。混乱の原因には，社会的地位は一意に定められるという条件設定がある。しかしもともと各モデルであらわされる地位は価値尺度を共有していない。たとえば本人の職業的地位と配偶者の職業的地位はそれぞれ独自の社会的地位を構成しているものの，両者を統一的な「女性の社会的地位」として1次元上で比較したところで，あまり意味のあるインプリケーションにつながりそうもない事は明白であろう。地位達成の男女比較が難しいのも，独立モデルであらわされる男性の地位と借用モデルであらわされる女性の地位が同一次元上にないためである。だとすれば，男女比較の可能な女性の社会移動を扱うには「社会的地位」に関するそのような条件を外し，地位概念を複数の次元に再構成しなおした上で，次元間の接続関係をみるという迂回路をとった方がよい。こうした見地から，本報告では地位指標を本人による独立的地位と配偶者を経由する借用的地位の二相に分け，両者の接続関係の一端を探ることを課題とする。この課題に即し，2節では独立的地位による地位達成過程の男女比較，3節では借用的地位による地位達成過程の女性間での比較を行う。なお，分析データにはSSM 95年調査A票を用いる。

（2）指標とモデルの選定

前述の課題から，本報告では独立的地位と借用用的地位の2軸による地位達成過程を分析していく。分析モデルとして用いるのは，所得を被説明変数とする所得関数である。このことは地位指標として職業ではなく所得を用いること

を意味している。所得は職業と連動する指標であるが、同一ではない。以下でみるように、職業的地位は男女比較に適した指標ではなく、それに対し所得指標は職業的地位のもつメリットを保持しながらそのデメリットから免れていることが指標選定の理由である。

どのような分析においても、異なる属性の集団間で地位達成過程の比較を行うには、A．同一のモデルを用い、B．属性とは直接関係のない要因の影響を極力排除した上で、C．同一の尺度による地位の比較を行う事が必要になる。職業変数のデメリットは、比較のために特に重要となるCの条件に関わっている。職業的地位が同一の価値尺度上で階梯をなしているという前提を受け入れるとしても、職業的地位のもつ多義性を考慮に入れると、その尺度軸の特定は困難である[4]。職業はむしろ複数の価値を包摂する変数であるからこそ地位指標として機能してきた事情があり、地位概念を複数次元に分割するという本報告の課題にとっては不適切な特性である。さらに既存の職業階梯自体に男女差のある可能性が大きく、それを無批判に用いることは基準そのものに埋め込まれた不平等を隠す結果となる。

所得変数の有効性は、一般的な地位指標である職業と連動しながら、条件Cを満たすところにある。数字で示される明瞭な階梯性に加え、貨幣価値に男女格差は存在しないことから、評価基準の一元性が保証される。また、SSM 95年調査A票には配偶者の職業・所得データも含まれるため、同様に所得関数を用いた借用的地位による地位達成過程の分析が可能である。

モデルとして用いるミンサー型所得関数の基本型は以下の式であらわされる。

ミンサー型所得関数：$\ln Y = \alpha s + \beta t + \gamma t^2 + C$

（Y：所得、s：教育年数、t：労働経験年数）

ミンサー・モデルでは職場訓練投資が年齢によって線形に減少するという仮定のもとで、所得を教育年数と労働経験年数と2乗項によって説明する。各説明変数の係数は、それぞれの説明変数が1増加することによって得られる所得全体の上昇率を意味している[5]。

2 独立モデルによる地位達成過程

(1) 比較のための条件の設定

　所得関数はもともと労働経済学から発展したモデルであり，男女の賃金格差に関しては多くの研究が蓄積されている。ここでの主要目的は賃金格差の要因分析ではないものの，前述の条件Bにあたる経済要因からの影響を極力排除するために，当該分野で既に得られている知見を利用して分析を進める。

　日本における男女間の賃金格差は，「男女雇用機会均等法」施行後も縮小したとは言えず（中田 1997），むしろ拡大傾向にあるという指摘もある（橘木 1998）。その理由としては昇進や昇級，採用に関しての差別と共に，勤続年数・労働時間の短さなど，性差別とは呼べない要因も挙げられている。また大沢（1993）においても，男女の賃金格差に影響を与える要因として①学歴，②ライフコースからみた就業行動，③企業規模，④産業，⑤職業，⑥就業形態が挙げられている。学歴，企業規模，産業については所得関数内に変数を組み込むことで統制可能であり，職業については職業別に比較することで対応できる。しかし，モデル内に組み込むことが難しく，かつ所得の男女格差をみる上で特に留意すべき点は，就業行動と就業形態，つまり職業キャリアである。

　女性の職歴は概して男性よりも複雑であり，ライフイベントの影響を受けやすい。結婚・出産・育児・介護等で職業キャリアが中断されることが多く，離職という行為にジェンダー・バイアスがある以上，キャリアの中断を挟んだ再就職者と初職からの継続勤務者を分ける必要がある。また就業形態の違いを無視して賃金制度の異なるフルタイム勤務とパートタイム勤務を一括りに扱うことはできない（野村 1998）。

　以上を考慮し，以下の分析では計測対象者の職歴に，初職から一貫して「従業上の地位」が「一般雇用者」である者（つまり入職時から現在に至るまで無職期間が一度もなく一般雇用就業を継続している者）という条件を課す。この条件を満たす対象者を以下「一般雇用継続者」とする。SSM調査A票において一般雇用継続者は，男性では全体の6割を超えるのに対し，女性は全体の4分の1に

図表1　一般雇用継続者の所得関数推計結果

	性別	教育年数	勤続年数	勤続年数2乗項	定数項	企業規模（基準：1-99人）		性別ダミー	R2 (Adj. R2)	N
						100-999人	1000人以上			
民間企業勤務者	計	0.082**	0.050**	−0.00068**	4.37**	0.145**	0.274**	−0.564**	0.557 (0.553)	665
	女性	0.087**	0.034**	−0.00047	3.93**	0.178**	0.226**	——	0.167 (0.144)	183
	男性	0.081**	0.060**	−0.00086**	4.28**	0.139**	0.275**	——	0.504 (0.499)	482
官公庁勤務者	計	0.041**	0.067**	−0.00081**	4.81**	——	——	−0.138**	0.632 (0.620)	127

**p＜.01, *p＜.05, ＋p＜.10

満たない少数派に属する[6]。女性の一般雇用継続者は（全体からみれば）特殊な経歴の持ち主であるため，本節で示される地位達成過程の男女格差は，「フルタイムで働き続けた女性と男性の格差」という強い限定が付される[7]。

（2）所得関数による男女格差の計測

一般雇用継続者を対象とした所得関数の計測結果は図表1となる[8]。性別による格差を統計的に確かめるため，男女計一般雇用者全体の所得関数を推計した。性別ダミーは，女性を1，男性を0としている。

現職が民間企業勤務の者では，性別ダミーの係数が−0．564となった。これは女性がそうでない者（＝男性）に比べ56.4％所得が低くなっていることを意味している。一般に女性の賃金は男性の賃金と比較して約5～6割といわれるが，この値はしかるべき条件をコントロールした場合，そうした通念を上回る格差が存在していることを示唆している。

民間企業勤務者を男女別に推計すると，まず説明率の違いが大きい。女性の所得の分散は，統制していないモデル外の要因に影響を受けている。各係数をみると，教育年数はほぼ同水準にあるが，勤続年数と2乗項の係数に男女格差がみられる。勤続年数の係数は勤続による所得の上昇率を意味し，2乗項の係数の絶対値は所得カーブの勾配の高さを意味している。女性は男性に比べ，勤続によって得られるメリットが少ないといえる。ただし勤続年数の解釈において注意しなければならないことは，本分析では初職から一貫してフルタイム勤

務を続けている者に対象を限定しているため、経験年数による人的資本蓄積の効果と勤続・年齢効果が分離できない点である。中田（前掲）は、日本の労働市場における男女の賃金格差の要因が、勤続年数による訓練量差ではなく、年齢に対する市場価格の男女差別にあることを指摘している。したがってこの結果にみられる上昇率と勾配の差は、年齢による労働力の価格設定における事務職入職者の男女格差を示しているという解釈も可能であろう。

また、女性にとっては官公庁勤務の影響が極めて大きいことがわかる。官公庁勤務者における男女格差は民間企業勤務者の4分の1であり、官公庁に勤務する女性の所得が他の女性に比べてかなりの高水準にあることを示す結果である。この格差は純粋に職種による格差と解釈できるため、以下では官公庁勤務者を除外し、民間企業勤務者のみに限定して分析を進める[9]。

（3）職業による比較

次に職業別の比較に移る。本分析では、職業移動過程において作用する性差の効果が同定するため、職業分類を初職時点における職種によって行った[10]。

図表2は地位達成過程として職種別に所得関数を推計した結果である[11]。表中転職ダミーは、初職の従業先をその後に移動した者を1、移動の一度もない者を0としている。性別ダミーの係数をみると、地位達成過程において男女格差の顕著な職種は事務職、生産職、専門職の順となる。また表には記載していないが、初職種ダミーを投入して女性内での所得格差を計測すると、所得は専門職が最も高く、次いで事務職、生産職、販売職、サービス職の順になる。女性の地位達成過程は、男女比較においても女性内での比較においても、他の職種に比べて専門職が最も有利な職種だといえるだろう。

転職のマイナス効果は事務職で最も大きく、34.6％減となる。ただしこの転職効果は男女計であるため、転職の際にあらわれるジェンダー・バイアスを考慮に入れていない。そこで転職効果に男女差があるかを調べるため、転職と性別の交差項を投入して同様の推計を行った結果、交差項は事務職のみで有意な結果となった。

事務職として職歴を始めた人の地位達成過程を男女別に比較すると（事務職

図表2　初職別所得関数の男女比較

初職の職種	性別	教育年数	勤続年数	勤続年数2乗項	定数項	転職ダミー	性別ダミー	性別×転職交差項ダミー	R2 (Adj. R2)	N
専門職	計	0.072**	0.080**	−0.00139**	4.57**	−0.204*	−0.541**	——	0.557 (0.535)	110
生産職	計	0.072**	0.051**	−0.00062**	4.56**	−0.140*	−0.588**	——	0.439 (0.428)	255
事務職 1	計	0.059**	0.053**	−0.00064**	4.97**	−0.346**	−0.541**	——	0.690 (0.681)	174
2		0.060**	0.061**	−0.00082**	4.83**	−0.188**	−0.474**	−0.343**	0.706 (0.695)	174
3-1	女性	0.044	0.055**	−0.00078+	4.62**	−0.477**	——	——	0.253 (0.216)	86
3-2	男性	0.064**	0.068**	−0.00092**	4.69**	−0.199**	——	——	0.655 (0.639)	88

$**p<.01$, $*p<.05$, $+p<.10$

モデル3-1, 3-2), 女性の転職のマイナス効果は46.2%で, 男性の19.9%に比べるとその影響の大きさがわかる。女性の教育年数に有意な効果はなく, 初職を事務職で始めた女性のその後の地位達成は, 主として勤続年数と転職の有無で定められている。勤続年数, 定数項ともに著しい格差はなく, モデル1でみられる男女格差は転職にかかる不平等であることが示唆される。事務職から職歴を始めた女性は, 初職の従業先を継続した場合に限り, 他の職種と比べても高水準の地位を達成するが, 転職によって他の職種にはみられない大きな不利益をこうむっている。こうした結果は, 事務職が離職してその後も無職になりやすいとう先行研究からの知見からも裏付けられる[12]。事務職のこうむるこのような不利益は, 単に独立モデルによる地位達成過程での悪条件ではなく, 独立モデルによる地位達成自体が困難な職種であるという点で特殊だといえるだろう。

3　借用モデルによる地位達成過程

次に借用モデルによる女性の地位達成過程の分析に移る。具体的な方法は, 前述したように配偶者（=夫）の所得を「借用的地位」とみなし, 独立モデル

図表3　借用的地位による所得関数の推計結果

モデル	定数	夫 変数							妻（本人）変数						現職	R^2 (Adj.R^2)	N
		教育年数	勤続年数	勤続年2乗項	企業規模（人）[※1]			教育年数	初職の職種[※2]					官公庁ダミー		
					1-99	100-999	1000以上		専門	販売	サービス	生産			
1	4.13**	0.068**	0.077**	-0.00099**	-0.170**	-0.031	0.097	—	—	—	—	—	—	0.299 (0.288)	
2	4.05**	0.065**	0.077**	-0.00099**	-0.164*	-0.028	0.102	0.008	—	—	—	—	—	0.299 (0.287)	390
3	4.27**	0.066**	0.077**	-0.00098**	-0.184**	-0.055	0.080	-0.003	-0.122*	-0.180*	-0.214*	-0.130*	-0.074	0.330 (0.309)	

※1. 基準：官公庁, ※2. 基準：事務職　　　　　　　　　　　　　　　　**p＜.01, *p＜.05, +p＜.10

による地位達成過程と同様に所得関数を推計する。独立的な地位と借用的な地位は同次元にないため，男性の独立モデルとの比較はできないが，借用モデルであらわされた地位を用いて女性間での比較を行うことは可能である。配偶者の所得を女性の地位を構成する1つの次元としてみた場合，借用的地位達成過程において上昇移動を促進・阻害する要因は何かを明らかにすることが，ここでの目的となる。

独立モデルの地位達成過程と対応関係を保つため，対象者選定に以下のような条件を課した。まず分析対象者を既婚女性とする。次に，職種の影響をはかるため，職歴を統制し，初職（結婚前）がフルタイム勤務であった女性に限定する。さらに結婚時職・現職ともに一般雇用（除.農林漁業）に就いていた夫の妻，という条件で，夫の職歴を統制する[13]。

以上の条件のもとで所得関数を推計した結果が表3となる。モデル1では夫の各変数，モデル2では妻の教育年数を投入した。モデル3では前節でみた独立的地位達成過程との連結をみるために，初職の職種ダミーと現職の企業セクターを加えている。

各説明変数は妻の側からの配偶者のデータであり，夫の勤続年数は夫の年齢から教育年数を引いた値で代用している。そのため，前節でみた本人データよりやや推計の精度は落ちている。学歴は借用的地位に対し有意な効果をもたない。図表3中で最も注目すべき点は，モデル3にみられる初職の効果である。

事務職を基準とした場合，専門・販売・サービス・生産すべてが夫の所得に対し有意に負の効果をもっている。つまり，初職が事務職であった女性は，そうでない女性に比べて有意に高い借用的地位を達成している。妻の教育年数が夫の所得になんら影響を与えていないことから，結婚後の配偶者の所得の高さは，事務職の特性である学歴の高さからは説明できない。また，有職女性全体の中で最も高い（＝男女格差の小さい）独立的地位の達成を可能にする官公庁勤務は，借用的地位に対しては有意な影響をもっていない。

4 終わりに

　ここでは2節と3節の結果をふまえ，独立的地位と借用的地位の2つの領域の接続の仕方について，事務職という職種から検討を加える。

　4節で明らかになった事務職の特性に関しては，様々な解釈が可能だが，その1つとして挙げられるのは，女性の事務職がある種の観察不可能な文化資本（Bourdieu 1990），それも性差に立脚したジェンダー・キャピタルとして作用しているというものである。この解釈は，結婚市場において殆どの女性が社会的地位（ここでは所得）の高い配偶者を得ることを望んでいる，という女性間での欲望の共有と，結婚する時点である程度相手の今後の所得水準が予測できることが前提となる。そうした前提が成立するならば，事務職として労働市場に参入した女性は，他の職種の女性に比べ，同一の競争において最も有利な立場にあるといえる。

　そして重要なことは，この事務職の借用的地位達成過程における有利さは，おそらく独立的地位の達成過程においてこうむる不利益と表裏一体をなしている点である。事務職の多くは男性の補助的な仕事であり，昇進ばかりでなく継続の見通しすら立ちにくい。高学歴をもちながらもそうした職種に参入していく女性の多くには，もともと直接的な地位達成を放棄し，間接的＝配偶者媒介的な地位達成を望む傾向があるといえるだろう。そして（将来の）高所得者層の男性がそうした女性を配偶者として選択する[14]ということは，女性のジェンダー・キャピタルに直接的な地位達成の困難さ，つまり経済的な無力さとそ

れにともなう配偶者への依存傾向の強さが含まれていることを意味する。だとすれば，女性にとっては独立的地位の達成と借用的地位の達成は互いに排他的な軸をなし，このことがさらに女性の地位に関する認識の混乱を引き起こしている可能性もある。

ただしこのような解釈が成立するかどうかを，現時点で得られた結果のみから判断することは危険であろう。今回の報告では，独立的地位と借用的地位の両次元の間にこうした共犯関係が存在する可能性についての示唆にとどめる。さらなる詳細な分析については今後の課題としたい。

様々な政策介入がなされているにもかかわらず，そして児童虐待やドメスティック・バイオレンスなど深刻化する社会問題の背景には必ずといってよいほど女性の経済的な無力さがあり，数多くの警鐘が鳴らされているにもかかわらず，依然として女性の就業率はドラスティックな上昇をみせない。マクロデータを扱う分野では，単なる実態や趨勢調査から一歩踏みだし，「なぜこうした状況が生じるのか」という現状に対する説明を試みなければならない時期に来ているのではないだろうか。本報告の主旨は，広義にはそのような目的意識に基づいていることを最後に付言する。

1) こうした研究状況に対する最初の異議申し立ては Acker (1973) を参照。
2) モデル構築を目指した日本の研究としては，原・肥和野（1990），直井（1990），直井・川端・平田（1990），赤川（2000）などがある。
3) モデル構築にみられる混乱の背景には，地位概念そのものに対する認識の混乱があるが，紙幅の都合により省察は別稿に譲る。
4) その困難は特に，階層研究において職業の微細な階層性を扱う際に用いられてきた，人々の共通した価値付けをもとに算出される（とされる）職業威信スコアにあらわれる。この職業威信は，prestige や社会経済的地位の総合指標という前提で算出されている（Blau & Duncan 1967）
5) それぞれの説明変数で $\ln Y$ を偏微分すればよい。たとえば
$$F(s)=\ln Y= \alpha s+ \beta t+ \gamma t^2+C \longleftrightarrow dF/dS= \triangle Y/Y= \alpha$$
特に α の値は教育収益率と呼ばれ，教育年数が1年増加することによって得られる所得全体の上昇率の値を示している。教育収益率の計測を目的とした所得関数については矢野（1996）を参照。
6) 新制学歴をもつ者（一度も職に就いたことのない者と農林漁業従事者を除く）のうち，一般雇用継続者は，女性24.5%（1042人中255人），男性65.3%（947人中618人）となる。

7) なお，職歴移動者（中断・再就職者），パートタイム勤務者や自営業，家族従業者の賃金は，所得関数そのものがあてはまらない（モデルのF値が有意でない）。これらの層では学歴や勤続年数は所得になんら影響をもたないといえる。したがって一般雇用継続者の女性が他と比べて「特殊」な経歴の持ち主であることは，同時に女性においては所得関数によって賃金構造が計測できる層自体が特殊であることを意味している。
8) 教育年数は中卒9年，高卒12年，短大・高専卒14年，大卒以上16年である。なお，本分析では各カテゴリーの中央値を所得として用いている。SSMの所得データを「労働による賃金」として扱う際の問題点については，矢野（1998）参照。
9) もちろん本分析においてはモデル外の要因であっても，官公庁勤務者において低賃金の職種に女性が集中しているという事実は，地位の男女比較において重要な論点であろう。
10) 所得データは原則として現職に対応しているため，ある職種に対応した賃金構造をみるためには，本来現職による職業分類が望ましいが，本分析では所得を地位指標として用いるため，職業と所得との厳密な対応は重要性が低い。なにより現職による分類では，初職から現職に至るまでの移動過程に作用した性差の効果が同定できなくなるため，男女間の地位達成過程の比較に適した分類ではない。
11) 職業分類は専門・事務・販売・サービス・生産の5カテゴリーで行ったが，そのうち販売職・サービス職は分析に耐え得るサンプル数が確保できないため除外した。これら職種については，今後の検討の課題としたい。なお，職業分類は国勢調査に準じているが，保安職とサービス職，運輸・通信業と生産工程を統合している。
12) 95年SSM調査を用いた平田（1998）では，初職が事務職であった女性は他の職種に比べて（結婚した・しないにかかわらず）有意に最初の従業先を退職して無職になりやすいという結果が出ている。
13) 前節の分析との正確な対応関係を整えるには，夫の職歴に対し「一般雇用継続」の条件を付すべきであるが，データ上の制約から，ここではこの条件にとどめている。
14) 3節でみた女性の借用的地位達成過程は，同時に男性の独立的地位達成過程として読むこともできる。したがって，将来の高所得者層が初職が事務職であった女性を配偶者として選ぶのではなく，そのような妻の存在が――たとえば家庭内での性別分業の徹底化などによって――結果的に夫の高所得を支えているという解釈もできる。

（なお，本稿におけるデータ使用については1995年SSM研究会の許可を得ている）

【参考文献】

Acker, Joan [1973], Women and Social Strarification: A Case of Intellectual Sexism. American Journal of Sociology, Vol. 78, no. 4, pp. 936-45.
赤川学 [2000],「女性の階層的地位はどのように決まるか？」盛山和夫編『日本の階層システム4　ジェンダー・市場・家族』東京大学出版会, pp. 47-63
Blau, Peter M. and Duncun, Otis Dudley [1967], The American Occupational Struc-

Ⅱ　テーマ別分科会

ture.
Bourdieu, Pierre.=1990. LA DISTINCTION: Critique Sociale du Jugement=1990. 『ディスタンクシオン—社会的判断力批判〈1〉〈2〉』石井洋二郎（訳）藤原書店
原純輔・肥和野佳子 [1990],「性別役割意識と主婦の地位評価」岡本英雄・直井道子編『現代日本の階層構造4　女性と社会階層』東京大学出版会, pp. 165-86
平田周一 [1998],「女性的職業と職業経歴：女性を無職に追い込むもの」盛山和夫・今田幸子編『1995年SSM調査シリーズ12　女性のキャリア構造とその変化』pp. 33-52
中田喜文 [1997],「日本における男女賃金格差の要因分析」中馬宏之・駿河輝和編『雇用慣行の変化と女性労働』東京大学出版会, pp. 173-206
直井道子 [1990],「階層意識」岡本英雄・直井道子編『現代日本の階層構造4　女性と社会階層』東京大学出版会, pp. 147-64.
直井優・川端亮・平田周一 [1990],「社会的地位の構造」岡本英雄・直井道子編『現代日本の階層構造4　女性と社会階層』東京大学出版会, pp. 13-38.
野村正實 [1998],『雇用不安』岩波書店
大沢真知子 [1993],『経済変化と女子労働』日本経済評論社
橘木俊詔 [1998],『日本の経済格差』岩波書店
矢野眞和 [1996],『高等教育の経済分析と政策』玉川大学出版部
矢野眞和 [1998],「所得関数の計測からみた教育と職業」苅谷剛彦編『1995年SSM調査シリーズ11　教育と職業—構造と意識の分析』pp. 105-18

テーマ別分科会2＝若年者の雇用問題

フランスの若年層の雇用と失業

鈴木宏昌　Suzuki Hiromasa

はじめに

　従来，わが国では雇用・失業問題への関心は主に中高年者に集中してきた。言うまでもなく中高年の再就職の困難さや公的年金の支給年齢と定年とのギャップなどが社会的な注目を集めたことから雇用政策は主にこの層を対象としてきた。これに対し，フランスを含めてヨーロッパ諸国の関心はむしろ職業生活の入口である若年層の失業問題に向けられてきた。その大きな理由は若年層の記録的な失業率の高さとパートタイム労働や有期雇用の進展である。たとえば，1998年にフランスでは全年齢階層の平均失業率が11.8％という水準にあったとき，15～24歳の階層においては実に25.4％に達していた。社会的弱者のパーセプションがこれまで日欧で大きく異なっていたことが雇用政策対象の違いとなって表われていたが，実態は相互に近づきつつあるように思われる。ヨーロッパ諸国における早期退職制度の普及はそこでの高齢労働者問題の一面を示していると同様に，わが国の若年層の転職志向やフリーター問題は放置できない水準に達したことを意味しているのであろう。したがって，フランスの若年層の雇用と失業問題をここで展望することはある程度，わが国にとっても参考になると思われる。
　フランスにおいて若年層の雇用・失業問題がクローズアップされるのは，主に第一次石油ショック後の現象である。1960年代においても"摩擦的"失業は存在していたが，完全雇用の経済下では大きな社会問題化することはなかった。ただし，1968年の"5月革命"が学生運動に端を発したことが示すように，教育改革への不満と旧来とは異なった意識を持つ若年層がこの頃から増加してい

たのは確かであった。1974年以降，全体の失業率が次第に上昇していく中で若年層の雇用・失業問題は雇用不安を代表する社会問題として浮上した。若年層の失業率の増加自体がその主因だが，同時に旧来の職業秩序の風化もこの時期に起こっている。旧来のブルーカラーの労働者は初等・中等教育修了後に新入り／見習という形で就職し，職と技能を現場で修得した。これに対し高等教育を受けたエンジニアーや管理職／専門職（カードル）は少数でしかなかった。1970年代以降，教育水準の飛躍的上昇とともに事務職（employés）やカードルの比率が増加する。つまり若年層の伝統的な参入経路が希薄化し，学校から職業への移行が困難になった。1980年以降になると大量失業の時代に入り，企業は低成長と競争の激化（EU統合もその要因）の中で，それまで主流であった期間の定めのない雇用を極端に抑え，有期雇用，派遣労働，アウトソーシングなどを積極的に活用していく。つまり，企業は新規採用を抑える行動をとり，伝統的な技能の企業内養成は崩壊してしまう。その一方，若年層の失業率の増加に対応し，実に多様な雇用政策が準備され，職業訓練，見習などの助成がメニュー化される。この結果，若年層の学校より職業までの移行期間は失業（むしろ待業），有期雇用，訓練見習など様々な組み合わせが実現し，大幅に長期化する。

今稿では，まず問題の所在を明らかにするために教育制度と職業の関係を眺める。その後，最近の若年層の雇用と失業の動向を把握し（2節），学校より職業までの移行期間の長期化を検討する。

1　フランスの教育制度と職業

フランスの現在の教育制度は数多い改革の積み重ねの結果として複線型になっている（図表1）。特に特徴的なのは中等教育そして高等教育レベルにおける職業・技術コースの多様化である。

もともとフランスの教育制度は一般的教養（基礎学力）とエリート養成がその目的で単線型（図表1の左側）であった。大多数の人たちは中等教育の前半で学校教育を修了し，見習い工として就職することが普通であった。少数の裕

フランスの若年層の雇用と失業

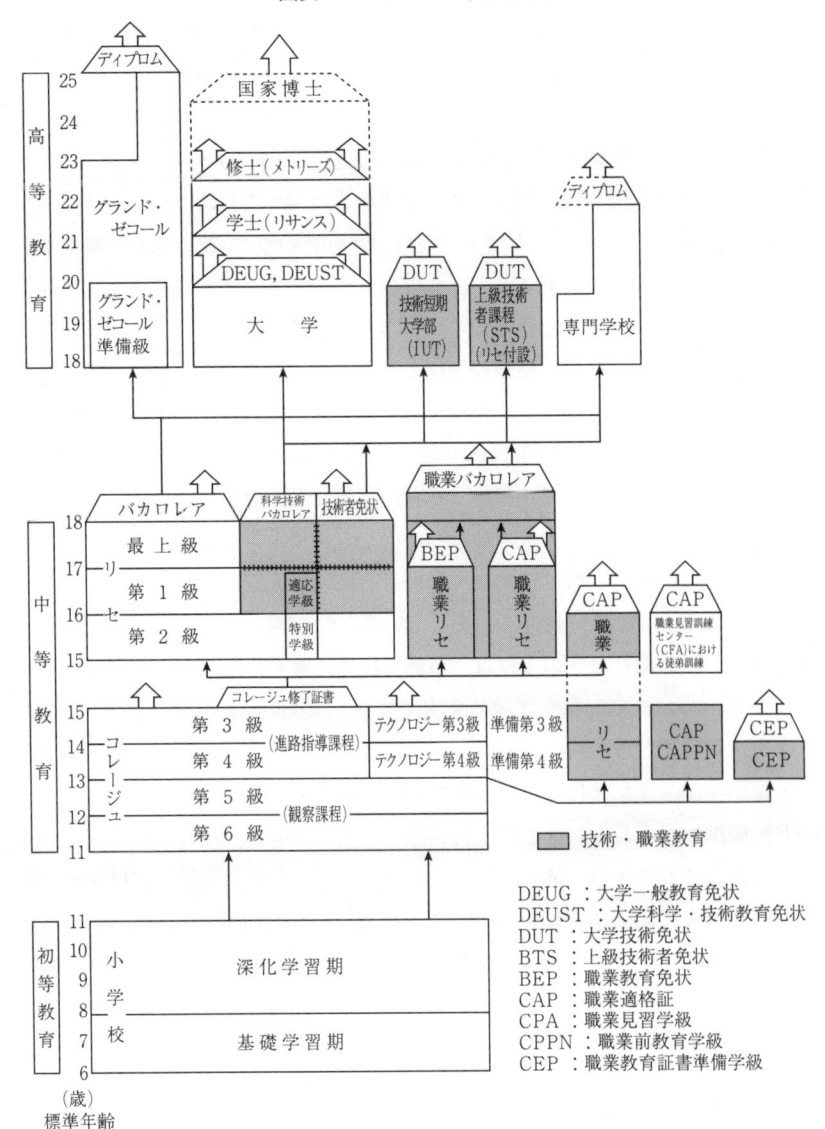

図表1　フランスの学校体系

高等教育
- ディプロム
- 国家博士
- 修士（メトリーズ）
- 学士（リサンス）
- DEUG, DEUST
- グランド・ゼコール
- グランド・ゼコール準備級
- 大学
- DUT 技術短期大学部（IUT）
- DUT 上級技術者課程（STS）（リセ付設）
- 専門学校
- ディプロム

年齢：18〜25歳

中等教育

リセ（15〜18歳）
- バカロレア
- 科学技術バカロレア
- 技術者免状
- 最上級
- 第1級
- 第2級
- 適応学級
- 特別学級
- 職業バカロレア
- BEP 職業リセ
- CAP 職業リセ
- CAP 職業
- CAP 職業見習訓練センター（CFA）における徒弟訓練

コレージュ（11〜15歳）
- コレージュ修了証書
- 第3級（進路指導課程）
- 第4級
- 第5級（観察課程）
- 第6級
- テクノロジー第3級
- テクノロジー第4級
- 準備第3級
- 準備第4級
- リセ
- CAP CAPPN
- CEP

初等教育

小学校（6〜11歳）
- 深化学習期
- 基礎学習期

技術・職業教育

DEUG ：大学一般教育免状
DEUST：大学科学・技術教育免状
DUT ：大学技術免状
BTS ：上級技術者免状
BEP ：職業教育免状
CAP ：職業適格証
CPA ：職業見習学級
CPPN ：職業前教育学級
CEP ：職業教育証書準備学級

（歳）標準年齢

資料出所：原輝史・宮島喬編『フランスの社会』早稲田大学出版部, p. 103.

福(あるいは優秀)な家庭の子女がリセを経て,大学あるいはグランゼコールと呼ばれるエリート校へ進んだ。職業・技術教育は学校教育の範囲と考えられず,全く無視されていた。この点,ドイツやイギリスとは大きく異なっていた。このフランスのエリート主義的な教育制度が大きく変化するのは1960年代に後半以降となる。まず高等教育の民主化の波があり(1968年の学生運動はその象徴),大学数や学生数が飛躍的に増加する。中等教育においてはエリート養成が主であったリセ(エリート高校)とコレージュ(普通中学校)が統一され,職業教育に重点を置くコースが設置された。その後,情報産業などの発達とともに中間の技術者養成を目的とした短期大学課程などが設置された。

　この背景には若年層の失業率の増加とともにドイツの職業教育の"発見"があった。モーリス・セリエ・シルヴェストルの有名な著書は1982年の出版だが,その基礎になる調査は1960年代後半から1970年代前半になされた[1]。この本は独仏の企業をペアーとして,組織,賃金,訓練などの面から徹底的に分析した結果,企業外部の教育や職業訓練などの"ソシエタル"な影響が大きいことを示した。特に印象的なのはドイツの労働者の技能が連続的であり,それがドイツの独特の Dual な職業教育に由来していることを明らかにした。また,当時のフランスの労働社会学の主流は,労働者技能の陳腐化などを研究対象にすることが多かったので,職業訓練の充実や技能(qualification)の向上がこの頃の大きな政策目標となり,技術バカロレアや職業リセなどが次々に設置された。

　とはいえ,フランスにおいては職業教育は教育制度の一部として市民権を獲得し,順調に機能したとはとても言い難い。多くの場合,技術バカロレアや職業リセは成績不良者の"落ちこぼれ"のコースという社会的評価が根強かった。もちろん技術短期大学(情報技術者などの養成)など企業側の評価の高いものもあるが,全体的には,フランスの職業教育は現在でも貧困で,学校教育の外側に押出される傾向が続いている。

　その一方,現場の職業技能の養成は最近の技術革新により有効性を失ってきている。長い間ブルーカラー労働者の職業序列は産業別協定に定められた職業分類に基づいていた[2]。技術者(Techniciens),専門労働者(ouvriers professionels),熟練労働者(ouvriers qualifies),非熟練工(ouvriers spécialisés)と

いう序列であった。これらの序列は教育レベルと技能習得の期間により規定されていた。しかし，全体的な教育レベルの向上と現場の技能形成の崩壊のために伝統的な職業序列は混乱している。現在では，協約に定められた職業分類と企業内の実態が乖離し，協約上の職業分類は一種の参考基準の役割しか果たしていないと考えられる。このように，教育，訓練見習期間そして職業序列の伝統が崩れたことが，若年層の労働市場の参入の経路を複雑かつ困難にしている。

2 最近の雇用と失業

以上のような教育制度の変化を頭に置きながら，フランスの若年層の失業率を見てみたい（図表2）。1970年には全ての年齢階層の失業率はわずかに2.5％であり，15～24歳の階層を見ても4.9％でしかなかった。若年の女性の失業率は少々高かったとしても，その当時においては若年層の雇用・失業は社会的な問題とは意識されなかった。1980年代になると，状況は一転する。雇用問題は政治的関心を集めることにまでなる。1981年には新しい雇用政策を謳う革新のミッテラン大統領が当選し，積極的な財政支出による消費の活性化，労働時間の短縮（週35時間が最初の目標だったが39時間でストップ），公的部門の雇用創出などが画策されたが，1984年には国際収支の悪化などにより緊縮政策へ転向せざるを得なくなる。雇用情勢はその後悪化する。ただ，1987～1990年の間に一時的に景気が回復するが，雇用の成長は比較的少なかった。

1990～1996年まで失業率は悪化を続けるが，1997年からフランスは景気回復の局面に入り，雇用は急速に増加していく。最近の雇用連帯省の発表では1997年から2000年3月にかけて総計110万人の雇用が創出されたとしている。その結果，2000年の失業率は10％を切るまで回復し，政策担当者の中には"完全雇用"という久しく死語に近かった目標を掲げるものも出てきている。

15～24歳の階層に着目すると，平均失業率は2倍以上の数値で変化している。1980年には男女計で15.5％という高い数字に達し，1998年には25％を超えるまでになった。女性の失業率は男性のそれを絶えず上回るが，1995年と1998年には約30％という記録的な数字を示した。しかし1998から2000年には男女計で約

図表2　フランス：年齢階層別失業率

(単位：%)

	15-24歳			25-49歳			50歳以上			合計
	男	女	計	男	女	計	男	女	計	
1970	2.8	7.7	4.9	0.9	2.8	1.5	1.8	3.6	2.5	2.5
1980	10.0	22.3	15.5	2.9	6.5	4.3	3.8	5.8	4.6	6.4
1990	12.8	21.1	16.5	5.8	10.5	7.8	5.7	7.9	6.6	8.9
1995	19.0	29.0	23.2	8.9	12.8	10.6	7.9	8.5	8.1	11.6
1998	21.9	30.0	25.4	9.5	13.3	11.2	7.8	9.2	8.4	11.8
2000	18.4	23.7	20.7	7.8	11.6	9.5	6.7	8.3	7.5	10.0

資料出所：OECD, *OECD Economic surveys 1996-1997 France*（1970-1990年分）.
　　　　 INSEE, *Tableaux de l'économie francaise 2000-2001*（http://www.insee.fr/ からダウンロードした）.

5％ポイントという大きな低下で，特に若い女性の失業率の改善が顕著である。

このように若年層の失業率は景気動向に敏感に反応し，それを増幅する形で推移している。つまり中核になる長期勤続者の雇用調整は困難なので，自然に雇用量の調整は主に入口のところでなされる。しかも若年労働者に関しては有期雇用や派遣労働者の比率が高く，調整弁として使われる可能性が強い。しかし，景気が回復したときには企業は逆に若年労働者を優先的に採用する傾向がある。たとえば，失業期間を年齢階層別に見ると，1997年に15～24歳では平均8.7ヶ月であったのに対し，25～49歳では15.7ヶ月であった。

フランスの若年失業率のもう1つの特徴は学歴による格差が大きいことにある。教育レベルの高い人や需要の大きい専門性を持つ労働者が比較的早く安定した雇用を獲得するのに対し，学歴の低い層（あるいは高校の中退者）は厳しい雇用環境に置かれ，絶えず失業の危険と直面することになる。

図表3が示すように高校卒業有資格者（バカロレアの水準）以上の学歴を持つ者の失業率が10％位で推移しているのに対し，学歴の低い人たちの約4割は失業中という実態になっている。これは近年，高学歴化の現象が顕著になっているため，15～24歳の人口の質が大きく変化していることも若年者の失業率を高めている要因と考えられる。そのため20歳以下で教育システムから脱落する層は教育レベルも職業訓練も不十分で，安定した雇用を得るどころか長期失業者予備軍として社会的疎外の危険性が高い。

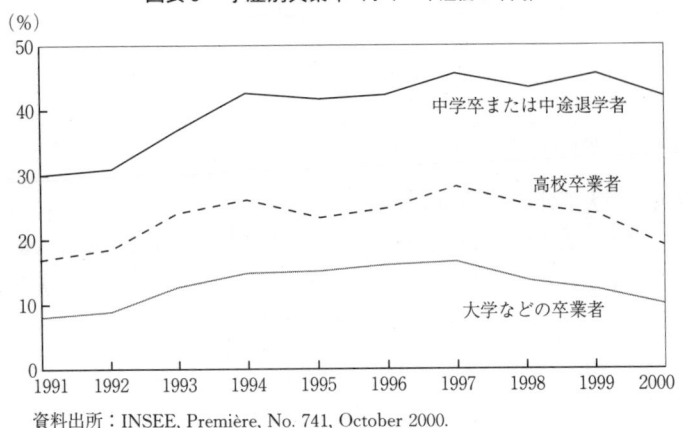

図表3　学歴別失業率（学卒・中退後5年間）

中学卒または中途退学者
高校卒業者
大学などの卒業者

資料出所：INSEE, Première, No. 741, October 2000.

3　学校より仕事へ：移行期間の長期化と複線化

　学校より仕事（School to work）は当該の労働者にとって大きな飛躍であり，労働市場の状況，教育制度，職業キャリアとともに労働意識に絡み合う重要な選択の期間である。経済環境の変化に伴いフランスにおいて，この移行期間の長さと内容に大きな変化が起こっていることは不思議ではない。ここではこの移行期間に間違いなく大きな影響を4つの構造的要因を検討する。すなわち，①高学歴化，②良質な雇用機会の減少，③女性の職場進出，④雇用政策の影響，である。

　高学歴化の傾向に関しては，図表4が雄弁に就学率の上昇を物語っている。1982〜1983年においては18歳の時点で就学率は41.7％になっていたのに対し，1996〜97年では21歳と約3年ほど遅くなっている。19歳人口の就学率を見ると実に44％ポイント近くこの間に上昇し，22歳の人口でも3人に1人は教育を受けている。この高学歴化の現象は多分に政策的にもたらされた。1980年代より政府はバカロレア（高校卒業資格と大学入学資格）の取得を当該人口の80％へという目標を掲げ，高等教育の民主化，大衆化にまい進した。その過程で，技術バカロレアや専門短期大学など進路の多様化が図られた。その結果，現在では，

図表4　若年者の就学率の変化　　　　　　　　　　（単位：%）

	16歳	17歳	18歳	19歳	20歳	21歳	22歳	23歳	24歳	25歳
1982-83	75.5	61.1	41.7	27.7	17.5	12.8	9.5	8.1	6.7	5.5
1996-97	95.7	92.2	83.4	71.5	56.4	43.4	32.9	22.7	14.2	9.9

資料出所：*Tableaux de l'économie française 1999/2000*, INSEE.

若年層人口の大部分は19～20歳までは学校教育を受けるまでになった。

　第2の要因である良質な雇用機会の減少は端的には失業率の増加により表されるが，失業以外にも有期雇用や派遣労働といった非典型雇用の拡大もその指標である。フランスにおいては期間の定めのない雇用が一般原則なので，有期雇用（一時的雇用）については規制の網が掛けられている。しかし，最近，この有期雇用は急速に増加した。EUの統計によれば，フランスの一時的雇用の割合は1985年に4.7%（雇用総数に対する比率）から1996年には12.6%に上昇している。またパートタイム労働の比率も1983年の9.6%より1996年には16.0%と急速に増えている（OECD統計による）。これら非典型的雇用の全てが不安定雇用とはいえないが，その多くの割合が労働者の選択ではないと見られている。特に，有期雇用は若年労働者の試用期間として企業が用いている。学校卒業後，すぐに期間の定めのない雇用に就く者は少なく，大部分は有期雇用を経て，安定した長期雇用を得る経路が支配的になっている。

　フランスにおいて女性の職場進出は長期的なトレンドで景気動向とは無関係である。女性の労働力率（全年齢階層）は1975年の42.1%より1997年には47.2%と上昇している。しかし若年層について眺めると，就学率の上昇のために15～24歳の階層では1975年の45.5%より1997年の24.5%と大きく低下した[3]。15～29歳の女性の状況を雇用，失業，就学，非活動（就学者を除く非労働力人口）に分けてみると，15～19歳，そして20～24歳の階層で雇用が大きく低下，その分，就学者が増加している。非活動者は15～29歳の階層全体で1975年の18.8%より1997年の8.3%と低下，その一方，失業率も1975年の4.2%より1997年の10.2%と上昇している（図表5）。なお，女性の就学率（15～29歳）は1997年に48.2%と男性の45.3%をかなり上回っていた。女性の非活動者の傾向的減少が示すように，女性は労働市場の悪化の時期にも労働市場に参加し続けている。

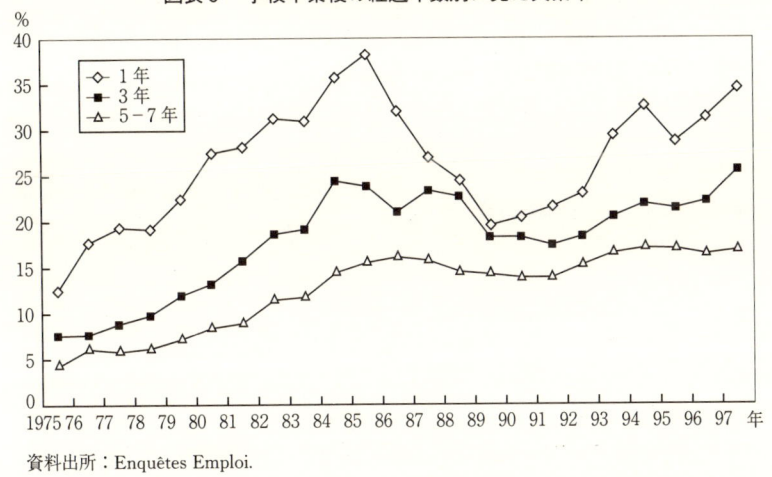

図表5　学校卒業後の経過年数別に見た失業率

資料出所：Enquêtes Emploi.

　第4の要因である雇用政策は一般的には構造的なものとはみなされない。しかし，若年者向けの雇用政策は実に多様なメニューがあり，構造的な影響も合わせ持っている。図表6は主に若年層を対象とした雇用プログラムを拾い出している。ただし，これらのプログラムは過去のプログラムの名称が変わったものも多く，全てを網羅しているわけではない。たとえば，公共部門の雇用TUCは有名なプログラムだが，1989年に中止され，CECなどに一部が引き継がれている（TUCは自治体が失業中の若年層を1200フランという低所得で雇うというもので，一種の公共サービスによる失業対策で当時議論が多かった：1984年から1989年まで）。若年層向けの雇用プログラムは約3種類に分類することが可能である。すなわち，①財政上の優遇すなわち助成金，社会保険料の軽減あるいは免除，最低賃金の適用除外など，②職業訓練・研修，③自治体などの公務の雇用促進である。また最近では，TRACEのごとく，若年層の中でも特に参入の困難な低学歴層に対象を絞った，カウンセリングや訓練を含む総合的なプログラムの開発が目指されている。若年層の雇用プログラムのみの効果を計ることは難しいが，雇用政策全体では1999年に約220万人が対象者となり，支出額は1200億フラン（2兆400億円）に達していた[4]。ちなみに，OECDのデータによ

II テーマ別分科会

図表6 フランスの若年者向けの雇用政策（1970年代以降）

雇 用 政 策	そ の 内 容
社会保険料の控除 1977～	もともと若年者の雇用に対する財政援助。見習い工はSMICの25～78％の報酬。本採用の際には，10,000あるいは7,000フランの助成。
訓練契約（Contrat de qualification） 1984～	有期の6～24ヶ月のうち，最低4分の1は訓練に使われなくてはならない。報酬はSMICの25～78％。本採用の場合は，5000～7000の助成あり。
適応契約（contrat de adaptation） 1984～	6ヶ月～12ヶ月，または期間の定めのない契約。16～25歳が対象。最低200時間の訓練。報酬は協約賃金の80％。
CIE（Contrat initiative emploi） 1995～	有期契約（12～24ヶ月）。対象，長期失業者，RMIまたは若年失業者。社会保険料の免除（最大24ヶ月）。
CES（Contrat emploi solidarité） 1990～	公共部門におけるパートタイム労働。国から月1200フラン，使用者から月500フラン。研修生の地位。
CEC（Contrat emploi consolidé） 1992～	最大5年まで，国が30時間までのコストを負担（SMICの1.2倍）。ただし，段階的（60～20％）と50％の2種類あり。
CEV（Contrat emploi ville） 1996～	18～25歳で，地域限定型。75～35％を国が負担。
職業訓練 AFA（Action de formation alternée） 1989～	訓練用の研修制度。対象16～25歳。
TARCE（Trajectoire d'occèr à l'emploi） 1998～	対象は学歴の低い学校修了者または中退者，若年者。訓練・研究，カウンセリングなど総合的に18ヶ月間，個別にフォローする。
Emplois jeunes 1997～	対象は原則的に26歳以下。地方自治体，公益団体，警察，国がSMICの80％を補助。60ヶ月の有期または期間の定めなし。

資料出所：DARES, La politiqe de l'emploi, op. cit. その他。

図表7　安定雇用への到達年齢

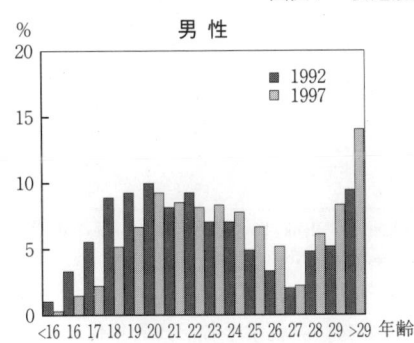

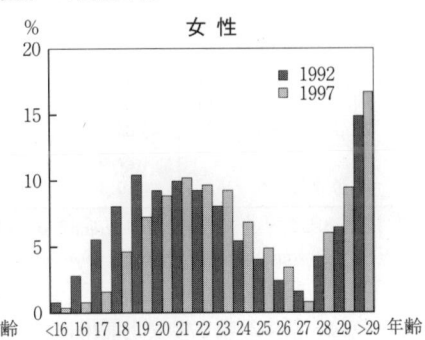

注：1992：1963-1966年に生まれた階層が安定雇用を得た年齢の配分。
　　1997：1968-1971年に生まれた階層が安定雇用を得た年齢の配分。

資料出所：O. Galland, Enrter dans la vie adulte : des etapes toujours plus tardives mais resserrées, no. 337-338, 2000. 原資料はEnquête Jeunes, 1992, Enquête Jeunes et carrières, 1997, Insee.

ると，フランスの雇用関係の支出は1998年にGDPの3.1％でわが国のそれの約5倍となっていた。このように手厚い雇用プログラムが発達したフランスでは助成された雇用は約200万人と見積もられ，総雇用の約9％（1996年）を占めていた[5]。

さて，若年層の雇用・失業の特徴をみるために学校修了から1年，3年，そして5年経過した若者の失業率の推移を見てみよう（図表5）。まず，1年目の失業率は高い水準ながら1987～1991年にかけて大きく減少している。つまり，これは1年目の失業状況はその年の景気動向により大きく規定されることを意味している。学校終了後3年目になると景気の影響はかなり緩和されるが，失業率自体は20％前後という高い水準で推移している。ようやく5年後になり失業率は5％ポイント前後下がるが，それでも平均値よりはるかに高いままである。多くの若年層にとって学校より安定した仕事への移行期間が少なくとも5年前後と長期化したことをこの図は如実に物語っている。

図表7は1992年と1997年において安定した雇用（期間の定めのない雇用）を得た年齢の推移を示している。この間の5年の間に男性も女性も安定雇用に達した年齢が2～3年位遅くなっているのが読み取れる。1997年の数字を見ると，

図表8　1993年に労働市場に参入したコーホートの雇用状況

(各年の平均,単位:%)

	1994	1995	1996	1997	1998
期限の定めのない雇用	22.4	29.6	41.9	52.6	56.8
有期雇用	35.8	35.5	23.1	24.2	25.5
失業	25.5	22.9	23.9	17.8	13.4
非労働力化	16.3	12.0	11.0	5.4	4.2

資料出所: S. Lollivier, "Récurrence du chômage dans l'insertion des jeunes : des trajectoires hétérogènes," *Economie et Statistque*, No. 334, 2000-4.

彼らの約3割は27歳まで安定雇用に就いていない。就学年数が1990年代に約3歳位高まったことと同時に企業は簡単には期間の定めのない雇用契約を結ばなくなったことがこの原因である。

　学校より安定した雇用までの経路の長期化と複線化は図表8が示唆している。図表8は，1993年に学校（様々なレベル）を終え（あるいは中退），労働市場に参入したものの雇用形態を追ったものである。学校卒業後の1年目の1994年に期間の定めのない雇用に就いていたのは22.4％で，失業中の者よりも数が少ない。一番多かったのは不安定な有期雇用で，失業者も4人に1人と割合が高い。このコーホートの半数以上が期間の定めのない雇用になるのは卒業後4年だが，1998年においてもその割合は56.8％でしかない。有期雇用は3年目以降も高い比率で推移しているのに対し，失業率は3年目よりかなり低下している。同様の傾向は非労働力人口についても見られる。たしかに1994～97年は雇用情勢が厳しく，若年層の安定雇用までの経路を困難にしていたことは推測されるが，それにしてもこの表が示すものは有期雇用と失業を多くの若年者が経験していることである。つまり，若者の半数以上は学校終了後，短期の雇用と失業を経験しながら安定雇用（あるいは自分に適した職種を選ぶ）に向かう。この経路は当然ながら教育レベルと産業（職業）により大きく異なってくる。

　この経路については実に多数の研究が蓄積されているので，ここで展望することは不可能だが，職業教育と雇用の不安定さをまとめたものとして図表9を見よう。これは職業高校と職種の特性を見たものだが，職種により雇用の安定度（不安定度）は大きく異なる。ホテルや料理，事務（女性）は安定度の低い職

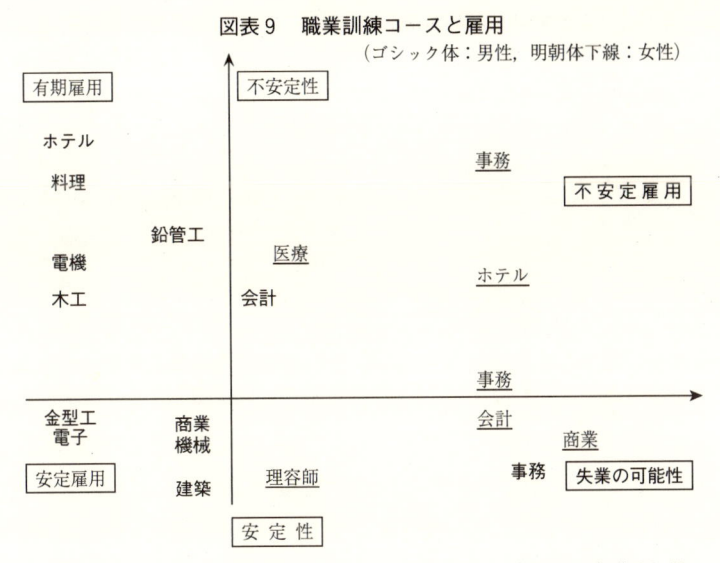

図表9　職業訓練コースと雇用
（ゴシック体：男性，明朝体下線：女性）

資料出所：Y. Grelet, "Niveau, spécialité et région : des facteurs clés", M. Verniéres (éd) L'insertion professionanelle, Analyse et débat, 1999.

業である。これに対し，理容師，建設，電子，機械，事務，商業などは比較的安定している。ただし，事務職や商業の失業の可能性は高く，安定した雇用に至るのは困難である。その一方，需要の強い職種や産業では比較的容易に期間の定めのない雇用を得ている。また，そのような産業は訓練を伴う雇用（助成された雇用＋訓練のプログラム）を使う確率が高い。これに対し失業の可能性の高い職種では，TUCと呼ばれる助成されたパートタイム雇用（自治体など）が使われる可能性が強かった。

おわりに

　ここでフランスの若年労働者に関する労働市場の変容をまとめてみよう。最近の変化は大きく分けて3つの特徴を持っている。①失業率の記録的な高さ，②学校より安定雇用までの移行期間の長期化と複線的な経路，③雇用政策の影響の拡大である。

図表10　学校から安定雇用への移行期間（5年前後）

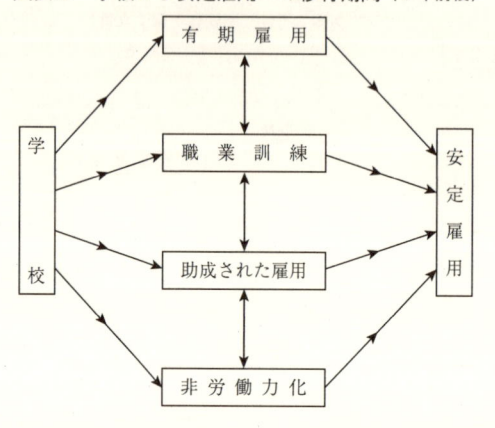

```
          ┌─ 有 期 雇 用 ─┐
          │              │
学        ├─ 職 業 訓 練 ─┤  安
          │              │  定
校        ├─ 助成された雇用 ┤  雇
          │              │  用
          └─ 非労働力化 ──┘
```

若年層の失業率の高さの原因は，需要要因と供給要因に分けられる。第一次石油ショック以降，企業は雇用増加に慎重になっていることは明白である。低成長のために従来雇用の大部分を吸収していた伝統的な製造業が長期的投資に慎重になっていることが挙げられる。また，伝統的に保護主義の傾向の強かったフランスにおいてもEUの統合の波の中で競争力維持のために経営の合理化が目標とされている。その上，長期雇用者については比較的手厚い雇用保障があるので，アウトサイダーである新規学卒者は不利になっている。

　供給側の要因としては，高学歴化と女性の職場進出が挙げられる。高学歴化や職業訓練の普及は供給を多少緩和する要因でもあるが，その効果はそれほど大きなものではない。学歴の平均水準が上昇したことはむしろ職業意識の面で大きな変化をもたらしたように思われる。1975年以前においては，学校を卒業（あるいは中退すること）は即生活のために就職することを意味していた。現在では，多くの若者にとって進学あるいは職業訓練と有期雇用（安定雇用は望み薄）はほぼ対等の選択になっている。この選択の可能性が失業率を景気動向に敏感にさせている一要因でもある。

　学校より安定雇用への移行期間の長期化，経路の複線化は先進国に共通に見られる特徴でもある。企業が雇用の提供に極端なまでに慎重になり，期間の定めのない雇用による採用を最小限にとどめることの結果，若年層の人たちは次善の選択でしかない有期雇用，助成された雇用あるいは職業訓練などと流動的な移行期間を経験する。図表10は，非常に複雑な学校より安定雇用までの移行期間の経路を概念化したものである。これまでそれぞれの点で把握していたものから，次第にこの長期の経過期間の存在を単に否定するものではなく，むし

ろ事実として受け止め，対策を考えることが行なわれ始めている。

また，当事者である新規学卒者にとっても流動的な移行期間があることは自分に適した職探しの面で肯定すべきものでもあろう。ただ，学歴の低い人や職種によっては不安定雇用と失業の可能性が高く，労働市場から疎外される危険性が高いものもみられる。最近のフランスの雇用政策は，そのような階層に絞った措置を打ち出している。

最後に，フランスの経験と比較して，わが国の若年層の雇用問題について私見を付記したい。わが国においては学校より職業への移行をこれまで"点"で見てきたように思われる。学校卒業は直ちに就職そして職業的キャリアと考えられてきた。しかし若年層の流動化傾向そして長期雇用制度の風化を考慮すると，学校より職業への移行を一定の適職発見のための期間として考える必要があろう。そのために職業紹介，職業訓練，カウンセリングなどの総合的な制度の整備が必要になろう。

1) M. Maurice, F. Sellier, J. J. Silvestre, *Politque de l'éducation et organisation industrielle en France et en Allemagne*, Essai d'analyse sociétale, PUF, 1982.
2) F. Eyraud, P. Rozenblatt, *Les formes hiérarchiques : travail et salaires daus neuf pays industrialisés*, La documentation française, 1994.
3) INSEE, *Marché du travail*, Series longues, 1998. 数字は1年に1回行なわれる Enquêtes sur l'emploi による。
4) 雇用連帯省 Bilan de la politique de l'emploi en 1999, 2000年。
5) DARES, *La politique de l'emploi*, La découverte, 1997.

【参考文献】

D. Gambier/M. Vernieres, *L'emploi en France*, La Découverte, 1998.

DARES, *La politique de l'emploi en 1999*, La découverte, 2000.

DARES, *La politique de l'emploi*, la Decoucverte, 1997.

Economie et Statistique, INSEE dossier, *Emploi et chômage*, n°s 193-194 Nov-Dec 1986.

Economie et Statistique, INSEE dossier, *Projections de population active et participation du marché du travail*, no. 300, 1996.

Economie et Statistique, INSEE dossier, *Les trajectoires des jeunes*, nos. 304-305,

II テーマ別分科会

1997.

Economie et statistique, INSEE dossier, *L'insertion professionelle des apprentis et des lycéens professionnels : des emplois proches des formations suivies*, no. 303, 1999.

Economie et statistique, INSEE dossier, O. Galland, *Enrter dans la vie adulte : des étapes toujours plus tardives mais resserrées*, no. 337-338, 2000.

F. Eyraud, P. Rozenblatt, *Les formes hiérarchiques travail et salaires daus neuf pays industrialisés*, La documentation française, 1994.

J. Freyssinet, *Le Chômage*, La Decouverte, 2000.

J. O'Higgins, *Youth Unemployment and Employment Policy*, ILO, 2000.

M. Maruani/E. Reynaud, *Sociologie de l'emploi*, la Decouverte, 1999.

M. Maurice, F. Sellier, J. J. Silvestre, *Politque de l'education et organisation industrielle eu France et en Allemagne*, Essai d'analyse sociétale, PUF, 1982.

鈴木宏昌「先進国における非典型的雇用の拡大」『日本労働研究雑誌』1998年12月号。

鈴木宏昌「海外の雇用・失業情勢について」『ジュリスト』NO. 1149, 1999年2月号。

社会経済生産性本部『日欧シンポジウム 雇用形態の多様化と労働市場の変容』1999年。

テーマ別分科会3＝社会福祉改革における公私関係変容の構図

戦後社会福祉立法における公私関係とその民間社会福祉事業に対する内在的制約について

北場　勉　Kitaba Tsutomu

1　はじめに

　本稿は，戦後日本の社会福祉における公的部門と私的部門の関係と役割分担について論じている。戦後の占領下での福祉立法において，公私関係を規制した諸原理は，次の3つであった。すなわち，①国家による実施責任とそれを他に転嫁することの禁止，②公的社会福祉事業と私的社会福祉事業との間の活動分野と財政責任の分離，③公の支配に属さない民間福祉事業に対する公金の支出の禁止であった。

　しかし，日本的事情により，これらの原理はそのままの形での実現をみなかった。国家の福祉事業が民間社会福祉事業に委託され，公的資金の支出は「公の支配に属する」民間社会福祉事業に集中した。この変化は，部分的に先の原理を変更するものであり，日本に特有な公私関係ともいうべきものであった。

　このような日本的公私関係は，結果的に，施設福祉分野の民間社会福祉事業に対する公的支援を可能にする一方で，在宅福祉分野の民間社会福祉事業に対する公的支援を制約する役割を果たすことになったのである。以下，歴史的事実・経緯に即して，その展開過程を検討していくこととする。

2　戦後社会福祉立法における公私関係を規制した原理とその背景

（1）国家実施責任とその転嫁の禁止――SCAPIN 775 の発令

　わが国の戦後福祉改革は，ポツダム宣言や初期対日方針に基づき，わが国の

非軍事化と民主化を目的とした GHQ（連合国総司令部）の戦後改革の一環として行われた。1945（昭和20）年10月に本格的に活動を開始した GHQ は，当初，明確な日本に対する救済政策を持っていなかった。1945（昭和20）年は米が不作で，翌年の2，3，4月には深刻な食糧不足が予測された。また，非軍事化の方針の下，旧軍需工場への戦時補償の打切り（1945年11月24日 SCAPIN 337），軍人恩給の停止（同 SCAPIN 338）が行われ，在外邦人の引揚げ開始と相まって，多数の失業者・生活困窮者の発生が予測された。しかし，日本政府の対応は全く不十分であった。飢餓と疾病の蔓延という差し迫った事態に遭遇し，GHQ は，初期対日方針の中で極く限定的に認められていた食糧等の緊急輸入を米政府に要請することとした。その際，米政府に日本政府の最大限の自助努力の成果を示すため，日本政府に，1946（昭和21）年1月から6月までの間の救済福祉計画を策定させることとし，無差別平等に，失業者その他の生活困窮者の最低生活を保障することを求めた（1945年12月8日 SCAPIN 404）。

日本政府は，1945年12月31日，GHQ に救済計画を提出した。この中で，①従来の諸救済立法を統合して総合的な新法を制定すること，②救済実施機関として，戦災援護会，軍人援護会等の援護団体を整理統合して新たな民間援護団体（同胞援護会）を設立することを表明した。その民間団体が軍人優遇策を担っていた軍人援護会を継承したために，GHQ の新たな対応を引き起こすことになった。

1946（昭和21）年2月27日，GHQ は，社会救済（public relief ; SCAPIN 775）という覚書を発令した。それは，GHQ が示した条件に合致するよう，日本政府の救済計画の練り直しを求めるものであった。GHQ の示した条件とは，次の3点であった。

① 日本政府は，都道府県・市町村機構を通じて，差別的・優先的な取扱をせずに平等に，すべての生活困窮者に対して十分な食料，衣料，住宅，医療保護を提供する単一の全国的行政機関を設けること。
② 日本政府は，1946（昭和21）年4月30日までに，救済福祉計画に対する財政的援助及び実施の責任態勢を確立すべきこと。従って，それを私的または準政府機関に委譲・委任してはならないこと。

③ 困窮の防止に必要な総額の範囲内において与えられる給付額に制限を設けないこと。

　この指令の狙いの1つは，救済政策における差別的・優先的取扱の禁止，すなわち当時の日本の状況に置き換えれば，軍人優遇主義を廃止することであった。それは，日本の占領政策の柱の1つである「非軍事化」にかかわる事柄であった[1]。

　従来，SCAPIN 775 の②，すなわち，日本政府が「財政的援助」と「実施の責任態勢」を確立することが「国家責任の原則」だといわれてきた。何故「財政的援助」だけでなく，「実施の責任態勢の確立」まで日本政府が行わなければならなかったのか。

　それは，SCAPIN 775 の①にいう無差別平等な救済実施のための仕掛けである，地方の行政組織を通じて「平等に」救済を実施する「単一の全国的行政機関の設置」に密接にかかわっていた。すなわち，軍人優遇主義を最も確実に排除できる方法は，GHQ が直接にコントロールできる日本政府に直接に救済を実施させることであったと考えられる。

　なお，SCAPIN 775 の②後段の「従って，それを私的または準政府機関に委譲・委任してはならない」は，「公私分離」を示すものといわれてきた。しかし，仲村優一氏が指摘するように，「無差別平等」に救済するのが難しい同胞援護会に救済事務を委託するという日本政府の方針を否定し，「公的責任」を強調することに主眼があったと思われる。

　救済政策の実施を国家責任で行うとする先例は，ルーズベルト政権下での最初の救済立法である1933年5月の「連邦緊急救済法」にあった。それ以前は，公的救済は州政府の自治に任され，多くの州ではカウンティ以下の地方自治体と民間社会福祉事業が行っていた。GHQ が「救済実施」を「国家責任」と位置づけた背景には，①アメリカの大恐慌下での長期・大量の困窮者の発生と民間社会福祉事業の救済資金の枯渇，②1930年代における有給公務員による公的救済制度の普及・定着，それに，③救済事業は，国家が行うことによって公正な，民主主義的な調整が行われるのだという考えがあったように思われる。

Ⅱ　テーマ別分科会

（2）公私社会福祉事業の役割分担と財政責任の分離

(1)　公私社会福祉事業の役割分担

　GHQ は，公私社会福祉事業の役割分担については，占領初期から，一貫した思想を持っていたように思われる。PHW（公衆衛生福祉局）福祉課長のネフは，ウェッブ夫妻の「繰り出し梯子理論（Extension Ladder Theory)」や，ベンジャミン・K・グレイの「平行棒（Parallel Bars）理論」，ジョセフ・E・ボールドウィンの「門灯理論」などを紹介した後，独自の説明を展開している。すなわち，公的扶助制度による貧困者の援助は最低生活水準の維持にとどまり，貧困者を自立更正させ，地域社会での建設的で有用な一員とするには，民間社会福祉事業による各種のサービスが必要であると（社会保障研究所 p. 805）。

　PHW は，既に同胞援護会設立問題の交渉中に，「米国の例に徴すれば，（民間）社会事業団体活動の余地は基本的なる政府の事業を更によくする為にある」（黒木 p. 438）とか，「自発的の非政府，無利益を目標とせる福祉団体あるいは機関は，政府が直接責任のある……範囲外の世話と奉仕を用意する……社会施設計画を実施しなければならない」（社会福祉研究所 p, 127）などの意向を示していた。また，半官半民的団体であった同胞援護会に対しては，1948（昭和23）年2月7日付けの「同胞援護会の指導監督に関する件」により，役職員からの公務員の辞任や，事務所の都道府県庁からの移転などの人的物的面での公私分離が進められた。更に，GHQ が，1948（昭和24）年11月29日に示した「昭和25年度厚生主要目標」では，1950（昭和25）年8月末までに，全国的規模の民間社会事業団体の組織，管理等に対する国・県・市町村の関与を排除することが求められた（黒木 p. 444）。

(2)　財政責任分離（民間社会福祉事業の独立・自立）とそのルーツ

　公私社会福祉事業の財政責任分離の議論は，PHW のネフが1950（昭和25）年4月の論文に書いた次の言葉によく表れている。「公私の機関の責任の明確化とともに，これら2種類の財政責任をも明確に分離すべきことが認識されなければならない。民間組織への政府責任の転嫁や，民間の寄付を公共施設の維持に用いるというような従来の行き方は正されなければならない。」（社会保障研究所 p. 804）。

このような考え方は，既に1946（昭和21）年の段階で，民間社会福祉事業の活動費に対して政府は補助をしてはいけないとか，民間社会福祉事業は政府から補助金を受けるべきではないという表現で，PHWから日本側に伝えられており，極く限定的に民間福祉団体への補助金が認められた（1946〔昭和21〕年10月30日覚書）ものの，ほぼこれに沿った形で福祉政策が進められていた。

　1951（昭和26）年に制定された社会福祉事業法の第5条は，これを追認したに過ぎない。すなわち，①公の「民間への公的責任転嫁禁止」や「民間への財政援助要請の禁止」を求め，また，②公の「民間社会福祉事業の自主性の尊重」や「不当な関与の禁止」を求め，③民に対しは，「国・地方公共団体からの財政的・管理的援助からの独立」を求め，公私社会福祉事業は，それぞれ，明確に分離し，相互に関与・依存してはならないとしたのである。

　1910年代初期のアメリカにおいては，22州が私的慈善事業に対して全く予算を計上せず，15州は制限的に計上し，9州が無制限的に（原則的な制約はなしに）計上していた。このうち，①制限的に予算を計上している15州にあっては，一応，特殊な要保護者階級に対する州の救済責任は認識されていたが，この責任を果たす具体的な公的制度・施設を持たないため，暫定的に私的施設に「収容者の人頭割計算による補助金」を与え，公的責任を代行させていた。すなわち，この15州については，公的責任と私的責任の分化が一応確立されつつあるが，暫定的に公的責任の実施を私的施設に代行させていたと考えられる。次に，②原則的な制約なしに補助金を計上している9州にあっては，公私の責任の分化が行われず，補助金は打切り補助の形をとる傾向が認められた。さらに全く私的慈善事業に対する州補助金を予算に計上していない22州の場合には，③公的社会事業がよく発達して民間の代行機関が不必要な州と，④全般的に社会事業そのものが未発達な州とがあった（黒木 pp. 112-113）。その後，ニューディール期には，公的責任が確立され，公的な福祉計画が拡充されたので，民間社会福祉事業はその事業の力点を変えていったのである。

　このようなアメリカの州の分類を日本の状況に当てはめると，敗戦直後の日本は，②の公私の責任が分化されず，打切り補助を行うタイプであり，ネフの議論は，③の公的社会事業が発達し民間代行機関が不必要なタイプのことで

あったといえよう。

(3) 公の支配に属さない民間福祉事業への公金支出禁止—日本国憲法第89条

1947 (昭和22) 年5月3日, 日本国憲法が施行された。日本国憲法第89条は, 宗教上の組織・団体だけでなく, 同条後段により, 公の支配に属さない慈善・教育・博愛事業にも公金の支出を禁止した。これにより, 1946 (昭和21) 年10月30日の覚書により, 著しく困難になったとはいえ僅かに残されていた民間社会福祉団体への補助金の支出も, 全く不可能になった。1947 (昭和22) 年の児童福祉法制定の際には, 原案にあった民間児童福祉施設の建設費に対する公費補助の規定が削られてしまった。

日本国憲法第89条が制定された背景には, 2種類の系譜がある。1つは, 国家神道や超国家主義イデオロギーを持つ民間団体を国が援助・支援することを禁止するというもので,「政教分離」政策に近いものである。それは, 占領初期にGHQが想定した「天皇制と国家神道とが結合した日本の軍国主義」を除去するためのものであったと考えられる。もう1つは, 公費を私的な目的のために使用するのを防止しようとするもので, 19世紀のアメリカでの公費濫用の実例に照らし, 多くの州の憲法の規定に見られたものであった[2]。

3 GHQ の描いた理念と現実の政策

(1) 民間社会福祉事業への「措置委託」と限定的補助の容認

日本政府は, SCAPIN 775 が発令された後も, 民間機関に人的援助を要請すると発言するなど,「官民一体型」の発想を引きずっていた。それは, 1946 (昭和21) 年度の政府予算案の救済予算額を遙かに上回る事業予算を計上していた同胞援護会の事業の帰趨が, 当時のわが国の福祉水準に相当な影響力を持っていたからである。

戦後, 援護ニーズはにわかに顕在化し, 国, 地方公共団体によって緊急生活援護が展開された。しかし, 要援護者の生活安定のためには, 収容施設の増設が必要であった。政府は, 旧軍関係施設の開放, 公私社会福祉施設の活用を図

るほか，手続きを後にしても，同胞援護会等の協力を促して，被災施設の復旧を先行させた（黒木 p. 467）。同胞援護会等が先行投資した資金等は，最終的に誰が負担するのかという問題が後に残された。それが，早急に解決しなければならない問題になったのである。

　1946（昭和21）年3月15日の厚生省と PHW との打合せで，GHQ の意向が明らかになった。すなわち，民間社会福祉事業に老廃者，孤児，寡婦等の救済を行わせ，それに要した経費を日本政府が支払うことには異議はない。また，完全な救済を行うために必要な民間施設の建設費等も，救済に必要な経費として国庫が負担してもよい。しかし，政府の施策に協力する民間社会福祉団体の事業費に政府が補助することは許可できない。その理由として，SCAPIN 775 の②が引用された（黒木 pp. 440-441）。

　また，1946（昭和21）年5月25日の，同胞援護会などの民間社会福祉団体の役割に関する，PHW，同胞援護会及び厚生省の会議では，次のことが確認された。①SCAPIN 775 の指令の趣旨は，軍人優遇を排除して無差別平等にあらゆる困窮者に援護を与えることにあり，そのためには日本政府はその実施責任を民間あるいは準公的機関に委託してはならないこと，②民間団体は政府から特別準備金として総額一時払いの補助金を受けるべきではないこと，③民間団体が政府の財政的援助を受けられるのは，政府が行うべき非常救援を代行した場合にその払い戻しを受ける場合に限られることであった。

　この段階で，公的救済を民間社会福祉施設に措置委託できることと，その実費弁償である措置委託費の受取りができることが確認された。1951（昭和26）年に制定された社会福祉事業法第5条第2項の「委託」の規定は，それまでの経過を確認したものであった。

　他方，民間団体を援助するための政府の補助金は禁止されることが明らかになった。日本政府は，1946（昭和21）年9月に成立した生活保護法の中に，民間社会福祉施設への補助制度を盛り込んでいた。これは，PHW が示した公私分離の方針に従い，民間社会福祉事業に対し，一括払いの補助金ではなく，個別の措置委託に基づき補助を行うという構成の下に，救護法の時以上の補助を行おうとしたものであった。これに対して，PHW は，1946（昭和21）年10月

30日，厚生省との会議において「政府の私設社会事業団体に対する補助に関する件」という覚書をまとめた。その内容は，措置委託に伴う民間社会福祉施設への施設費等の補助を一応承認したものの，その範囲を厳しく限定したものであった。すなわち，①民間社会福祉施設を新設する場合には補助しないこと，②他に公的施設がなく，かつ，それが最も経済的と認められる場合にのみ補助することができる，というものであった。

この段階で，厳しい枠がはめられたものの，措置委託に伴って，民間社会福祉施設の施設費等への補助が容認されることになった。

（2）憲法第89条と「公の支配に属する」民間社会福祉事業に対する公的補助

日本国憲法第89条の規定は，「公の支配」に属さない慈善・博愛・教育事業への公的援助を禁止するという「公私分離」の原則を掲げた。これは，民間社会福祉事業に対する公的な補助金の支出を全く禁止してしまう結果となった。日本国憲法の「公私分離」規定は，建前としてだけではなく，実質的な意味を持つものとして機能したが，これは，そのモデルとなったアメリカの多くの州憲法の「公私分離」規定が，例外的な場合には公的補助を行うことができるとしていたのと著しく異なる点であった。共同募金も，収入の一部に過ぎず，寄付金収入や事業収入が見込めない状況下で，民間社会福祉事業の収入の中での「措置委託費」の重要度は，ますます増していった。

1949（昭和24）年に制定された「私立学校法」が先例を開いたのを嚆矢として，1950（昭和25）年の新生活保護法，翌1951（昭和26）年の児童福祉法改正法，社会福祉事業法において，相次いで民間社会福祉事業への補助金が復活した。しかし，補助金を受けるためには，憲法の規定にある「公の支配」に属するという条件をクリアするために，民間社会福祉事業が法人格（当初は公益法人，後に社会福祉法人）を持ち，かつ，補助に伴う監督を受けなければならなかった。補助対象は「施設費等」に限られ，しかも施設が「新設」される場合は除外され，更に社会福祉事業法では災害復旧の場合のみに限定されるなど，極めて制限的なものであった。従って，当初は，金額的にもそれほど魅力あるものとはいえなかった。

戦後福祉改革により生まれた民間社会福祉事業に対する公的補助制度は，結果的に社会福祉法人等が設置する社会福祉施設の「施設費等」の一部を補助するものに限定された。そして，その他の公的補助は，憲法第89条の規定により禁止されると考えられたのである。

（3）GHQの描いた公私の役割分担・財政責任の分離の理念と現実

GHQは，同胞援護会のような「官民一体型」の日本の救済制度を変革しようとした。公私分離が曖昧で，民間社会福祉事業への補助の原則もなく，往々にして補助額も不十分なわが国の救済制度を，公的社会福祉事業を民間の代行機関が不要になるほど充実させた上で，民間社会福祉事業の組織及び財政責任を公的社会福祉事業から独立させ，完全な公私分離型の救済制度に変えようとした。国家責任と公私分離により，わが国の公私社会福祉事業の関係は，まず「公」が「無差別平等」に「必要十分」な救済を行い，「私」はそれ以上の援助を，独自の財源を用いて行うものになるはずであった。これは，アメリカのニューディール期の民間社会福祉事業のあり方を示す方向でもあったのではなかろうか。

しかし，戦後のわが国の状況は，直ちに理想とする目標に到達することを許さなかった。援護ニーズに対して絶対的に援護サービスが不足する中で，過渡的な形態として，民間社会福祉事業を公的社会福祉事業に活用する方法を選択せざるを得なかった。そこで，公的社会福祉事業の代行として民間社会福祉事業に救済事務を委託し（＝措置委託），その費用を弁償する（＝措置委託費の支弁）とともに，公的社会福祉施設がない場合などには，民間社会福祉施設への限定的な補助をも容認せざるを得なかったと考えられる。

4　日本的公私関係の形成とその民間社会福祉事業に対する内在的制約

（1）措置委託と機関委任事務

措置委託費の支弁は，紆余曲折を経た補助制度とは異なり，戦後，制度としてとぎれることなく続いた。民間社会福祉事業者にとって，敗戦直後の民間社

会福祉事業の経営が極めて困難であった時代から，一貫して主要な収入源であり続け，民間社会福祉施設の経営の安定に寄与した。措置委託費に対する信頼感は，困難な時代を経験した施設経営者ほど強いものがあったと予測される。こうして，民間社会福祉事業の経営者の関心は，専ら措置委託費の償還率の向上，すなわち，「超過負担問題」（実際の経費と現実の措置費・措置委託費との乖離問題）の解消や「官民格差問題」（公的社会福祉施設と民間社会福祉施設との格差問題）の解消などに向けられてきたといえよう。

この「措置委託」とは，地方自治体の「措置」事務を民間社会福祉事業に委託することであるが，この地方自治体の「措置」事務とは，国の事務が地方自治体に「機関委任事務」として委任されたものであった。つまり，「機関委任事務」を前提とした「措置委託」とは国の「措置」事務を民間社会福祉事業に「委託」することであり，民間社会福祉事業者は国の「措置」事務を「委託」されることにより，「措置委託費」という公的補助（＝措置に要する費用の弁償）を受けるのである。これは，社会福祉施設の公私の別を問わず，全国的に画一的な措置を実施し，画一的な弁償を行うという，極めて中央集権的な性格の強い制度であった。しかも，この措置委託費は，民間社会福祉事業者がその裁量で自由に使えるものではなく，「全国的画一的なルール」に従って使用しなければならなかった。民間社会福祉事業にとっては，制約が多く，社会福祉事業の効率的な経営上，桎梏となる面もあった。また，民間社会福祉事業者の裁量の余地を広げようとしても，委託費という経費の基本的な性格からその改善にはそもそも限界があった。

このように，民間社会福祉事業は，公的社会福祉事業の代行機能を果たすことによって経営の安定を手に入れることができたが，その反面，厳しい財政統制に服することとなり，民間社会福祉事業の独立性を失うことにもなったのである。

（2）憲法第89条の新補助制度創設に対する抑制・阻害効果

戦後福祉改革の下で形成された政府の民間社会福祉事業に対する補助金制度は，占領終了後も変化し，拡充の道を辿った。1953（昭和28）年の社会福祉事

業法改正により，同法の補助対象が従来の災害復旧の場合だけから，私立学校法並みに拡大され，施設の新設・改修の場合にも補助が行われるようになった。1960 (昭和35) 年に制定された「精神薄弱者福祉法 (現「知的障害者福祉法」)」や1963 (昭和38) 年に制定された「老人福祉法」においても，同様の取扱いとされた。さらに1967 (昭和42) 年には，従来，施設を「新設」する場合は補助の対象外とされていた児童福祉施設においても，社会福祉法人が新設する場合に限って，補助の対象とされることとなった。社会福祉立法の増加や補助制度の対象拡大に伴い，公的補助が受けられる社会福祉法人立の民間社会福祉施設数の増加がみられた。

憲法第89条が民間社会福祉事業に対する政府の補助政策に与えた影響は，このように，補助対象を「公の支配に属する」民間社会福祉事業に限定しただけではない。憲法第89条の出現により，民間社会福祉事業への公的補助は「一般的に」禁止されると考えられ，公的援助は公的社会福祉事業を代行することに伴う「措置委託費」か，「公の支配に属する」民間社会福祉事業に対する施設費等の補助しかないという認識が形成されたことの方が，遙かに長期的，かつ，構造的な影響があったと考えられる。かつて東京都が1968 (昭和43) 年度予算で，「無認可保育所」への補助制度を創設しようとしたところ，憲法第89条に違反するのではないかとの横槍が入り，結局，委託費として支出することになったという実例がある。

わが国の民間社会福祉事業に対する公的補助制度は，民間への一括補助金を認める英米の例と比較しても，大変限定的であるように思われる。しかもそれが，憲法という国家の最高法規に盛り込まれたというのは，アメリカのいくつかの州の憲法を除いて，世界でも例のないことなのではなかろうか。最近では，下級審の判例として，憲法第89条の「公の支配」を極めて緩く解釈し，補助金を受ける場合の監督と同程度のものでよいとするものが現れているが，学説の中には，そのような動きを違憲とするものも存在している。

(3) 日本的公私関係のもつ内在的制約

憲法第89条が民間社会福祉事業への公的助成を禁止したことから，措置委託

費以外の民間社会福祉事業の財源を確保するために，1947（昭和22）年から，共同募金が開始された。GHQ は，「公・私分離の趣旨に即して共同募金を純粋な民間社会福祉事業の資金供給システムとなるように指導した」（小野 p. 73）が，民間社会福祉事業の側では，民間資金を施設の設備費の一部や土地取得費の元利償還に当てなければならなかった。高度経済成長期には，措置委託費，補助金，貸付金等の供給が著しく増大し，公費によって財政的な補填が行われた結果，社会福祉法人立の民間社会福祉施設の財政難がようやく解消され，入所施設を中心に施設経営の安定化がもたらされた。一方，民間資金の種類も増えたが，それらは主として公的資金を補完する役割を担うのみであった（小野 pp. 86-87）。

　日本の民間社会福祉事業に対する公的補助は，民間社会福祉事業が公的措置事務を代行することによる「措置委託費」と，措置を代行する社会福祉法人等の施設に対する「施設費等の一部補助」という，2つのチャンネルを通じて行われる。その他の公的補助は，憲法第89条によって抑制され，共同募金などの純粋の民間資金は，公的資金の補完に当てられる。これが日本的公私関係ともいうべきものであると思われる。それは，民間社会福祉施設の経営を安定させた反面，純粋な民間社会福祉事業に対する財政的支援が極めて弱い，「純粋な民間社会福祉事業（が）衰退せざるを得ないような」（小野 p. 91）ものでもあった。

　日本的公私関係のもつ内在的制約が問題となったのは，わが国の福祉の有り様が施設福祉から在宅福祉へと展開するようになってからだといえる。

　公的な在宅福祉施策としては，1962（昭和37）年に予算化され，1963（昭和38）年に制定された老人福祉法に市町村の固有事務として規定された「家庭奉仕員派遣事業」（ホームヘルプ事業）があった。この事業に対する国の補助要件は，当初，低所得世帯のみを対象とし，委託先は社会福祉協議会に限るというものであった。その後，社会福祉施設が行うデイサービス事業，ショートステイ事業などの在宅福祉施策も国の補助事業となり，家庭奉仕員派遣事業の委託先も徐々に拡大されるようになった。しかし，これらは国の事務ではなかったため，一挙に全国的に拡大することはなかった。法人格を持たない個人が行う

ホームヘルプ事業が委託先に加えられたのは、比較的最近のことであるし、在宅福祉事業が国の事務（措置事務）となったのは、1990（平成2）年のいわゆる「福祉8法改正」以後のことであった。

もう1つの民間社会福祉事業に対する公的資金のチャンネルである施設費等に対する公的補助は、在宅福祉にはもともと該当することが少なかった。収容施設を伴わない単独のデイサービス施設を建設して施設費等に対する補助を受けようとしても、今度は社会福祉法人等となることが難しかった。民間在宅福祉事業に適合した公的補助制度の形成は、その民間社会福祉事業が「慈善・博愛事業」である限り、憲法第89条の制約等により、厳しく抑制されたと考えられる。いずれにしても、従来の日本的公私関係の下では、在宅福祉サービス分野への公的補助が極めて限られていたのである。それが、この分野のサービス供給がニーズがあるにもかかわらずなかなか伸びなかった原因の1つであったと考えられる。

介護保険法や社会福祉法下で、サービスの提供者と利用者との有償契約で行われるサービス提供事業は、もはや憲法第89条のいう「慈善・博愛事業」にはあたらない。つまりここでは、日本的公私関係とは異なる新しい「公私関係」を築く可能性があるといえよう。

1) 以上の記述は、菅沼隆「SCAPIN 775 の発令―SCAPIN 775「社会救済」の起源と展開（2）」『社会科学研究』第45巻3号（1993年）に拠っている。
2) 日本国憲法第89条の由来などについては、拙著『戦後社会保障の形成』中央法規出版、2000年の第4部を参照願いたい。

【参考文献】
黒木利克『日本社会事業現代化論』全国社会福祉協議会 1958
財団法人社会福祉研究所『占領期における社会福祉資料に関する研究報告書』1978
社会保障研究所編『戦後の社会保障・資料編』至誠堂 1968
小野顕『日本における民間社会福祉財政』財団法人社会福祉研究所 1982

テーマ別分科会4＝変貌する地域社会と社会保障の今日的課題

大都市における高齢者の社会的孤立と社会保障・社会福祉の課題

東京都港区のひとり暮らし高齢者の生活実態を中心に

河合克義 Kawai Katsuyosi

1 介護保険・社会福祉基礎構造改革における高齢者の生活像と制度選択能力

　介護保険制度と社会福祉基礎構造改革は，「利用選択システム化」とか「措置から契約へ」といったキャッチフレーズをもって，高齢者による制度の「自己選択」を拡大することを強調している。しかしいま，制度を選択できない高齢者の存在をどのように制度の上で位置づけるかについては議論のあるところである。

　この選択化とか契約化の政策の基礎には，生活上の格差を否定し，政策対象として中間層以上の高齢者が中心に据えられている。強い高齢者，選択能力のある高齢者を中心に据えるためによく取られる手法が，生活上の格差を無視し，平均でみることである。こうした政策の手法は，いまに始まったことではない。それは1980年代前半から一貫して用いられてきているものである。

　1980年代半ばのシルバー産業育成政策とセットで語られた「豊かな高齢者」論はその典型ともいえる。たとえば，1986年6月に厚生省の「高齢化に対応した新しい民間活力の振興に関する研究会」が発表した『シルバー産業の振興に関する研究報告書』では，「かつて老人は，社会的・経済的弱者，マイノリティという考え方が一般的であった。しかし，今や高齢者は社会的にも経済的にも主役の一翼を担いつつある」と述べ，その根拠として所得水準や貯蓄額が若い世代よりも上回っているということを強調していた[1]。この所得や貯蓄額の数値は「平均値」であった。平均値でとると確かに65歳以上の高齢者世帯の

方が所得や貯蓄額が高く出ることは各種調査が示すところである。しかし現実はどうか。

たとえば，1996年の「国民生活基礎調査」で65歳以上高齢者世帯の所得をみても，「200万円未満」が27.2％，「200万円以上400万円未満」が30.1％，「400万円以上600万円未満」が14.7％，「600万円以上800万円未満」が8.7％，「800万円以上1000万円未満」が6.7％，「1000万円以上」が12.7％となっており，400万円未満が半数を占めている。高齢者単身世帯になると，「200万円未満」のみで66.9％と7割をも占めることになるのである[2]。所得でみても，これだけの格差がある現実を無視することは無理があると言わなければならない。

いま社会保障・社会福祉の対象として，中間層以上を中心に据えて果たしてうまくいくのか。制度を選択するという点で，とりわけ中間層以下の高齢者にとってそれが可能であるのか。非常に疑問点が多い。選択できる高齢者は相当限られるのではあるまいか。

本稿では，東京都港区におけるひとり暮らし高齢者の実態の検討を通して，以上の課題を考察してみたい。一般にひとり暮らし高齢者世帯は，低所得層に属する人々が多く，他の高齢者世帯に比して孤立しやすい。制度を選択するには，その制度に関する情報をもっていることが前提である。孤立している状態は，情報に欠けるということである。その意味で，ひとり暮らし高齢者を例に検討することは利用選択化の現実を評価する上で避けることのできない作業の1つといえよう。

2 ひとり暮らし高齢者の高出現率の地域的特徴と東京都港区の位置

（1）ひとり暮らし高齢者の高出現率地域の全国的分布特性

1995年の国勢調査によって，自治体別ひとり暮らし高齢者の出現率の高い地域をみると，次の3つのグループに分類できるであろう。図表1は，全国のひとり暮らし高齢者の出現率の最も高い自治体から並べたものの一部である。表中の出現率Bでみると，第1グループは島嶼部である。東京都青ヶ島村が

Ⅱ　テーマ別分科会

図表1　全国　単身高齢者出現率

県　名	自治体名	人　口	65歳以上人口の割合	単身高齢者	65歳以上人　口	高齢者のいる世帯数	出現率A	出現率B
東京都	青ヶ島村	237	13.9%	17	33	30	51.5%	56.7%
長崎県	高島町	1,019	35.2%	135	359	259	37.6%	52.1%
東京都	御蔵島村	275	18.2%	17	50	37	34.0%	45.9%
愛媛県	別子山村	319	29.8%	34	95	76	35.8%	44.7%
奈良県	下北山村	1,370	33.8%	146	463	333	31.5%	43.8%
大阪府	西成区	141,849	17.8%	7,893	25,185	18,214	31.3%	43.3%
島根県	知夫村	802	39.5%	101	317	235	31.9%	43.0%
山口県	東和村	5,775	47.4%	818	2,739	1,914	29.9%	42.7%
長崎県	岐宿町	4,456	26.3%	355	1,171	833	30.3%	42.6%
長崎県	玉之浦町	2,396	31.8%	229	763	538	30.1%	42.6%
鹿児島県	三島村	513	26.9%	44	138	104	31.9%	42.3%
三重県	紀和町	1,810	44.3%	254	801	602	31.7%	42.2%
長崎県	伊王島町	1,160	32.6%	123	378	292	32.5%	42.1%
和歌山県	北山村	593	36.1%	69	214	164	32.2%	42.1%
長崎県	宇久町	4,379	29.5%	389	1,292	931	30.1%	41.8%
鹿児島県	住用村	1,901	28.9%	153	549	373	27.9%	41.0%
鹿児島県	下甑村	3,017	34.8%	295	1,050	729	28.1%	40.5%
長崎県	崎戸町	2,574	36.7%	265	945	660	28.0%	40.2%
鹿児島県	知覧町	14,136	26.2%	1,068	3,701	2,663	28.9%	40.1%
長崎県	三井楽町	4,306	22.9%	283	987	706	28.7%	40.1%
長崎県	富江町	6,871	26.2%	514	1,803	1,296	28.5%	39.7%
鹿児島県	瀬戸内町	12,017	28.4%	929	3,409	2,395	27.3%	38.8%
鹿児島県	十島村	776	28.6%	60	222	156	27.0%	38.5%
愛媛県	魚島村	351	37.9%	38	133	99	28.6%	38.4%
岐阜県	藤橋村	507	22.9%	34	116	89	29.3%	38.2%
大阪府	浪速区	49,122	14.7%	2,036	7,221	5,438	28.6%	37.9%
鹿児島県	東串良町	7,868	25.4%	529	1,999	1,409	26.5%	37.5%
鹿児島県	鹿島村	999	36.1%	97	361	259	26.9%	37.5%
高知県	東洋町	4,068	26.9%	305	1,096	818	27.8%	37.3%
愛媛県	瀬戸町	3,104	34.3%	286	1,064	768	26.9%	37.2%

注：出現率A＝(単身高齢者数÷65歳以上人口)×100。
　　出現率B＝(単身高齢者数÷高齢者のいる世帯数)×100。
資料：「国勢調査（1995年）」より筆者が作成。

56.7％と全国で最も高く，次に長崎県高島町が52.1％，東京都御蔵島が45.9％となっている。第2グループは過疎地である。過疎地では65歳以上人口も多く，またひとり暮らし高齢者も多い。1995年時点で高齢化率が全国一（47.4％）の山口県東和町のひとり暮らし高齢者の出現率は42.7％となっている[3]。以下出現率の高い自治体は，長崎県，鹿児島県などの過疎自治体である。第3グループは大都市の中心部である。大阪府西成区が43.3％，同浪速区37.9％，以下，この表にはないが，主なものを幾つか挙げると，広島市中区35.9％，神戸市中央区35.8％，福岡市中央区34.4％，札幌市中央区33.1％，大阪市住吉区32.6％，福岡市博多区32.2％となっている。

では，東京都におけるひとり暮らし高齢者の出現率はどのようになっているか。図表2のとおり，島嶼部が上位を占めているが，それを除くと新宿区が32.1％と最も高い割合を示し，次いで豊島区が32.0％，そして本稿の検討対象地域である港区が31.5％となっている。このように東京都港区は筆者が分類する第3グループの都市部おけるひとり暮らし高齢者の出現率の高い地域の一典型とみることができるのである。

では，その港区の地域的特徴とそこに住むひとり暮らし高齢者の生活はどのようなものか。それについて次にみてみよう。

（2）地域・生活の空洞化が進む東京都港区の地域特性

東京の都心にある港区は，大企業の本社ビルが建ち並び経済的繁栄の象徴のような地域の一つである。ＮＥＣ，東芝，森永，三菱自動車といった大企業の本社，東京タワー，レインボーブリッジといった建造物，赤坂，六本木，虎ノ門，広尾，白金台といった地名から連想されるイメージ等は，豊かな区という印象をもたせるものがある。

港区の人口は2001年1月1日現在，住民基本台帳によれば15万9,246人である。戦後の人口の推移を国勢調査でみると，1960年に26万7,024人と最高数となり，以後減少傾向を示し，最低時には14万人台になったが，最近は微増傾向となっており，15万人のラインを超えてきている。これは，公営および民間の住宅建設が進んでいることによる。公営住宅数をみると1995年で7,519戸で

図表2　東京都　単身高齢者出現率

	人　口	65歳以上人口の割合	単身高齢者	65歳以上人　口	高齢者のいる世帯数	出現率A	出現率B
東 京 都	11,773,605	13.0%	264,636	1,530,695	1,109,672	17.3%	23.8%
特別区部	7,967,614	13.7%	206,194	1,092,278	805,459	18.9%	25.6%
青ヶ島村	237	13.9%	17	33	30	51.5%	56.7%
御蔵島村	275	18.2%	17	50	37	34.0%	45.9%
大 島 町	9,693	22.8%	567	2,212	1,570	25.6%	36.1%
小笠原村	2,809	7.3%	56	204	157	27.5%	35.7%
利 島 村	317	19.6%	16	62	45	25.8%	35.6%
三 宅 村	3,831	24.0%	226	919	660	24.6%	34.2%
新 宿 区	279,048	15.2%	10,160	42,357	31,621	24.0%	32.1%
豊 島 区	246,252	15.5%	9,139	38,208	28,561	23.9%	32.0%
港　　区	144,885	16.3%	5,599	23,545	17,775	23.8%	31.5%
八丈島町	9,476	22.2%	467	2,101	1,506	22.2%	31.0%
渋 谷 区	188,472	15.2%	6,456	28,633	21,107	22.5%	30.6%
中 央 区	63,923	17.6%	2,516	11,247	8,387	22.4%	30.0%
中 野 区	306,581	14.5%	9,825	44,434	32,873	22.1%	29.9%
目 黒 区	243,100	14.7%	7,815	35,841	26,429	21.8%	29.6%
文 京 区	172,474	16.4%	6,007	28,261	20,893	21.3%	28.8%
武蔵野市	135,051	13.9%	3,819	18,740	13,579	20.4%	28.1%
品 川 区	325,377	14.5%	9,631	47,260	34,921	20.4%	27.6%
杉 並 区	515,803	14.1%	14,512	72,918	53,323	19.9%	27.2%
北　　区	334,127	16.0%	10,599	53,313	39,512	19.9%	26.8%
千代田区	34,780	20.2%	1,343	7,018	5,020	19.1%	26.8%
台 東 区	153,918	18.7%	5,522	28,715	20,691	19.2%	26.7%
世田谷区	781,104	13.4%	19,522	104,398	76,409	18.7%	25.5%
荒 川 区	176,666	16.5%	5,199	29,211	21,372	17.8%	24.3%
板 橋 区	511,415	12.6%	11,204	64,464	46,197	17.4%	24.3%
大 田 区	636,276	14.0%	15,809	89,203	65,766	17.7%	24.0%
三 鷹 市	165,721	12.8%	3,550	21,156	15,131	16.8%	23.5%
江 東 区	365,604	12.2%	7,786	44,664	33,720	17.4%	23.1%
墨 田 区	215,681	15.4%	5,694	33,304	24,676	17.1%	23.1%
福 生 市	61,497	10.3%	1,053	6,310	4,637	16.7%	22.7%
国 立 市	66,749	11.9%	1,296	7,921	5,806	16.4%	22.3%
調 布 市	198,574	11.4%	3,674	22,685	16,547	16.2%	22.2%
足 立 区	622,270	11.9%	12,118	74,107	54,973	16.4%	22.0%

注：出現率A＝(単身高齢者数÷65歳以上人口)×100。
　　出現率B＝(単身高齢者数÷高齢者のいる世帯数)×100。
資料：「国勢調査（1995年）」より筆者が作成。

あったが，2000年3月には9,630戸に増加している。後者の時点での内訳をみると，都営住宅が5,124戸，都民住宅が1,151戸，公団住宅が2,752戸，区民向け住宅が523戸，公社住宅が80戸となっている。

2001年1月1日現在の町名ごとの年齢3区分別の構成比をみると，区全体では年少人口が10.2％，生産年齢人口が71.9％，老齢人口が17.8％となっている。高齢化率ではほぼ全国平均であるが，区内を町別にみると，老齢人口の割合の最も高い町は北青山の31.5％，次いで新橋の29.5％，愛宕の28.9％，西新橋の27.3％と続き，高い高齢化率を示す地域があることがわかる。

図表3は人口動態の年次推移をみたものである。1984年と2001年の人口の増加率をみると，区内の町のほとんどで人口減少がみられる。特に驚くべきは愛宕地域である。ここは，この17年の間になんと73.2％もの人口減となっているのである。以下，西新橋で57.3％減，浜松町で55.8％減，虎ノ門で48.1％減とすべて減少している。反対に人口増を示している町は港南の8.2％，海岸の7.6％，麻布十番の1.8％，芝浦の1.7％と，わずか4町のみである。区全体ではマイナス20％の人口減となっている。町内の住民が7割，あるいは5割も転出してしまった地域とはどのようなものなのであろうか。愛宕は企業の事務所としての大規模ビル開発が現在も続いている地域である。西新橋は飲食店街が広がり，住民が排除されていっている。個々の地域の実態把握を詳細に行わなければならないが，これはこれからの課題としておきたい。

注意しておきたいことは，愛宕にもみられるのであるが，ビルの裏の路地に木造の古い住宅があり，そこに多く高齢者が住んでいる，あるいは取り残されて暮らしているという事実である。前述のように愛宕の高齢化率は3割と区内でも最も高い割合の地域である。

以上のように，港区は都市中心部の生活・地域の空洞化が進行し，多くの問題を抱える地域と言える。

このような港区は，さらに前述の通り，ひとり暮らし高齢者の出現率の高い地域でもあるのである。その増加率の高いことも1つの特徴である。

II テーマ別分科会

図表3　東京都港区における人口動態の年次推移

町　名	1984年	1994年	2001年	増加率(1984-2001)
愛　　　宕	672	285	180	−73.2%
西　新　橋	2,641	1,408	1,129	−57.3%
浜　松　町	2,206	1,011	976	−55.8%
虎　ノ　門	4,330	2,650	2,246	−48.1%
新　　　橋	4,401	2,794	2,315	−47.4%
東　新　橋	478	302	254	−46.9%
元　赤　坂	950	695	524	−44.8%
芝　公　園	1,265	792	763	−39.7%
麻布永坂町	215	158	131	−39.1%
六　本　木	11,792	8,351	7,310	−38.0%
芝	12,799	8,400	8,133	−36.5%
芝　大　門	2,038	1,307	1,321	−35.2%
麻　布　台	2,069	1,348	1,446	−30.1%
南　青　山	18,888	13,898	13,331	−29.4%
赤　　　坂	14,539	9,527	10,278	−29.3%
元　麻　布	4,633	3,582	3,588	−22.6%
高　　　輪	19,226	14,845	15,352	−20.1%
白　金　台	12,145	10,047	9,725	−19.9%
北　青　山	5,843	4,255	4,762	−18.5%
西　麻　布	9,575	6,672	7,811	−18.4%
東　麻　布	3,951	2,797	3,262	−17.4%
麻布狸穴町	296	250	252	−14.9%
南　麻　布	12,618	10,356	11,227	−11.0%
白　　　金	14,697	12,584	13,077	−11.0%
三　　　田	15,639	12,286	13,935	−10.9%
芝　　　浦	8,222	9,019	8,361	1.7%
麻布十番	4,706	4,011	4,791	1.8%
海　　　岸	2,903	2,777	3,123	7.6%
港　　　南	5,262	4,378	5,694	8.2%
台　　　場	0	6	3,949	―
合　　計	198,999	150,791	159,246	−20.0%

資料：港区住民基本台帳各年をもとに筆者が作成。

3 港区におけるひとり暮らし高齢者の量と生活実態

(1) ひとり暮らし高齢者の量

　国勢調査によって，高齢者のいる世帯中のひとり暮らし高齢者の実数と構成比をみてみると，1975年にはひとり暮らし高齢者世帯は1,734世帯，12.9%であったものが，1985年には3,399世帯，20.4%，1995年には5,599世帯，31.5%と著しい増加傾向を示している。このひとり暮らし高齢者とは住民票上の単身世帯であって，実際には同一敷地内に親族がいたり，近所に親族や親戚のいる世帯がいるということは容易に気がつくことである。

　実際に，港区では1996年から民生委員によるひとり暮らし高齢者への訪問調査をし，半径500メートル以内に3親等以内の親族のいない者を限定して，その数を公表している。その年次推移をみると，1986年には1,889人であったが，1989年には2,000世帯台に，1997年には2,500世帯台，翌年には3,000世帯を超え，そして2001年には3,977人と4,000世帯に迫る数値となっている。とりわけ1997年以降の増加割合の高いことが注目されるのである。総人口がほぼ15万人と変わらない中で，ひとり暮らし高齢者の絶対数が増え，出現率が急勾配で上昇していることが特徴と言える。

(2) ひとり暮らし高齢者の生活実態

　ここで取り上げるデータは，筆者が1995年に港区のひとり暮らし高齢者の悉皆調査によって得たものである[4]。本来ならば，ひとり暮らし高齢者数が増えている現在の実態を見る必要があるが，残念ながら以後のまとまった調査はない。筆者としては再度，ひとり暮らし高齢者の調査を実施したいと考えているが，ここでは1995年の調査結果のデータを用いることをお断りしておきたい。

　調査対象は，港区の住民基本台帳上単身者で65歳以上の者で，半径500メートル以内に3親等以内の親族がいない者である。港区では毎年，民生・児童委員が直接訪問し調査を行っている。1994年度調査原票では2,702名の該当者がリストアップされているが，この調査では，4月2日から翌年4月1日までに

Ⅱ テーマ別分科会

65歳に到達する者も含まれており，本調査においては65歳以下の者は除いた。

調査方法は，郵送によって調査票を送付後，港区民生委員・児童委員が直接訪問し，回収した。調査時点は1995年1月15日現在である。調査の回収数は2,075で76.8％の回収率であった。そこから無効票を除いた有効数は1,963で，有効回収率は72.6％となった。

調査結果の全体的特徴をみると，まず全体の8割半が女性で，平均年齢は73歳であった。住宅の所有状況をみると，「持ち家」が4割，「都営住宅，民間アパート」がそれぞれ2割となっている。家の老朽化，家が狭い，近所に銭湯がない，近くに店がない，立ち退きを迫られているといったことで悩んでおり，全体の7割以上が10年以上のひとり暮らしとなっている。健康状態については3割はあまりよくない，そして8割が現在通院中となっている。

家の掃除，食事の準備，買い物，バス・電車・車での外出，通院・薬取り，行政手続きで困難を感じており，援助者は（複数回答），親族が8割，友人・知人等が4割，公的機関が1割である。

子どもがいる者といない者の割合は半々であった。日頃の行き来は長子家族と兄弟姉妹でそれぞれ3割となっている。親しい友人・知人がいるのは8割半，最も親しいのは近所の人で3割，1割は親しい友人・知人がいない。病気や身体の不自由な時にすぐに来てくれる人がいるは7割半，誰もいない者は1割半となっている。お正月3が日を過ごした相手については，親族が5～6割，友人・知人が2割である。お正月3が日を全く1人で過ごした者は3割半であった。

年間所得額については，「150万円以上200万円未満」が17.1％，「100万円以上150万円未満」が20.7％，「50万円以上100万円未満」が13.7％，さらに「50万円未満」が5.6％となっている。高齢者単身世帯の生活保護基準は住宅扶助の特別基準をとると年額150万円強となるので，この表で150万円未満を合計すると，ひとり暮らし高齢者の4割（40.0％）の者が所得という点では生活保護基準以下ということになるのである。反対に，400万以上で切ると15.5％，700万円以上で7.3％となり，1,000万円以上は3.6％に過ぎない。

この所得を200万円と400万円で切って3階層に区分すれば，次のようになる。

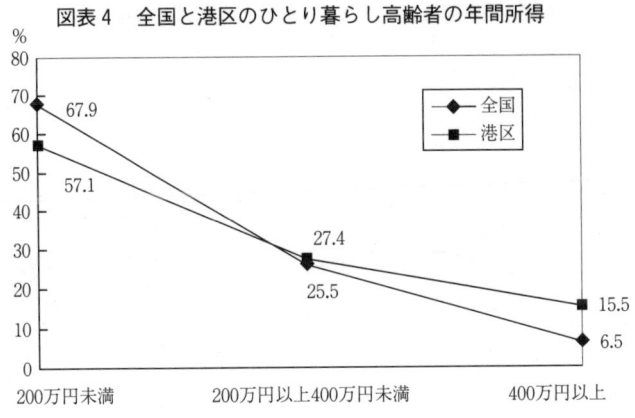

図表4　全国と港区のひとり暮らし高齢者の年間所得

資料：全国は「国民生活基礎調査（1994年）」，港区は「東京都港区におけるひとり暮らし高齢者の生活と社会的孤立に関する調査（1995年）」

①低所得層（年間所得200万円未満以下）57.1％，②中間所得層（年間所得200万円以上400万円未満）27.4％，③高所得層（年間所得400万円以上）15.5％である。図表4は，この3階層区分を国の「国民生活基礎調査」と比較したものである。真ん中の「200万円以上400万円未満」の層では差異はなく，200万円未満層で1割ほど港区の方が割合が少なく，反対に400万円以上の層で1割弱多くなっている。

なお，港区のひとり暮らし高齢者の生活保護の捕捉率は12.7％であった。

（3）孤立状態にある高齢者の量と選択能力

さて，港区のひとり暮らし高齢者の内，孤立状態にある者はどのくらいいるのであろうか。この調査の中では，孤立状態を測定できると思われる指標を幾つか設けた。すなわち，親しい知人・友人のいない者，子ども，親戚等との行き来がほとんどない者，社会参加活動をしていない者，近所付き合いがあまりない或いは全くない者，病気や体が不自由な時にすぐ来てくれる人がいない者，お正月3が日を全く一人で過ごした者等である。

これらの指標のいくつかを組み合わせて孤立状態にある者の量を推計してみよう。図表5は親族・友人のネットワークの欠如していると思われる者の量を

Ⅱ　テーマ別分科会

図表5　港区におけるひとり暮らし高齢者の親族・友人の
ネットワークの欠如状況

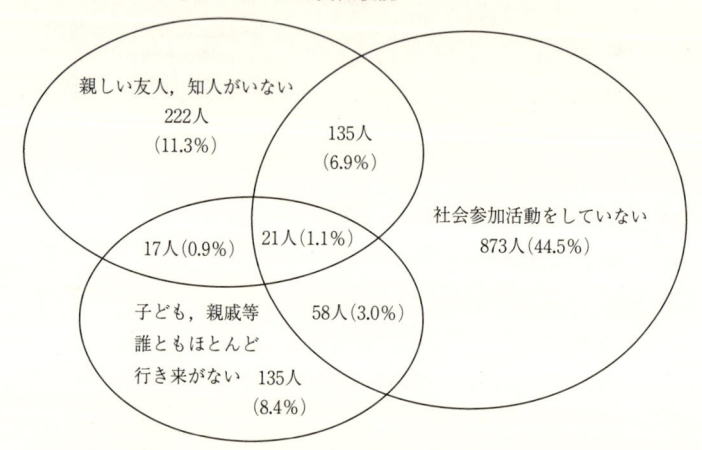

親しい友人，知人がいない
222人
(11.3%)

135人
(6.9%)

社会参加活動をしていない
873人(44.5%)

17人(0.9%)　21人(1.1%)

子ども，親戚等
誰ともほとんど
行き来がない　135人
(8.4%)

58人(3.0%)

注：3つの項目についてはそれぞれの全体数，％であり，重なり部分は各々の数
　　値である。また，各％の母数は有効回答数1,963である。
資料：「東京都港区におけるひとり暮らし高齢者の生活と社会的孤立に関する調
　　査（1995年）」

みたものである。①親しい知人・友人のいない者，②子ども，親戚等との行き来がほとんどない者，③社会参加活動をしていない者のうち2つ以上重なる者の構成割合は11.9％である。また，図表6は，近隣・友人ネットワークの欠如していると思われる者の量をみたものである。①親しい知人・友人のいない者，②近所づきあいがあまりない或いは全くない者，③社会参加活動をしていない者のうち2つ以上重なる者の構成割合は27.0％となっている。

　以上の近隣・友人ネットワークの欠如の指標から，筆者は港区のひとり暮らし高齢者の約3割が孤立状態にあるとみている。

　図表7は，所得階層別の「病気や体が不自由な時にすぐ来てくれる人がいない者」の出現率をみたのものである。100万円未満では出現率が約2割あるのに対し，400万円以上では1割程度である。所得階層に規定された孤立の状態が明確に示されている。

　こうした孤立した高齢者は，制度の情報・知識に欠けた状態にあることは想像に難くない。以上の港区におけるひとり暮らし高齢者の調査では，残念なが

大都市における高齢者の社会的孤立と社会保障・社会福祉の課題

図表6　港区におけるひとり暮らし高齢者の近隣・友人の
　　　　ネットワークの欠如状況

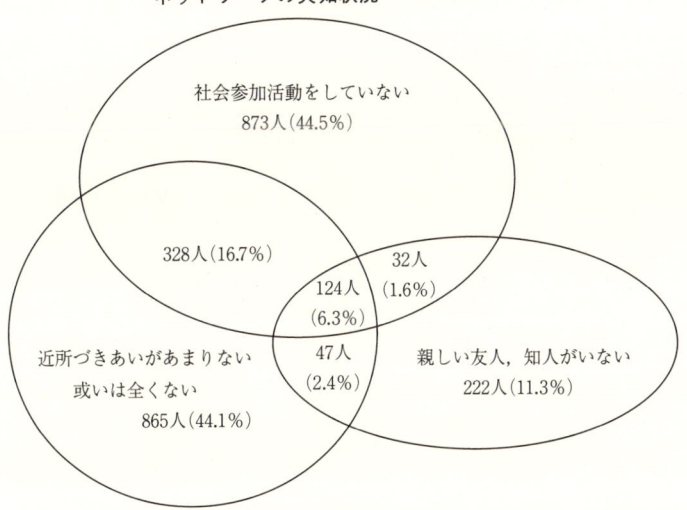

社会参加活動をしていない
873人(44.5%)

328人(16.7%)　　32人(1.6%)

124人(6.3%)

47人(2.4%)

近所づきあいがあまりない
或いは全くない
865人(44.1%)

親しい友人，知人がいない
222人(11.3%)

注：3つの項目についてはそれぞれの全体数，%であり，重なり部分は各々の数
　　値である。また，各%の母数は有効回答数1,963である。
資料：図表5に同じ。

図表7　港区におけるひとり暮らし高齢者の所得階層別支援者
　　　　なしの出現率

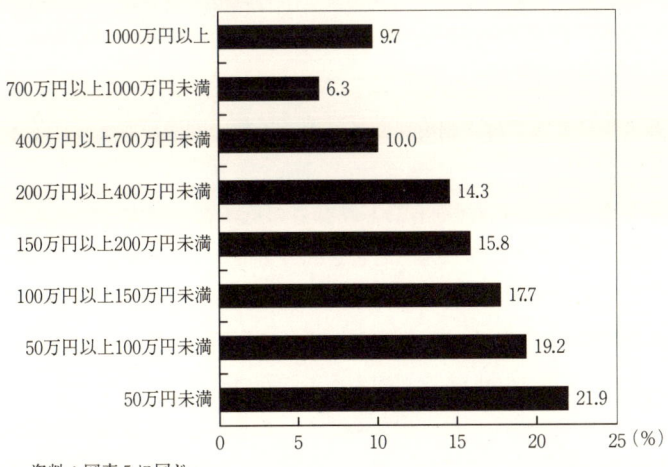

- 1000万円以上　9.7
- 700万円以上1000万円未満　6.3
- 400万円以上700万円未満　10.0
- 200万円以上400万円未満　14.3
- 150万円以上200万円未満　15.8
- 100万円以上150万円未満　17.7
- 50万円以上100万円未満　19.2
- 50万円未満　21.9

資料：図表5に同じ。

ら、この点の調査項目を設定していなかったが、筆者が東京都中野区で実施した高齢者2人世帯の4分の1抽出調査（1996年1月）では、低所得階層ほど制度知識に乏しいことが明確に示されている。たとえば「ホームヘルプ制度を知らない者」は、年間所得200万円未満で37.5％、200万円以上400万円未満で24.6％、400万円以上で19.2％と、両端で18.3ポイントもの差がみられるのである[5]。

4 「利用選択化」・「契約制度化」をめぐる問題点と社会保障・社会福祉の今日的課題

　介護保険制度は、利用料や保険料の基礎的考え方に示されているように、中間層以上の高齢者を中心に据えていることは明らかである。自分の困り事をよく理解し、どのような制度があり、そしてそれをどのようにしたら利用できるかについてもよく知っている人、こうした高齢者をイメージした「利用選択化」や「契約制度化」は、こうした判断の条件をもたない高齢者にとっては絵に描いた餅に過ぎない。

　生活困難から生きる意欲を失い、掃除も洗濯も入浴もせず、食事もまともに取らず、孤立し、親族・友人・地域のネットワークを自ら絶った高齢者に対しては、主体的に制度を利用するとか、契約を結ぶなどという行為以前の問題があることを考えなければならないのではないか。またより一般的に、生活問題を抱える人々にとっては、制度にたどり着く以前の問題があまりにも多いように思われるのである。

　以上みてきた港区のひとり暮らし高齢者の低所得の現実と孤立状態にある人々の存在、そしてその量にもっと目を向けるべきであろう。

　介護保険制度が突破口を作った利用選択化・契約制度化の流れは、いま、社会福祉基礎構造改革によって社会福祉のすべての領域に広がりつつある。選択できない人、契約できない人をどのように位置づけるのか。そうした人々を一部の例外としてすませるのか。少なくともいまある地域福祉権利擁護事業とか苦情調整制度といったものでは、解決できない問題にもっと注目すべきであろ

う。地域福祉権利擁護事業にしろ,各地で始まった苦情調整制度にしろ,これらの制度を利用している人数は,いまのところ多くはない。そもそも,この2つの制度が対象として設定している問題は,この制度のシステムでカバーすることにかなり無理があるように筆者には思われるのである。

本稿でみてきたように,実際に孤立している人々の社会関係と生活問題の現実をみる時,社会保障・社会福祉は,「利用制度化」とか「契約制度化」といったことではなく,人間の尊厳,基本的人権を守ることを基礎に据えた方向に向かわなければならないのではないかと筆者は考えている。

1) 河合克義編著『これからの在宅福祉サービスのあり方(増補改訂版)』あけび書房,1991年,202〜203ページ参照。
2) 『1996年国民生活基礎調査』厚生統計協会,1998年,306ページより算出。
3) 東和町は瀬戸内の島にあるが,本州と橋でつながっており,筆者は第1グループの島嶼部とは条件を異にすることから第2グループに分類している。
4) 調査報告書は『東京都港区におけるひとり暮らし高齢者の生活と社会的孤立に関する調査報告書』として東京都港区社会福祉協議会より1995年8月に発行されている。なお,河合克義編著『ホームヘルプの公的責任を考える』あけび書房,1998年に,調査結果の一部を紹介しているので参照されたい。
5) 『東京都中野区における高齢者2人世帯の生活と親族・地域ネットワークに関する調査報告書』中野区社会福祉協議会,1996年。なお,このデータについては河合克義編著『ホームヘルプの公的責任を考える』あけび書房,1998年の「表7 所得3階層別各項目の出現率」(43ページ)を参照されたい。

テーマ別分科会8＝福祉国家と福祉社会

グローバル化と福祉国家——EU諸国のケース

下平好博 Shimodaira Yoshihiro

1 はじめに

　経済活動のグローバル化が福祉国家にいかなる影響を及ぼすかをめぐって，次の4つの問いが発せられてきた。すなわち，
① グローバル化によって各国のマクロ経済政策の自律性は失われるのか？
② そのことによって，「底辺への競争」（a race to the bottom）が起きるのか？
③ また，そのような「底辺への競争」が惹き起こされるとき，それは各国が「アングロサクソン・モデル」へ収斂することを意味するのか？
④ そして，そのことは結果的に，「国民国家の終焉」につながるのか？
という問いである。
　ここでは，経済通貨統合を完成させたEU諸国を対象に，これらの4つの問いにひとつずつ答える形で，経済活動のグローバル化が福祉国家に与える影響を明らかにする。

2 「グローバル化プロセス」としてのEU経済統合

　EUでは，1957年の欧州経済共同体（EEC）発足以来，「自由貿易圏」，「関税同盟」，「市場統合」，「経済通貨統合」と4つのステップを踏んで経済統合が進められてきた。この一連の統合プロセスは，「地域経済ブロック」＝「ヨーロッパ要塞」の形成に狙いがあったのか，それとも「グローバル化プロセス」そのものであったのか。その点を確認するために，ここではまず「モノ」「カネ」「ヒト」の国境を越えた移動に注目し，EU経済のグローバル化がどの程

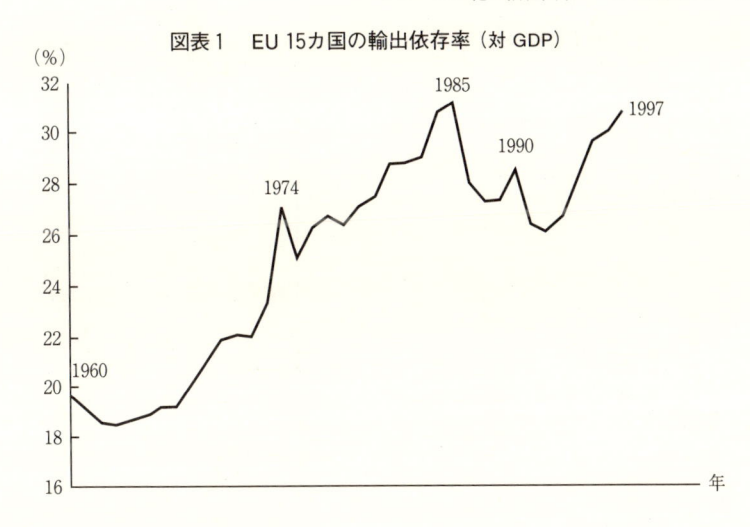

図表1　EU 15カ国の輸出依存率（対GDP）

度進んでいるのかをみておきたい。

(1)「モノ」の国境を越えた移動

　図表1は，EU 15カ国のGDP対比の輸出依存率の推移をみたものである。これをみると，1960年から1985年までのわずか25年間に輸出依存率が10％台から30％台にまで上昇していることがわかる。その後，輸出依存率はいったん20％台にまで落ち込むが，93年以降再び上昇する傾向にあり，1997年現在，85年の30％台という水準をほぼ回復している。

　だが，EU加盟国の輸出はその3分の2が域内への輸出であり，そのことを反映して，GDP対比の域外輸出依存率は，最高時の1985年でも10％台と低い水準にとどまっている。つまり，国境を越えた「モノ」の移動という観点からみれば，EU経済統合は，グローバル化を促したというよりはむしろ，個々の加盟国にとって域外からの国際競争圧力を小さくする効果があったといえよう。

(2)「カネ」の国境を越えた移動

　だが，「カネ」の国境を越えた移動についてみると，EU経済統合が「地域経済ブロック」であると断定することは難しい。というのも，海外直接投資か

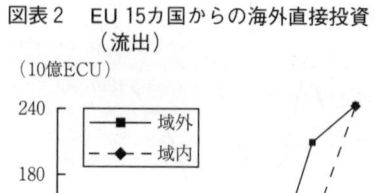

図表2　EU 15カ国からの海外直接投資（流出）
（10億ECU）

図表3　EU 15カ国への海外直接投資（流入）
（10億ECU）

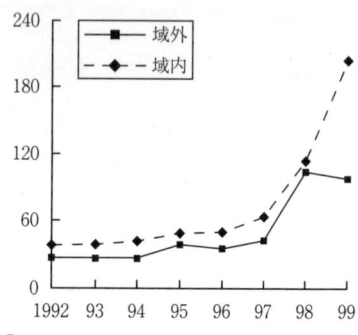

資料出所：Eurostat (2000). *Statistics in focus : Strong growth in FDI among EU Members Sates : First Results FDI 1999.* より。

らみた，国境を越える「カネ」の移動は，域内はもちろんのこと，域外にもほぼ同じ割合で向かっているからである。

図表2は，EU 加盟国を起点とする海外直接投資の推移をみたものであるが，1985年に市場統合構想が発表された直後，「単一市場」の誕生を前提に「規模の経済性」をフルに発揮するために，域内での海外直接投資が激増する傾向があったことがわかる。さらに，「経済通貨統合」の完成は，域内において為替リスクのない投資を可能にしたため，今後域内での海外直接投資が増える可能性がある。しかしながら，1990年代の後半に入ると，域外へも海外直接投資が増えるようになり，両者の割合は1999年現在でほぼ半々と拮抗している。

また，図表3は，EU 加盟国に流入する海外直接投資の推移をみたものであるが，ここでも，域内はもちろんのこと，域外からもほぼ同じ規模で直接投資の流入がみとめられ，長期の国際資本移動という意味では，域内経済と域外経済との相互浸透が急速に進みつつあることがわかる。

域外から EU 諸国への直接投資が増えた理由としては，「市場統合」によって3億4000万人の単一市場を完成させた EU が巨大市場として注目されると同時に，「経済通貨統合」によって為替リスクが小さくなったことで EU への投資が比較的容易になったことが挙げられよう。したがって，国境を越えた

「カネ」の移動という点では，EU はもはや国境のない単一の金融市場を完成させつつあるといえる。

(3)「ヒト」の国境を越えた移動

他方，「ヒト」の国境を越えた移動についてはどうか？ ルクセンブルグのような小国を除くと，域内の別の加盟国に居住する EU 市民は少なく，各加盟国の総人口に占める他の加盟国からの居住者の割合は，1～2％程度と少ない。また，各加盟国の労働力人口に占める他の加盟国からの移住労働者の割合をみても，ほぼ同じことがいえ，EU 経済統合が「ヒト」の国境を越えた移動を大きく変えたとみることはできない。

3　経済通貨統合(EMU)とマクロ経済政策の自律性の喪失

次に，経済活動のグローバル化が EU 諸国の福祉国家運営にどのような影響を与えているのかをみてみたい。

まず，最初の重要な問いは，経済通貨統合が EU 加盟国のマクロ経済政策の自律性を奪っているかどうかである。なお，その点を調べるうえで，経済通貨統合が①域内に対してもつ意味と，②域外に対してもつ意味をそれぞれ分けて考察する必要がある。

(1) EMU が域内に対してもつ意味

経済通貨統合は，その完成に先立つ数年間にわたって，マーストリヒト条約の収斂基準に従って加盟国の財政・金融政策に強い制約を課してきた。また，経済通貨統合完成後においても，財政安定化パクトを通じて，同じく加盟国の財政政策の自律性に制約を課すと同時に，金融政策は完全にヨーロッパ中央銀行の支配下に置かれ，一本化されることとなった。したがって，経済通貨統合は，為替政策を含めて加盟国がこれまで保持していた金融政策の自律性を完全に失うことを意味している。

（2）EMU が域外に対してもつ意味

他方，経済通貨統合のもとで欧州中央銀行が採りうる対外的戦略は次の3つである。

① ひとつの戦略は，ドルに対抗できる強いユーロを実現するために，金融政策の自律性を犠牲にしてでも，欧州中央銀行が高金利政策を実施することである。

② また，もうひとつの戦略は，ユーロの対外価値を犠牲にして，物価の安定と両立しうる範囲で低金利政策によって景気を下支えすることである。

③ さらに，第3の戦略として，国際金融危機が発生した場合に，短期資本移動を制限して，為替レートの安定と金融政策の自律性を守るという方法もある。しかし，この最後の戦略は，日米がこの点に関して共同歩調をとる必要があり，EU が単独で実行できるものではない。

当初，物価の安定を最優先する欧州中央銀行は第1の戦略を採ると予想されていたが，結局のところ，欧州中央銀行が下した決断は，域内の成長を優先する第2の戦略であった。このような選択が可能であったのは，ユーロがスタートしてこの2年，インフレ懸念が払拭できるほど，世界の物価水準が安定していたからにほかならない。しかし，近年とみにみとめられる原油価格の高騰を契機にインフレが再燃するような事態になれば，ユーロの対外価値を犠牲にしたこのような成長戦略を続けることが難しいことは明らかといえよう。

4 「底辺への競争」は起きるのか？

次に，グローバル化によって，「底辺への競争」は起きているのだろうか。

（1）「最適通貨圏」論と「底辺への競争」

経済通貨統合を完成させた EU では，「最適通貨圏論」の文脈の中でこの点が解明されてきた。すなわち，経済通貨統合に伴い個々の加盟国が為替政策を放棄することで，外的経済ショックを吸収する手段が果して EU 諸国には残されているのかが，「底辺への競争」が生じるかどうかをみるうえで重要とな

る。

　一般に，通貨を統一し，個々の国のレベルで為替政策を放棄した単一通貨圏において，オイル・ショックのような外的経済ショックが発生した場合，それを吸収する手段は次の3つである。第1の方法は，大きなショックを受けた地域からショックの小さな地域への労働力移動を促すことである。第2の方法は，大きなショックを被った地域への財政移転を行うことである。そして第3の方法は，そのようなショックを労働市場で吸収して，賃金や労働条件を引き下げることである。

　これら3つの方法のうち，「底辺への競争」が起きるのはいうまでもなく最後のケースである。先にみたように，域内の労働力移動は言語や文化の壁があってそれほど進んでいない。また，EUレベルで財政移転に投じられる独自の予算規模は，EU全体のGDPの1％強とかぎられている。このため，外的経済ショックが発生した場合，上記の第1の方法，第2の方法によってそのショックを吸収することは難しく，結局のところは，それぞれの国の労働市場においてショックを吸収し，賃金や労働条件の引き下げに踏み切らなければならないと考えられてきた。

(2)「非対称的ショック」と「労働市場の柔軟性」──EU加盟国の類型化

　ここで検討すべき問題は，①EUに加盟する国々の経済構造に異質性が高く，したがって「非対称的経済ショック」が発生しやすい構造があるのかどうか，また②それぞれの加盟国の労働市場の硬直性がどの程度まで大きいのかを調べることである。

　これらを調べるために，以下では次の手順に従って，データ解析を行った。
(1) まず，「景気循環の相関（対ドイツ）(1979-1995年)」「対ドイツ・マルクに対する為替レートの変動幅（1979-1995年）」「短期実質金利の相関（対ドイツ）(1979-1995年)」「総貿易額に占める対ドイツ貿易額の割合（1979-1995年）」「ドイツとの消費者物価上昇率の格差（1979-1995年）」「雇用保障法からみた労働市場の硬直性」の各変数を基準化し，それらの変数を主成分分析にかけて要約する。
(2) そして，サンプルとなった各国について主成分得点を計算し，これらをク

図表4　非対称的経済ショックと労働市場の硬直性

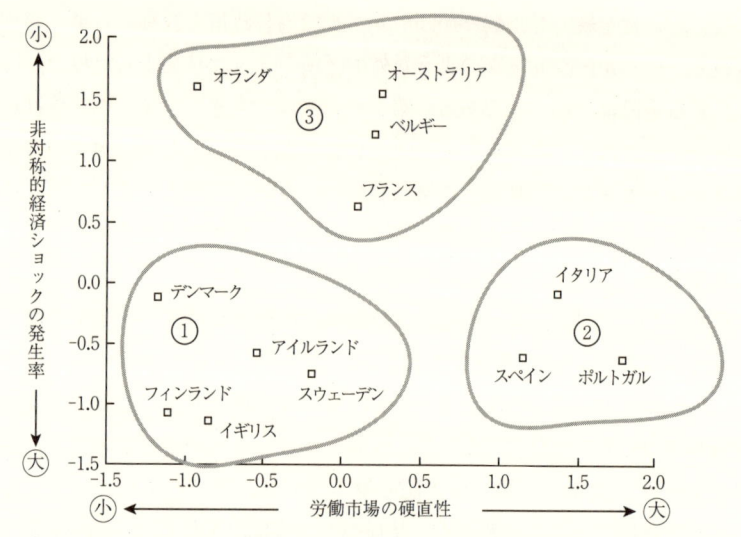

データ出所：Artis. M. J.=Zhang, W. (1998) "Membership of EMU: A Fuzzy Clustering Analysis of Alternative Criteria" *EUI Working Paper RSC* No. 98/52. p. 8. table 1 および OECD (1999). *Employment Outlook 1999*. p. 67. table 2-6. より。

ラスター分析にかけて，各国を類型化した。

その結果が図表4である。本図から明らかなことは，

① EU加盟国が「ドイツを中核としたコア・グループ」「北欧周辺グループ」「南欧周辺グループ」の3つに分かれ，域内の経済構造の異質性が高いために，非対称的経済ショックが発生しやすいこと，

② またその場合，もっとも大きな打撃を被りやすいのは，労働市場が硬直的で，かつ，コア・グループと経済構造が異質な南欧諸国である，という点である。

（3）「底辺への競争」を測る指標

では，実際に「底辺への競争」はどのような形で起きているのだろうか。

それを知るには，経済通貨統合への収斂基準を充たすために，1990年代に加盟国が相次いで断行した「社会保障改革」「労働市場改革」「税制改革」の動き

を丹念に調べる必要がある。だが，紙幅に制約があるためここでは，それらの改革の結果として生じた，「実質賃金の動き」ならびに「ジニ係数の水準とその変化」に限って報告しておきたい。

(1) 実質賃金の推移

図表5は，1990年代の加盟国における実質賃金上昇率と労働生産性上昇率との関係をみたものである。これをみると，実質賃金の伸びが労働生産性の伸びを下回っている国が多く，この10年間，実質賃金が低く抑えられてきた様子がうかがえる。

EU諸国では，最低賃金や社会保障給付の水準が民間給与の動きに連動している国が多いため，実質賃金が低く抑えられるということは，最賃や社会保障給付もまた低く抑えられたことを意味する。

後述するように，EU諸国における賃金抑制は，「雇用を拡大する」という政府の約束と引き換えに労組が受け入れたものであり，それ自体否定的に捉える必要はない。だが，加盟国のなかには，90年代に入って賃金の物価スライド制を廃止する国もあり，その結果，一時的にであれ実質賃金の伸びがマイナスになっている国もあることに注目したい。

(2) ジニ係数の水準とその変化

また，図表6は，可処分所得の不平等を測るジニ係数の水準とその変化を示したものである。これをみると，この10年余りの間に，イタリア，アイルランド，フィンランドを除いて，EU加盟国の可処分所得の不平等が軒並み拡大していることがわかる。

もちろん，EU加盟国のジニ係数は，イギリス・イタリアを除けば，日米の水準に比べまだまだ低い水準にあるが，スウェーデン，デンマーク，オランダといった世界有数の福祉先進国においてジニ係数がこの間とくに大きく上昇していることが注目されよう。これはいうまでもなく，これらの国で過去10年間に行われた，社会保障改革，労働市場改革，税制改革がそれぞれ影響しているためである。ことに，個人所得税の最高税率を引き下げ，また課税ベースを拡大する方向で行われてきた税制改革の影響が大きいといえる。

II テーマ別分科会

図表5　EU加盟国の実質賃金上昇率と労働生産性上昇率

		1970-79	1980-89	1990	1991	1992	1993	1994	1995	1996	1997	1998	1999
UK	実質賃金	NA	NA	2.1	-1.0	2.0	1.7	1.5	-0.2	0.7	1.4	1.9	3.4
	生産性	NA	NA	0.6	-11.1	3.1	3.3	3.7	1.8	1.5	1.6	0.9	1.6
It	実質賃金	5.1	1.4	1.7	3.0	1.9	-0.2	-0.2	-1.4	0.0	1.5	0.4	NA
	生産性	NA	NA	0.4	1.7	4.4	0.6	6.0	3.6	-0.1	3.4	1.0	NA
G	実質賃金	NA	NA	NA	NA	5.5	0.1	-0.5	1.8	0.5	-1.1	0.5	1.4
	生産性	NA	NA	NA	NA	3.9	0.5	2.7	1.8	1.5	2.3	1.8	1.1
F	実質賃金	4.1	0.8	1.6	1.0	1.7	0.6	0.4	1.1	0.9	0.9	1.9	NA
	生産性	3.8	3.0	2.1	1.2	2.6	1.0	3.0	0.8	0.8	2.8	2.1	NA
A	実質賃金	5.4	1.5	4.5	5.5	2.3	0.5	0.5	2.0	-1.5	-0.9	2.7	2.9
	生産性	NA	1.7	2.2	1.3	0.6	0.8	2.0	1.7	2.1	0.3	1.6	0.3
NL	実質賃金	1.8	-0.2	2.4	0.2	0.5	0.6	-0.4	0.8	0.6	-0.2	1.5	-0.25
	生産性	NA	NA	2.0	0.8	0.4	-0.1	4.4	1.1	-0.3	1.0	0.9	0.75
B	実質賃金	NA	-2.2BC	1.1	2.5	1.8	1.5	1.4	0.3	0.05	0.4	NA	NA
	生産性	NA	2.28	1.5	1.06	1.93	-0.7	3.62	1.88	0.78	3.04	1.61	1.17
L	実質賃金	3.9	1.6	2.0	4.8	1.0	4.3	-1.2	1.5	1.8	0.2	0.8	NA
	生産性	3.8	3.9	6.7	6.4	5.6	5.4	6.3	2.6	3.8	4.5	5.4	4.5
Sw	実質賃金	1.94	-0.06	-0.54	-3.65	1.07	-1.72	0.00	0.49	5.16	3.57	3.39	3.09
	生産性	NA	NA	0.41	1.26	1.67	2.47	3.10	2.20	1.10	2.80	1.50	0.90
Dk	実質賃金	NA	NA	1.8	1.8	0.9	1.1	2.2	1.6	1.8	1.5	2.0	1.9
	生産性	NA	NA	2.2	1.5	1.3	1.5	5.4	2.4	0.9	1.7	0.2	1.2
Fin	実質賃金	2.4	2.1	1.8	2.0	-1.1	-1.4	1.0	3.6	3.6	1.2	2.1	1.4
	生産性	3.1	3.2	0.0	0.9	3.8	5.3	4.3	1.8	2.1	3.3	3.1	NA
Sp	実質賃金	NA	NA	1.2	1.9	1.3	0.6	1.3	0.6	3.1	1.7	3.9	2.5
	生産性	4.6	2.3	3.4	4.3	2.9	2.7	4.4	3.0	3.2	2.2	-0.3	0.6
P	実質賃金	NA	1.5	5.4	6.1	4.0	-0.3	0.5	1.9	3.1	2.7	2.1	2.6
	生産性	NA	1.7	3.0	-0.4	1.0	0.6	3.5	3.1	2.6	1.6	1.7	1.2
Gk	実質賃金	5.6	0.9	1.0	-4.3	-4.6	-3.0	1.9	2.8	3.0	4.7	1.6	1.9
	生産性	4.8	0.8	-1.2	4.9	-0.7	-2.4	-0.1	0.4	1.8	3.8	0.3	2.2
Ir	実質賃金	NA	NA	NA	NA	NA	NA	NA	NA	NA	NA	2.0	2.8
	生産性	NA	NA	NA	NA	NA	NA	NA	NA	NA	NA	NA	NA

資料出所：European Industrial Relations Observatory (EIRO) *Questionnaire for comparative study of the macroeconomic meaning of wage policy in the European Union and Norwey.* より。

図表6　ジニ係数の変化

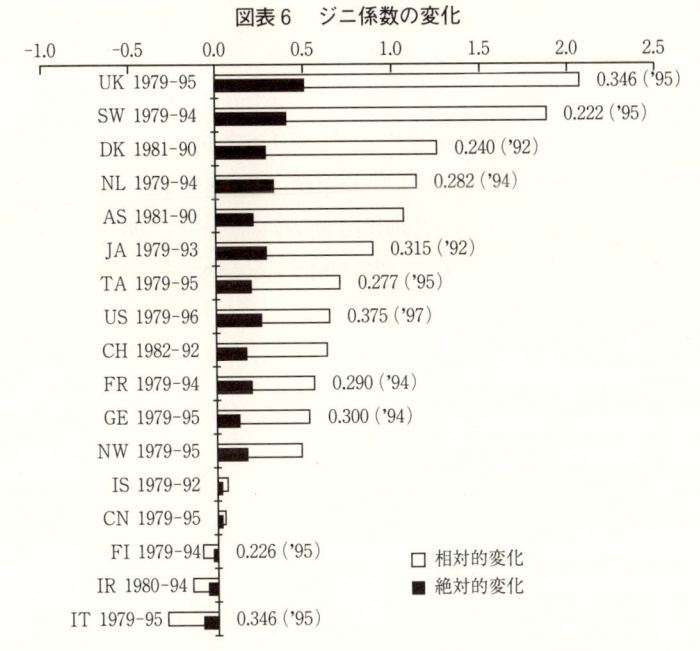

国・期間	値
UK 1979-95	0.346 ('95)
SW 1979-94	0.222 ('95)
DK 1981-90	0.240 ('92)
NL 1979-94	0.282 ('94)
AS 1981-90	
JA 1979-93	0.315 ('92)
TA 1979-95	0.277 ('95)
US 1979-96	0.375 ('97)
CH 1982-92	
FR 1979-94	0.290 ('94)
GE 1979-95	0.300 ('94)
NW 1979-95	
IS 1979-92	
CN 1979-95	
FI 1979-94	0.226 ('95)
IR 1980-94	
IT 1979-95	0.346 ('95)

□ 相対的変化
■ 絶対的変化

資料出所：Gottschalk, P.=Smeeding, T. M. (1999) "Empirical Evidence on Income Inequality in Industrialized Countries" *Luxembourg Income Study Woking Paper*. No. 154. Figure 4. より。

5 「アングロサクソン・モデル」への収斂は起きているのか？

EU諸国においても，グローバル化とともに，「底辺への競争」が生じていることをみた。では，そのような動きは，EU諸国がいずれ「アングロサクソン・モデル」へと収斂していくことを意味しているのであろうか？

（1）争点としての労使関係のゆくえ―3つの仮説

この質問に答えるには，EU諸国の労使関係のゆくえに注目する必要がある。というのも，重要な政策決定を行ううえで，政労使の三者間での協議が依然として重要な役割を果たしているEU諸国では，労使関係が今後どう推移して

いくかが,「アングロサクソン・モデル」へ傾斜していくかどうかをみるうえで重要な鍵を握っているからである。

EU 諸国の労使関係のゆくえをめぐっては,次の3つの仮説がある。ひとつは,グローバル化とともに,労使関係のアメリカ化が進むというものである。2つ目は,これとは逆に,国家という枠を越えて,労使関係のヨーロッパ化が進むという説である。3つ目は,国民国家の枠のなかで,1980年代までの「ネオ・コーポラティズム」が再定義され,復活するという説である。

それぞれの説について簡単に説明しておこう。

まず,労使関係のアメリカ化が進むということは,「個別的労使関係」が「集団的労使関係」に取って代わることを意味する。ヨーロッパにおいて労使関係のアメリカ化が起こりうる背景には,グローバル化によって資本側に「exit」の選択が与えられ,その結果,労使関係において資本側の交渉力が強まり,労働側は守勢に立たされるという見通しがある。

経済通貨統合を完成させた EU でも企業の海外進出が盛んであり,それに伴い,労使交渉において労組が守勢に立たされるケースが多くなった。また,グローバル化は産業構造の急激な再編を促すため,利害の調整上これまでのような中央集権的な賃金交渉が難しくなり,産別交渉へ道を譲る国が多くなった。ただし,イギリス・フランスや特定の多国籍企業を除けば,賃金交渉が企業別交渉にまで下りているケースは少ない。また,1970年代の産業民主主義のもとで,従業員代表組織の制度化が進み,賃金以外の分野では職場レベルでの労使関係の比重が増しているが,それでも「集団的労使関係」が「個別的労使関係」に道を譲ったというわけではない。

一方,労使関係のヨーロッパ化が進みつつあるという説は,EU 統合の意思決定プロセスのなかでこれまで,ヨーロッパ・レベルでの労使の「社会対話」が重視されてきたことに基づいている。とくに,1985年にジャック・ドロールが EU 委員長に就任して以来,共通社会政策づくりにおいて労使の「社会対話」路線が明確となり,またマーストリヒト条約では,ヨーロッパ・レベルでの労使の代表が結んだ協約に EU 指令と同格の地位が与えられることとなった。

しかし,実際に進みつつある労使関係のヨーロッパ化とは,1994年の欧州労使協議会指令に基づいて,複数の加盟国に生産拠点をもつ多国籍企業を中心に「国境横断的な」企業別交渉が普及しつつあるということであり,賃金や労働条件をめぐって「国境横断的な」労使中央交渉や産別交渉が成立しているということではない。

そこで,注目されているのが,第3の「ネオ・コーポラティズム」の再定義・復活説である。節を改めて,そのような説が改めて注目される背景を探っておきたい。

(2)「ソーシャル・パクト」を結ぶ動き

「ネオ・コーポラティズム」とは,政労使の三者間での協調主義的な協議体制のことだが,興味深いのは,イタリア・アイルランド・ベルギー,またスペイン・ポルトガル・ギリシアなど,そのような協議体制が1980年代までまったく機能しなかった国において,政労使の三者間で「ソーシャル・パクト」を結ぶ動きがみとめられることである。

図表7は,1990年代に結ばれた主要な「ソーシャル・パクト」とその結果をみたものである。これをみると,年代が進むほど,「ソーシャル・パクト」を締結する加盟国の数が増え,またその多くが「賃金自粛」と引き換えに,「雇用の拡大」を主題としていることがわかる。

図表7　EU加盟国における主要なソーシャル・パクト

国　　名	年度	パクトの名前
労働市場を改革するための協調的協力関係が認められる国々		
Austria		
Netherlands	1982	ヴァセナーの合意
	1990	エスニック・マイノリティの雇用拡大のための合意
	1993	1994年度団体交渉のための合意
	1997	アジェンダ2002
Ireland	1987	全国復興プログラム
	1990	社会経済進歩のためのプログラム
	1994	競争力と雇用のためのプログラム
	1997	パートナーシップ2000

II　テーマ別分科会

Italy	1992	スカラモヴィル廃止のための政労使三者合意
	1993	労働コストに関する合意
	1996	雇用パクト
	1998	成長と雇用に関するソーシャル・パクト
Denmark	1987	ソーシャルパートナー間での合意
Finland	1991	安定化協定
	1995	ソーシャル・パクト
	1998	社会契約
Luxembourg	1999	雇用のための全国アクション・プラン

限定的協力関係が認められる国々

Greece	1997	競争力のためのパクト（中小企業は締結せず）
Spain	1994	トレド・パクト（使用者は締結せず）
	1997	ソーシャルパートナー間での合意
Portugal	1996	短期三者合意（CGTPは締結せず）
	1997	戦略的ソーシャル・パクト
Belgium	1993	グローバル・プラン（合意にいたらず）
	1996	雇用の将来についての合意をめぐる交渉（合意にいたらず）
	1998	横断的団体協約（法的介入後に合意に達する）
Germany	1996	雇用・工業閉鎖の防止のための同盟（合意にいたらず）
	1998	雇用・訓練・競争力のための同盟
Sweden	1999	成長パクト（合意にいたらず）

協調的協力関係がまったく認められない国々

Great Britain
France

資料出所：Hessel, A.=Hoffmann, R. (2000) "National Alliances for Jobs and Prospects for a European Employment Pact" *ETUI DWP*. pp. 11-12. より。

　なぜ，「賃金自粛」と引き換えに，「雇用の拡大」が主題となったのか。その背景には，経済通貨統合に伴い，加盟国レベルでのマクロ経済政策が手詰まりとなったことが深く関係している。すなわち，上述したように，経済通貨統合は，為替政策をはじめとする金融政策の手段を加盟国から奪い，また財政政策においても「財政安定化パクト」を通じて，個々の加盟国の財政赤字の規模に厳しい制約を課すこととなったために，それぞれ国内に大量の失業者を抱え，「雇用の拡大」を望む加盟国にとってそれを実現する唯一の手段は，「賃金自粛」以外になくなってしまったのである。

　しかし，「賃上げ自粛」は，国内の労使の協力なしには実現することはでき

ない。そこで，強く求められたのが，政府主導による「ソーシャル・パクト」の締結であった。

図表8は，EUにおける1980年代と90年代の経済政策の対立軸をそれぞれ示したものであるが，1980年代の対立軸は，一国単位での「ネオ・リベラリズム」対「ネオ・コーポラティズム」にあった。だが，1990年代に入るとそれは，EU単位での「リベラル・ヨーロッパ」対「ソーシャル・ヨーロッパ」へと移った。前者の「リベラル・ヨーロッパ」が規制緩和によって研究開発（R＆D）を促し，それによってヨーロッパの産業競争力を高め，経済成長を促進させるという，いわゆるシュムペーター的戦略であるのに対し，後者の「ソーシャル・ヨーロッパ」は，そのような戦略を基本的に支持しつつも，EU経済統合から派生する「底辺への競争」圧力をEU共通の社会政策によって阻止しようとするものであり，それはドロール委員長が1985年に市場統合構想を打ち出して以来，一貫して欧州委員会が基本戦略としてきたものであった。

しかし，1993年6月に開かれたコペンハーゲン・サミットにおいて，ヨーロッパの産業競争力をより重視した白書『成長・競争力・雇用——21世紀に向けての挑戦と方途』が採択されると，流れは一転して「ソーシャル・ヨーロッパ」から「リベラル・ヨーロッパ」へと変わった。そして，両者の戦略を和解させるために欧州委員会が打ち出したのが，「雇用」に優先順位を与えるという戦略であった。

だが，実際には「雇用のためのソーシャル・パクト」を結ぶ動きはもっぱら加盟国レベルで進んでいるのが現実であり，その成否が加盟国がそれぞれに抱える失業問題を解決するうえで重要な鍵を握っているといえる。

では，これらの「ソーシャル・パクト」には，1980年代までの「社会契約」と比べてどのような特色があるのだろうか。

まず，第1の特徴として，社会保障制度の拡充や，マクロ経済政策による景気の下支えが約束された1980年代までの「社会契約」とは異なり，時短の推進や，教育・訓練投資の拡大と引き換えに，賃金自粛に応じるという形をとっていることがあげられよう。すなわち，雇用を拡大する手段として，これまでのようなマクロ経済政策（＝総需要管理政策）に頼ることができなくなったために，

Ⅱ　テーマ別分科会

図表8　EUにおける1980年代・90年代の経済政策の対立軸

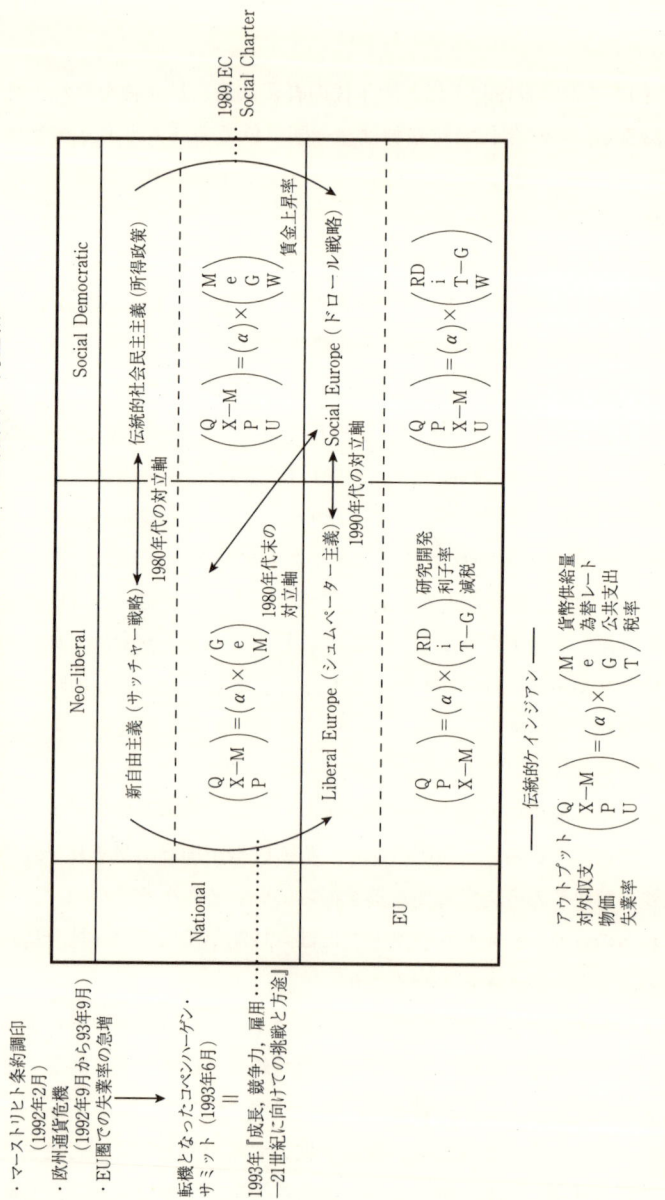

	Neo-liberal	Social Democratic
National	新自由主義（サッチャー戦略）　$\begin{pmatrix} Q \\ X-M \\ P \end{pmatrix} = (a) \times \begin{pmatrix} G \\ e \\ M \end{pmatrix}$ ←1980年代の対立軸→ 1980年代末の対立軸 ↕	伝統的社会民主主義（所得政策）　$\begin{pmatrix} Q \\ X-M \\ P \\ U \end{pmatrix} = (a) \times \begin{pmatrix} M \\ e \\ G \\ W \end{pmatrix}$ ……1989. EC Social Charter
EU	Liberal Europe（シュムペーター主義）　$\begin{pmatrix} Q \\ P \\ X-M \end{pmatrix} = (a) \times \begin{pmatrix} RD \\ i \\ T-G \end{pmatrix}$	←1990年代の対立軸→ Social Europe（ドロール戦略）　$\begin{pmatrix} Q \\ X-M \\ P \\ U \end{pmatrix} = (a) \times \begin{pmatrix} RD \\ i \\ T-G \\ W \end{pmatrix}$

―――― 伝統的ケインジアン ――――

アウトプット $\begin{pmatrix} Q \\ X-M \\ P \\ U \end{pmatrix}$ 対外収支 物価 失業率　　$= (a) \times \begin{pmatrix} M \\ e \\ G \\ T \end{pmatrix}$ 貨幣供給量 為替レート 公共支出 税率

・マーストリヒト条約調印（1992年2月）
・欧州通貨危機（1992年9月から93年9月）
・EU圏での失業率の急増
転機となったコペンハーゲン・サミット（1993年6月）
＝
1993年『成長、競争力、雇用……21世紀に向けての挑戦と方途』

資料出所：Boyer, R. (2000) "The Unanticipated Fallout of European Monetary Union : The Political and Institutional Deficits of Euro", in C. Crouch (ed.) *After the Euro : Shaping Institutions of Governance in the Wake of European Monetary Union* (Oxford University Press), pp. 24-88. を参考にして作成。

ミクロ・レベルでの積極的労働市場政策（＝供給サイドの政策）が重視される方向にある。

また，第2の特徴として，労組の攻勢に政府や使用者が折れるという形をとった1980年代までの「社会契約」とはちがって，交渉の主導権を握っているのは使用者であるという点があげられる。これは，先に述べたように，グローバル化が進むなかで「exit」という選択肢を得た資本側が労資関係においてその発言権を増したことが強く関係している。

したがって，「雇用のためのソーシャル・パクト」は，実際には失業問題への解決策としてそれほど大きな効果が期待できないまま，労働側の一方的な譲歩に終わるケースも少なくない。

6　「国民国家の終焉」か？

では，最後の問いである，「国民国家の終焉」という点についてはどうか。ここでは，社会政策の責任主体がいまなお国民国家にあるかどうかをたずねることで，この問いに答えることとしたい。

「自由貿易圏」，「関税同盟」，「市場統合」，「経済通貨統合」と深化してきたEU経済統合は，国家レベルでの規制空間を破壊すると同時に，EUレベルでの新しい規制空間を創造する作業であったとみることができる。しかし，EUという新しい枠のなかで新しい規制空間を創造する作業はこれまでけっして順調に進んできたわけではない。というのも，新しい規制空間を創造する作業は，加盟国の同意を取り付けながら進まなければならなかったからである。

そうしたなかで比較的にスムーズに作業が進んだのは，「市場創出的な規制」であった。たとえば，市場統合を完成させる際に，品質規格を統一するために300近くの法案を閣僚理事会で通過させる必要があったが，1986年の単一欧州議定書によって閣僚理事会での採決に特定多数決ルールが導入されたことで，それが可能となった。他方，社会政策の分野については，「市場修正的な規制」を含んでいるものが多いため，労働安全衛生基準を除くと，加盟国の全会一致で決めなければならない法案が多く，その審議は難航をきわめた。

図表9は，新しい規制づくりの進捗状況におけるこのような差を反映して，政策毎に意思決定の場が年代順にどのように推移してきたのかをみたものである。本表から次のことが明らかである。

① まず，経済分野では，域内での「モノ」「カネ」「ヒト」の移動にかかわる政策，農業政策，競争力＝産業政策，通商政策などにおいて早くから決定権が国からEUへ移っていたことである。

② また，同じ経済分野でも，マクロ経済政策，信用政策，為替政策については，1999年の経済通貨統合の完成を待って，その決定権が国からEUへと移ったのであり，それらの政策の国家主権が失われたのは比較的最近のことといえる。

③ さらに，ソ連・東欧の崩壊＝冷戦の終結を受けて，マーストリヒト条約によって軍事・外交政策の共通化が急速に進んだために，これらについても国家主権の大幅な縮小が起きている。

④ しかし，社会政策の分野では，「労働条件」，「保健」，「社会保障」，「教育・研究」，「労使関係」のいずれをみても，決定権が完全にEUレベルに移っているものは少なく，域内共通の最低基準を定めた重要な指令はいくつか存在するが，その責任主体は依然として国民国家にあるとみることができる。

7 おわりに

本稿では，経済通貨統合を完成させたEU諸国を対象に，経済活動のグローバル化が福祉国家に与える影響を，4つの質問に分けて考察した。暫定的な結論としていえることは，

① まず，グローバル化によってマクロ経済政策の自律性が失われていること，
② また，実質賃金の動き，ならびに可処分所得についてのジニ係数の動きから，「底辺への競争」が起きていることもほぼまちがいない。
③ しかし，「アングロサクソン・モデル」への収斂という点では，重要な政策決定の場に労組の代表が参加し，依然として発言権を行使していることをみると，そのような収斂を示す証拠は見当たらない。

グローバル化と福祉国家——EU諸国のケース

図表9 ヨーロッパにおける意思決定のレベル

	1950	1957	1968	1970	1992	2001
I 経済分野						
1 財・サービス	1	2	4 (3)	4 (3)	4	4
2 農業	1	1	4	4	4	4
3 資本移動	1	1	1	1	4	4
4 労働力移動	1	1	2	2	3	4
5 運輸	1	2	2	3 (2)	2	3
6 エネルギー	1	2	1	1	2	2
7 コミュニケーション	1	1	1	1	2	3
8 環境	1	2	2	2	3	3
9 地域開発	1	1	1	1	3	3
10 競争	1	2	3 (2)	3 (2)	3	3
11 産業	1	2	2	2	2	3
12 信用	1	1	2	2	2	4
13 外国為替	1	1	3 (2)	4 (2)	2	4
14 租税	1	1	3 (2)	3 (2)	2	3
15 マクロ経済政策	1	1	2	3	2	4
II 社会政策分野						
1 労働条件	1	1	2	2	2	3
2 保健	1	1	1	1	2	2
3 社会保障	1	2	2	3 (2)	2	2
4 教育・研究	1	1	3 (2)	3 (2)	2	3
5 労使関係	1	1	1	1	1	3
III 政治分野						
1 司法	1	1	1	2	3	4
2 市民権	1	1	1	1	2	3
3 参加	1	1	2 (1)	2 (1)	2	2
4 警察	1	1	2 (1)	2 (1)	1	2
IV 軍事外交分野						
1 通商交渉	1	1	3	4	5	5
2 経済軍事援助	1	1	1	1	2	4
3 外交	1	1	2 (1)	2 (1)	2	4
4 国防	1	1	1	1	2	3

1＝完全に国民国家レベル　　2＝一部を除き国民国家レベル
3＝国レベルとEUレベルとが半々　4＝大半がEUレベル　　5＝完全にEUレベル
資料出所：Marks, G. et al. (1996) *Governance in the European Union* (Sage Publications). pp. 125-126. table 6-1 より。

④ さらに，グローバル化によって経済政策，軍事外交政策の決定権は国からEUレベルへ移りつつあるが，社会政策の責任主体がいまなお国家である点で，「国民国家の終焉」はまだ先のことといえよう。

テーマ別分科会10＝台湾の労働と社会保障

台湾の国民年金論議・素描
グローバル経済のなかの後発福祉国家形成

上村泰裕　Kamimura Yasuhiro

1　はじめに

　近年，アジア諸国の社会政策に対する関心が高まってきている。社会政策学会でも，昨年の韓国に続いて，今年（2001年5月）は「台湾の労働と社会保障」に関する分科会が開かれた。この関心の高まりを，これまでヨーロッパに偏っていた各国研究に珍しいコレクションを付け加えるだけに終わらせてはなるまい。その意義は，比較研究の理論の有効性を例証する興味深いサンプルをもう1つ蒐集するだけにとどまるものでもない。本稿で台湾の事例をとりあげるのは，そこに次のような意義を見いだすからである。

　台湾では，1980年代末に始まる民主化以後，全民健康保険の実施（1995年）によって国民皆保険が実現され，現在は国民年金の導入をめぐる論議が展開されている。台湾が経験しつつあるのは，後発民主主義国の福祉国家形成であり，しかもグローバル経済のなかでの福祉国家形成である。そこには，ブレトンウッズ体制に支えられた一国主義経済のもとで福祉国家形成を進めた先進諸国が経験しなかった種類の困難がある。その意味で台湾の経験は，後発諸国の福祉国家形成にとって1つの試金石となっている。したがって，台湾の経験について精査することは，比較福祉国家の理論にとってだけでなく，後発国における福祉国家形成の政治経済的条件を探るという実践的な課題にとっても，重要な示唆をもたらすはずである。

　とはいえ，本稿はそうした挑戦的な課題にじゅうぶんに応えるものではなく，むしろ課題自体をラフスケッチするに過ぎない。以下，2節では，台湾の福祉国家に関するマクロデータを一瞥した後，1980年代半ばまでの権威主義体制期

に形成された社会保険制度の特徴について略説する。3節では，1980年代末に始まる民主化にともなって国民年金の導入が政治的な争点になった過程を概観する。4節では，2000年3月の政権交代以後，国民年金をめぐる論議がどのように展開しつつあるかを報告する。最後の5節では，台湾の国民年金論議が示唆する後発福祉国家形成の条件について要約し，今後の研究課題を指摘する。

2　権威主義体制の遺産

台湾の福祉国家の現状について，まずはマクロデータで大まかにとらえておこう。図表1（1人あたりGDP×GDP比社会保障支出）[1]を見ると，よく言われるように「めざましい経済発展に比べて，社会保障の発達は遅れている」ことが一応は見てとれる。1996年の台湾の1人あたりGDPは13073米ドルだったが，GDP比社会保障支出は3.9％に過ぎなかった（行政院主計処［2000］）。台湾より経済水準が低い国で，台湾より社会保障支出が多い国はいくつもある。ただし，これは台湾の高齢化がまだそれほど進んでいないという事実によって，ある程度まで説明がつく。台湾の高齢化率は，1999年に8.4％（行政院主計処［2000］）であった（日本は16.7％）。図表2（高齢化率×GDP比社会保障支出）[2]を見ると，台湾の福祉国家は「離陸」寸前のところに位置しているようにも見える。高齢化は今後急速に進むので，社会保障支出の増加を予想することは難しくない。しかし，支出増がどのような規模と内容で進むかは，人口構造だけで決まるのではなく，政治経済の構造によって規定されるだろう。台湾の「社会福祉支出」の推移（図表3）[3]を見ると，1980年代後半以降，次第に増加してきていたが，最近になってやや停滞している。これは，高齢化が自然現象のように進むのとは対照的である。なお，1981年のところで急に落ち込んでいるのは，社会福祉支出の定義が変更されたためである（註3を参照）。

以上のように，マクロデータで見ると，台湾の福祉国家は最近までほとんど「ゼロ」に等しかったように見えるが，福祉に関わる制度が何もなかったわけではない。それどころか，権威主義体制期を通じて，台湾には複雑な社会保険制度の体系が構築されてきていたのである。徐立德・行政院副院長（1993年当

台湾の国民年金論議・素描

図表1　経済水準と社会保障支出

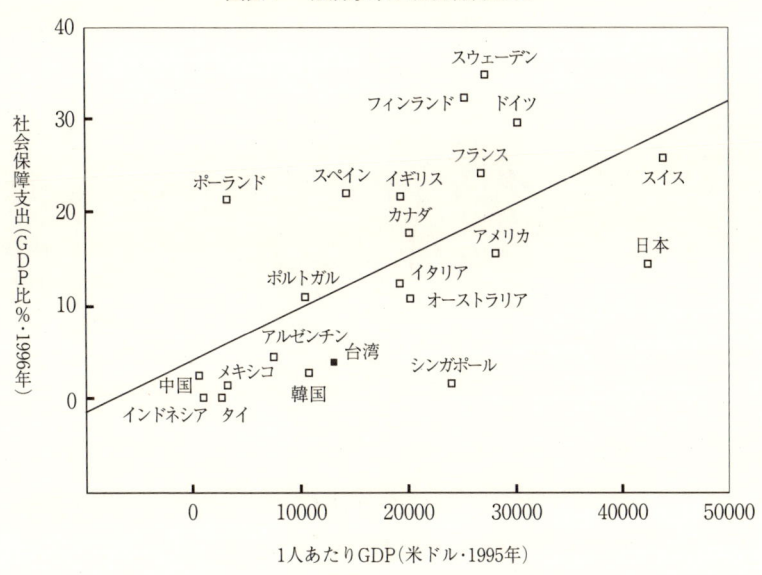

縦軸：社会保障支出（GDP比％・1996年）
横軸：1人あたりGDP（米ドル・1995年）

プロット：スウェーデン、フィンランド、ドイツ、ポーランド、スペイン、イギリス、フランス、カナダ、スイス、ポルトガル、アメリカ、イタリア、日本、オーストラリア、アルゼンチン、台湾、中国、メキシコ、シンガポール、韓国、インドネシア、タイ

図表2　高齢化と社会保障支出

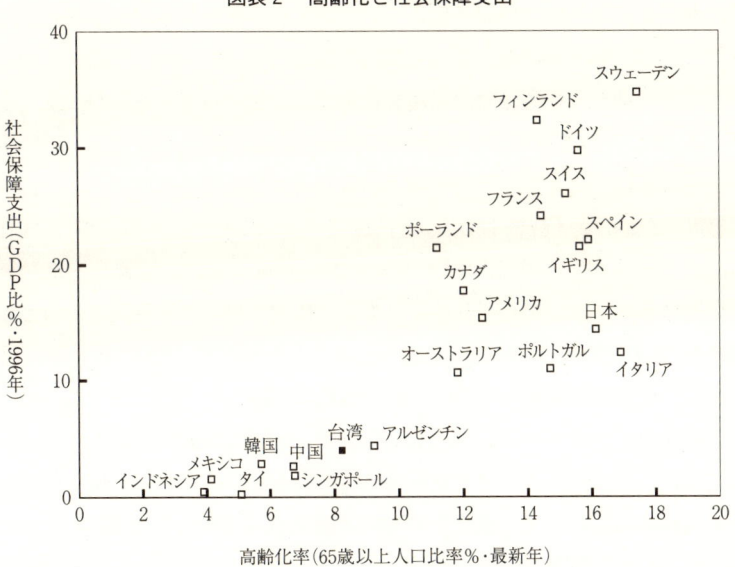

縦軸：社会保障支出（GDP比％・1996年）
横軸：高齢化率（65歳以上人口比率％・最新年）

プロット：スウェーデン、フィンランド、ドイツ、スイス、フランス、スペイン、ポーランド、イギリス、カナダ、アメリカ、日本、オーストラリア、ポルトガル、イタリア、台湾、アルゼンチン、韓国、中国、メキシコ、シンガポール、インドネシア、タイ

153

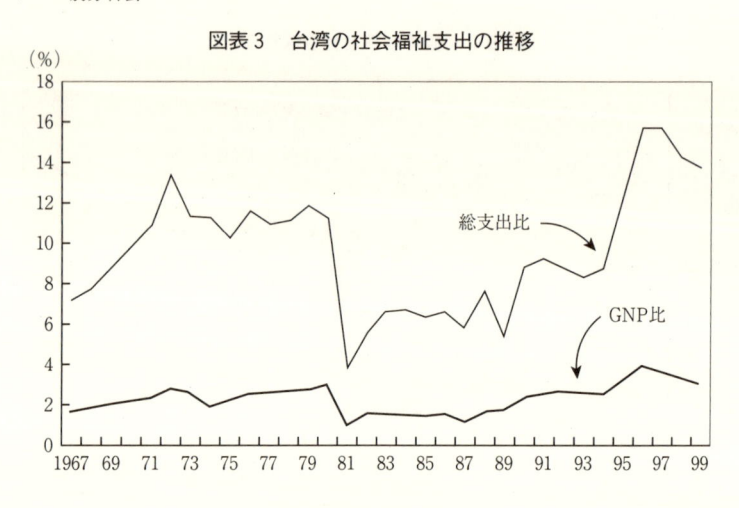

図表3　台湾の社会福祉支出の推移

時)は「われわれの福祉政策の発展過程は外国と同じではない。《無から有へ》ではなく《有から変へ》である」[4]（林彦伶［1998］、125頁）と述べているが、この言葉は台湾の福祉国家形成の現段階を的確にとらえている。国民党政府は、本格的な工業化に先立つ1950年代に、早くも主要な社会保険制度を導入した。これは、国父・孫文が民族、民主とともに「民生」（Welfare）を説き、1917年という早い時期から社会保険の実施を計画していたからでもあるが、主に戦後台湾における政治構造によって説明できる（上村［1997］、［1999］）。1947年の「二・二八事件」によって反政府勢力が徹底的に弾圧され無力化された台湾では、政府によって「台湾省総工会」という一元的労働団体がつくられ、Schmitter (1979) のいう国家コーポラティズムが成立した。国家コーポラティズム体制のもとでは、それぞれの社会集団を体制に包摂する手段の一つとして各種の社会保険制度が導入される。そのような理由で、台湾でも軍人保険（1950年）、公務人員保険（1958年）、私校教職員保険（1980年）などが実施され、「軍公教福利」（盧政春1995）と呼ばれる階層的な制度体系が形成された。一方、「労工保険」（1950年）は当初、公企業の従業員を主な対象とした制度だったが、権威主義体制のもとでも次第にその範囲を拡大させていった（図表4）[5]。ただし、これらの社会保険制度は、高齢化が進む今日の台湾にとっては不十分なも

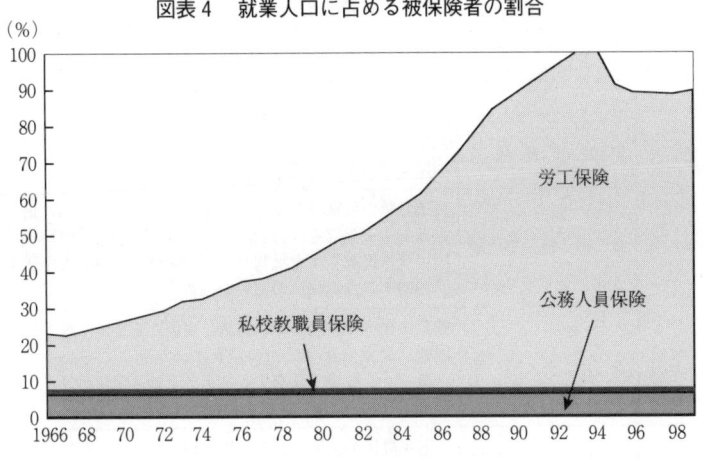

図表4　就業人口に占める被保険者の割合

のである。各制度は傷病・障害・老年・死亡給付などを含んでいるが、そのうち老年給付は年金ではなく一時金である。また、制度によって給付額にかなりの違いがある。1990年の時点で、公務人員保険（養老給付）の平均給付額が74万561元だったのに対して、労工保険（老年給付）のそれは28万484元に過ぎなかった[6]。こうしたことから、新たな年金制度の導入が課題にならざるを得ない。しかし、給付水準の異なる古い制度が分立していることで、新制度導入にあたっての技術的・政治的なハードルも高くならざるを得ないのである。

3　民主化と国民年金

　台湾の社会福祉支出が少ないのも、制度にさまざまな不公平があるのも、台湾が権威主義体制の下にあったからである。とすれば、民主体制への移行によって問題は解決されるのではないか、と考える人がいても不思議ではない。事実、1987年に戒厳令（1949年施行）が解除され、1988年に蔣經國が死去し李登輝が総統に就任して以来、人々の要求は次第に福祉政策にも反映されるようになった。しかし、それが先進諸国のような福祉国家の形成につながっているかというと、今のところそうとは言えない。そのことを示唆する挿話として、

Ⅱ　テーマ別分科会

図表5　選挙と老人年金

1992年12月	第2回立法委員選挙	蘇煥智（民進党立法委員候補・台南県）が「敬老手当」（65歳以上毎月5000元）の公約によって当選。年金公約の威力が認識された。
1993年2月	澎湖県長補選	高植澎（民進党候補）が蘇煥智に似た公約を掲げて当選。澎湖県では初の非国民党籍の県長となった。
1993年12月	県市長選挙	民進党籍の候補者がこぞって老人年金を主要公約に掲げる。民進党中央党部も「福利国」（福祉国家）を共同政見とした。国民党は民進党案を批判しつつ「中低収入戸老人生活手当」（1993年7月実施）の拡大を公約。
1994年12月	省市長選挙	93年に比べて年金公約は低調。原因としては、地方の財政的困難、両党の年金公約の差異がわかりにくくなったこと、「新党」の登場で国家アイデンティティ問題が争点となったこと、など。
1995年12月	第3回立法委員選挙	「老年農民福利手当」の実施（1995年6月）で、選挙公約としての老人年金の魅力が薄れた。
1997年11月	県市長選挙	国民党の李登輝主席が台北県選挙で「65歳以上毎月5000元」の公約を打ち出したため、議論が復活。民進党は、国民党の政見と李主席の公約との不一致を批判。
2000年3月	総統選挙	民進党の陳水扁候補が「三三三安家福利方案」（65歳以上老人手当3000元の公約を含む）を掲げて当選。

資料：林彦伶［1998］59頁，王方［2000］95頁より作成。なお，第4回立法委員選挙は1998年，第5回は2001年12月。

1990年代はじめの与野党の年金公約合戦を紹介しておこう。1992年12月に行なわれた立法委員選挙（初の全面改選）では，老人年金が争点として登場した。民進党の蘇煥智候補が敬老手当（毎月5000元）[7]の公約を掲げて当選したことがきっかけとなって，翌1993年12月の県市長選挙（地方選挙）では国民党と民進党が入り乱れて老人年金の公約合戦を繰り広げた（図表5）。その結果，多くの県市でそれぞれ内容の異なる老人年金が導入されたが，大部分の県市では，間もなく財政難のために中止された。現在まで続いているのは，わずか3つの県市[8]だけである。

国民党と民進党の公約合戦は，地方の老人年金だけでなく，中央政府による2つの制度の実施にもつながった。1つは1993年7月実施の「中低収入戸老人生活手当」であり，もう1つは1995年6月の「老年農民福利手当」である。こ

図表6　現在の高齢者所得保障制度（1999年）

保障対象	給付項目	平均給付額（元）		給付人数（人）
		一時金	毎月給付	
軍人，公務員，教職員	退撫基金	202,299	18,418	49,379
退職公務員	公務人員保険養老給付	1,247,722		11,677
退職私立学校教職員	私校教職員保険養老給付	668,209		309
退職労働者	労働基準法退休金	1,227,651		22,212
	労工保険老年給付	604,151		104,631
栄民	栄民就養給与④		12,444	120,094
高齢農民	老年農民福利手当②		3,000	588,429
中低収入高齢者	中低収入老人生活手当①		3,000 or 6,000	190,583
	低収入戸生活補助		5,900〜11,625	136,691

備考：1999年の65歳以上人口は1,865,472人。上記の制度でカヴァーされるのは1,189,807人。残る675,665人は対象外。
資料：行政院経済建設委員会 [2000.5] 67頁。
① 中低収入老人生活手当
　毎月6000元（1.5倍以下）または3000元（1.5〜2.5倍）。1999年の給付総額は99.94億元。
　資格：世帯構成員の収入の平均額が最低生活費標準の2.5倍以下（平均消費支出の1.5倍を上限とする）の65歳以上高齢者。
② 老年農民福利手当
　毎月1人3000元。1999年の給付総額は243.27億元。
　資格：65歳以上，農民保険加入者か漁業組合甲類会員（6か月以上）。
③ 中低収入戸心身障害者生活補助
　毎月1人2000〜6000元（障害等級に応じて）。1999年の給付総額は46.3億元。
　資格：世帯構成員の収入の平均額が最低生活費標準の2.5倍以下の心身障害者。
④ 栄民就養給与
　毎月1人12444元（2000年）。1999年の給付総額は約223.7億元。
　資格：資産が制限以下の栄民（満10年以上軍務についていた者，あるいは戦功により負傷・障害を負った者）
⑤ 一部の県市は敬老福利手当を支給している
　毎月1人3000〜5000元。
　資格：各県市がそれぞれ規定。
資料：行政院経済建設委員会 [2000.9] 10頁。

れらの制度は，対象を特定階層に限定しているとはいえ，高齢者の所得保障として重要な役割を果たすものである。ちなみに，「中低収戸老人生活手当」の受給者は約19万人（1999年）であり，「老年農民福利手当」の受給者は約59万人（1999年）に達する。しかし，全国民を対象とした国民年金制度の構築という観点から見ると，中央と地方における各種手当の導入が，かえって国民年金の

導入を遅らせる結果につながったとも考えられる。権威主義体制の遺産としての社会保険の分立と、民主化の遺産としての各種手当の乱立が、統一的な国民年金制度の導入を難しくしているのである。こうして制度の不整合は温存され、どの制度によってもカヴァーされない高齢者が約68万人（1999年）も残されることになった（図表6）。また、学生・主婦・無業者（約400万人）はどの制度にも加入していない。

　さて、老人年金の公約合戦と並行して、国民党政府によって国民年金制度導入の検討が進められた。1993年11月には行政院経済建設委員会（経建会）に専門チームが設けられたが、これは12月の県市長選挙の直前だった。経建会は1995年5月には第一草案を完成させたが、全民健康保険の実施（同年3月）と時期が重なったため、負担増を避けるという理由で延期された。1996年11月、再び経建会で検討が始まり、1998年6月には第二草案が完成された。この草案では2000年末に社会保険方式の国民年金制度を実施することになっていたが、草案を各方面に周知させつつあった1999年9月21日に集集大地震が発生したため、震災復興を優先するとして再び延期された。そして、国民年金の導入が延期されたまま2000年3月の総統選挙が行なわれ、国民党から民進党への政権交代という新たな事態を迎えることになった。

4　政権交代と国民年金

　2000年3月の総統選挙で民進党の陳水扁候補が当選し、初めて政権交代が実現した。陳水扁総統は「三三三安家福利方案」という公約を掲げて当選したが、その内容は、①65歳以上の高齢者に対して毎月「3」000元の老人手当を支給する、②「3」歳以下の幼児の医療費を無料にする、③青年層（20～40歳）が初めて住宅を購入する際に「3」％の低利ローンを提供する、というものだった。しかし、当選後それぞれの計画を縮小したため批判を浴びている。とりわけ老人手当については、国民年金制度の実施との整合性がどれだけ考慮されていたか疑問である。民進党のなかでも、これまで年金政策の立案に中心的な役割を担ってきた黄玫玲氏（民進党政策委員会研究員）は、「三三三」公約の策定

には参加していなかったとのことである（2001年3月15日面談）。

　その後，8月には老人手当案は撤回され，行政院経済建設委員会で再び国民年金案が策定された。今回は，甲案[9]（儲蓄保険案。個人口座方式8割と保険方式2割）と乙案[10]（平衡基金案。税方式）の2つの案が提出された。それまでの経建会の国民年金案は社会保険方式をとっていたが，ここでは社会保険案は姿を消している。甲案は，現役世代の国民が毎月600元の保険料を払い（低所得者や障害者には補助がある），政府補助150元とあわせて750元とし，そのうち600元を個人口座に，150元を保険口座に払い込む。65歳になると自分の個人口座から毎月7500元を受け取ることができ，個人口座が底をついたら保険口座から少なくとも3000元を受け取ることができるというものである。一方，乙案は，保険料を徴収するのではなく，「平衡基金」を設けて消費税増税（現行5％から1％増税）などで財源をまかなう。国民は65歳になると毎月3000元の年金を受け取ることができるというものである。既存の社会保険制度との調整が問題になるが，この点については，甲案は既存制度の水準維持，乙案は既存制度の水準引き下げをめざしているようである。

　この2つの案に対しては激しい議論がわきおこった。いわく，甲案は旧政府案であり，個人責任を強調して政府の責任を回避するものである。乙案は民進党の「老人手当」を化粧直ししたものであり，次代に負担を残す「先甘後苦」の案である，など。そうしたなか，民進党政府が乙案を選択しようとしていることを不服として，経済建設委員会人力規劃処（国民年金制度の立案を担当）の劉玉蘭処長が辞任を申し出る騒動も起きた。これは，旧官僚と新政府の対立でもあり，専門家と政治家の対立でもあると見られている（自由時報2000年9月1日）。2つの案をめぐって混迷が続くなか，陳水扁総統は2000年9月16日の記者会見で，株式市況が7000元を割り込み就任以来最低となったことを受けて「経済発展を優先し，社会福祉は延期する」と宣言した。「福利国」（福祉国家）の実現を公約としてきた民進党出身の総統がこうした決断を下さざるを得なかったところに，台湾の福祉国家形成の困難な条件を窺うことができる。

　その後，第四原発の建設の是非をめぐる政争もあり，国民年金の問題はあまり注目されていない。呉凱勲教授（全民健康保険医療費用協定委員会主任委員。国

立台湾大学教授）からの私信（2001年5月24日付）によれば，現在，「社会保険制」（国民党版），「平衡基金制」（民進党沈富雄立法委員版），「儲蓄保険制」（個人口座版）の3つの案がある。「平衡基金制」は民進党も実行可能性が低いと見ており，「社会保険制」か「儲蓄保険制」かの選択になっているとのことである。いずれにしても，2001年12月の第5回立法委員選挙に向けて国内政治情勢は不安定であり，国際経済情勢も年金制度の導入に対して不利に働いていると言わざるを得ない。

5 おわりに

　以上のややジャーナリスティックなスケッチによって「グローバル経済のなかの後発福祉国家形成」を描き出すことができたとはとても言えないが，注目すべき論点と今後の研究課題を指摘することはできる。台湾では，民主化にともなって国民年金の導入が政治的な争点になったが，国民年金はすんなりとは導入されなかった。今後導入されるにしても，おそらくそれは，個人責任を強調しつつ制度間格差を温存し，経済に負荷をかけないことを第一義としたものになるだろう。台湾の民主化は，なぜ福祉国家形成を一気に進めることにつながらなかったのだろうか。ここでは，その理由を内的要因と外的要因に分けて整理しておきたい。

　まず内的要因については，「制度進化の経路依存性」とでも呼ぶべき問題がある。権威主義体制の遺産としての社会保険の分立と，民主化の遺産としての各種手当の乱立が，統一的な国民年金制度の導入を難しくしているのである。台湾の福祉政策は《無から有へ》ではなく《有から変へ》である，と国民党の官僚政治家は半ば誇って述べたが，むしろ過去の《有》が現在の《変》にとっての桎梏になっているとも考えられる。台湾だけでなく，後発民主主義国の福祉国家形成について考える場合には，過去の制度的遺産に注目することが重要になるだろう。

　次に外的要因については，「グローバル化と福祉国家」問題があり，経済自由化に続くアジア経済危機の問題がある。先進諸国やラテンアメリカ諸国が福

祉国家形成を進めた時期と現在とでは，国際政治経済の環境が全く異なる。そのことは，「福利国」（福祉国家）の実現を公約としてきた民進党出身の総統が，社会福祉の「延期」を宣言せざるを得なかった事実にも端的に表われている。一方には，海外直接投資の自由化による国際競争の激化と国家財政の自律性の低下があり，他方には，新保守主義イデオロギーの席巻がある。国際環境が福祉国家形成に及ぼす影響について考えるためには，先進諸国における福祉国家形成の政治過程との，時代を超えた比較分析が興味深い課題になるだろう。

〔謝　辞〕　2001年3月3日から18日にかけて，台北に滞在して調査と資料収集を行なった。その際，下記の方々に大変お世話になったことを記して感謝申し上げます。呉凱勲教授（全民健康保険医療費用協定委員会主任委員・国立台湾大学公共衛生学院衛生政策與管理研究所兼任教授），林萬億教授（国立台湾大学社会科学院社会学研究所・台北県副県長），李誠教授（国立中央大学人力資源研究所），呉慧君氏（行政院経済建設委員会人力規劃処），陳忠良氏（行政院労工委員会労働条件処），黄玫玲氏（民進党政策委員会研究員），林鈺祥氏（国民党中央委員会政策協調部副主任）。

1) 社会保障支出は，ILO, *Cost of Social Security 1990-96*（http://www.ilo.org/public/english/protection/socsec/publ/css/cssindex.htm）による。アメリカ・スイスは1995年，タイ・中国・イギリス・イタリアは1993年，ポーランドは1992年，フランス・オーストラリアは1990年のデータ。それ以外の国は1996年のデータ。1人あたりGDPは，総務庁統計局編『世界の統計』2001年による。ただし，台湾についてはいずれのデータも行政院主計処 [2000] による。
2) 社会保障支出については，註1を参照。高齢化率は，UN, *Demographic Yearbook*, 1997年版による。日本については総務庁統計局『人口推計資料』による。国立社会保障・人口問題研究所のホームページより引用。台湾については行政院主計処 [2000b] による。
3) 行政院主計処 [2000]，148頁。「1980年以前」の社会福祉支出には，軍人・公務員・教職員の退職金，住宅，コミュニティ発展，環境保護などが含まれていた（Pau-Ching Lu（呂寶靜），Wan-I Lin（林萬億），1999, "Social Welfare Policy in Taiwan: Past, Present and Prospects", ¥ paper presented at Conference Prague 1999 (Transitional Societies in Comparison: East Central Europe vs. Taiwan), p. 293, 行政院経済建設委員会 [2000.5], p. 8 による。後者は「1981年以前」としているが，これは誤記と思われる）。

Ⅱ　テーマ別分科会

4) 「我們的福利政策與其他国家発展過程不同，不是《従無到有》，而是《従有到変》。」
5) 行政院主計処 [2000]，43頁，142頁。1994年には被保険者が就業人口を上回るという不可解な事態が生じている。これは中小企業経営者や自営業者が家族を従業員と偽って労工保険に加入させた結果と考えられる (Jacobs, Didier, 1998, "Social Welfare Systems in East Asia: A Comparative Analysis including Private Welfare" Centre for Analysis of Social Exclusion (LSE), Discussion Paper, p. 19)。不正加入は労工保険の医療給付を目当てにしたもので，1995年に全民健康保険が施行されてからは労工保険の加入者は減少に転じた。
6) 行政院主計処 [2000a] による。ちなみに，1999年の平均給付額は，公務人員保険 (養老給付) が133万1041元，私学教職員保険 (養老給付) が76万8305元，労工保険 (老年給付) が60万4151元となっている。
7) 1元＝約3.5円。
8) 2000年5月現在，老人年金制度を維持しているのは，基隆市，新竹県，澎湖県の3つの県市だけである。国民党資料「各県市発放老人福利津貼現況一覧表」(2001年3月12日入手。原資料は行政院内政部2000年5月) による。傅立葉 [2000]，245頁も参照。
9) 「国民年金儲蓄保険案 (甲案)」財源／1) 保険料。25〜64歳の国民はすべて保険料を納める義務を負う。満額年金 (2001年は月額7500元) の10％にあたる額 (750元) を月額保険料とし，保険料の2割 (150元) を政府が補助する。つまり，加入者本人が実際に支払うのは600元ということになる。保険料の8割 (600元) は「個人口座」に払い込まれ，2割 (150元) は「保険口座」に払い込まれる。2) 平衡基金。①創設時に予算から約420億元を基金に払い込む。現行の各種手当のうち3000元分の予算を毎年払い込む (初年度340億元)。②農民保険の節約分 (約80億元) を毎年払い込む。③宝くじ収益，初年度は約30億元。④財源不足の場合は，公有財産の売却益を注入。給付／1) 儲蓄保険給付。①創設時の満額年金は直前2年間の1人あたり平均消費支出の50％ (月額7500元) とし，その後は物価と実質賃金の上昇率によって調整する。②65歳に達した場合または保険事故が生じた場合，まず個人口座から支払い，個人口座がなくなったら保険口座から支払う。③被保険者の死亡後，遺族年金を支払う必要がない場合は，個人口座の残額を遺族に一括返還する。老齢年金：65歳時に個人口座にたまった金額を年金にあてる。福利手当額に満たない場合は平衡基金から補足する。遺族年金：給付水準は満額年金の40〜100％とする。重度障害年金：極重度の場合は満額年金の100％，重度の場合は満額年金の80％。葬祭手当：満額年金の10か月分。2) 福利手当。老齢手当：初年度は3000元。重度障害手当：初年度は3000元。孤児手当：初年度は2000元 (一人あたり)。旧制度との調整／公務人員保険・私校教職員保険・軍人保険・労工保険は，現在の制度を維持する。各制度から国民年金制度に保険料を直接払い込む。各保険が行なってきた出産・傷病・中軽度障害・家族葬祭手当などの給付は現行規定を維持する。(行政院経済建設委員会 [2000.9a, 2000.9b])。
10) 「全民提撥平衡基金案 (乙案)」財源／1) 平衡基金。①創設時に予算から約420億元を基金に払い込む。現行の各種手当のうち3000元分の予算を毎年払い込む (初年度は340億元)。②農民保険の節約分 (約80億元) を毎年払い込む。③宝くじ収益，初年度は約30億元。④営業税 (消費税にあたる) の増税 (現行5％から1％増税。ただし，金融

保険業は0.4％増税。生鮮食品業は非課税）。2）保険料の直接徴収はなし。給付／創設時の満額年金は直前2年間の一人あたり平均消費支出の20〜25％（少なくとも月額3000元）とし、その後は物価と実質賃金の上昇率によって調整する。老齢年金：初年度は3000元。重度障害年金：初年度は3000元。孤児年金：初年度は2000元（一人あたり）。旧制度との調整／公務人員保険・私校教職員保険・軍人保険・労工保険の加入者は、新制度に加入するか、現制度に残るかを選択できる。各保険制度の保険料率は引き下げられる。労工保険6.5％→2.5％、公務人員保険6.4％→1.5％、軍人保険8％→3％、農民保険2.55％→1.5％。（行政院経済建設委員会［2000.9a, 2000.9b］）。

【参考文献】

上村泰裕［1997］,「アジアNIEsの福祉国家形成」修士論文

上村泰裕［1999］,「福祉国家形成理論のアジアNIEsへの拡張」『ソシオロゴス』第23号

上村泰裕［2001］,「アジア諸国の社会政策—論点と研究課題」末廣昭・小森田秋夫編『自由化・経済危機・社会再構築の国際比較—アジア・ラテンアメリカ・ロシア東欧』東京大学社会科学研究所

王方［2000］,「国民年金之発展與影響—政治社会学的観点」『社区発展』第91期

古允文［2000］,「当代年金『改革』—一個実然的危機或迷思」『社区発展』第91期

古允文［2001］,「老人生活保障何去何従？—公元2000年老人経済安全需求意向調査報告」『厚生雑誌』12期

呉凱勳編［1993］,『我国社会保険制度現況分析及整合問題』行政院研究発展考核委員会

呉明儒［2000］,「従新政府国民年金方案釐析福利価値観的定位」国家政策研究基金会

黄玫玲・林萬億［2000］,「論我国国民年金制度的規劃」『社区発展』第91期

詹火生「国民年金制度之審慎規劃」『厚生雑誌』11期

傅立葉［2000］,「老年年金、政党競争與選挙」蕭新煌・林國明編『台湾的社会福利運動』巨流図書公司

劉育廷・古允文［2000］,「『三三三福利方案』的省思」『厚生雑誌』11期

林彦伶［1998］,『選挙與公共政策—82年至86年県市長選挙「老人年金」政策之探討』国立中興大学公共政策研究所碩士論文

林萬億［1994］,『福利国家—歴史比較的分析』巨流図書公司

林萬億［1995］,『福利国』前衛出版社

林萬億［2000］,「社会抗争、政治権力資源與社会福利政策的発展」蕭新煌・林國明

Ⅱ　テーマ別分科会

　　　編『台湾的社会福利運動』巨流図書公司
　盧政春 [1995],「利益団体與社会福利資源分配―透視我国軍公教福利」林萬億ほか
　　　『台湾的社会福利―民間観点』五南図書出版公司
　盧政春 [2000],「三三三方案遭厳重腐蝕」自由時報（2000年8月22日）
　行政院経済建設委員会 [1995.4],『国民年金保険制度整合規劃報告』
　行政院経済建設委員会 [1999.5],『国民年金』
　行政院経済建設委員会 [2000.5],『我国社会福利現況,問題與対策』
　行政院経済建設委員会 [2000.6],『国民年金制度規劃報告簡報』
　行政院経済建設委員会 [2000.9a],『国民年金儲蓄保険案與提撥平衡基金案簡報』
　行政院経済建設委員会 [2000.9b],『規劃国民年金推動社会安全制度』
　行政院内政部 [2000.9c],『国民年金法草案総説明及条文表』
　行政院内政部 [2000.9d],『国民福利年金法草案総説明及条文表』
　行政院主計処 [2000a],『八十八年社会指標統計』
　行政院主計処 [2000b],*Statistical Yearbook of The Republic of China 2000*
Schmitter, Philippe C. & Lehmbruch, Gerhard (eds.) [1979], *Trends toward Corporatist Intermediation*, Sage.＝山口定監訳 [1984]『現代コーポラティズムⅠ―団体統合主義の政治とその理論』木鐸社

● 第1分科会
社会的・経済的格差とジェンダー

座長　竹内敬子 Takeuchi Keiko

　1970年代以降のジェンダーへの関心の高まりは，各学問分野で新しい地平を開いてきた。ジェンダー研究の発展のなか，女性への「文化的期待」はジェンダーのみでなく，階級，階層，人種，エスニシティ，セクシュアリティ，年齢，障害の有無といった様々な要素との関わりの中で実に複雑な様相をもつことが強調されるようになってきた。たとえば，少女に障害があることが発見された時，両親や周囲の人々が，突然その少女をそれまでのように「女の子」として扱うのをやめ，彼女を「無性化」された存在として扱う傾向など，ジェンダーが障害の有無と無関係に論じられた場合，看過されてしまうような様々な問題が存在する。ジェンダーはこうした諸要素との関係において分析される必要がある[1]。
　社会政策学会第102回大会の共通論題が「経済格差と社会変動」に決まったことが発表された時，ジェンダー部会ではジェンダーをめぐる上記の学問状況を鑑みて，この「格差」の問題とジェンダーの問題を絡めて分析する必要性があると考えた。また，共通論題と連動したテーマで分科会を設定し，大会を全体として豊かなものにしていくという新しい試みに取り組むことも意義があるのではないかと思われた。そこで，分科会のテーマを「社会的・経済的格差とジェンダー」とした。そして報告者として橋本摂子氏，安立真理子氏の両氏をたてた。橋本報告「代表／表象的地位の達成過程」では，非常に重要ながら同時に極めて困難の多い課題である「ジェンダーと階層」の理論的研究の現段階の紹介と，さらに精緻で合理的な理論構築への膨大な作業のうちの1つとして「一般雇用継続者」を分析対象に男女の所得関数の比較がなされ，今後の課題が明確に提示された。一方，足立報告「グローバル化とジェンダー格差—NIDL（新国際分業論）を超えて」では，グローバル化が進展する中で「格差」とジェンダーという問題を地球規模で考えることの重要性が示された。共通論題は国内の「格差」に焦点を絞らざるをえなかった点を考え，分科会でグローバルな視点を補足するという意図も足立報告には反映されている。
　以下両報告をいま少し詳しく紹介しよう。

　まず，橋本氏の報告を概観しよう。橋本氏はまず，階層移動研究において「地位」概念の妥当性が必要であることを強調する。1973年にAckerがそれ以前の階

層論の性差別的前提を批判して以来，分析対象に女性を含めることを可能とする新たな研究手法が懸命に模索されてきたものの，未だ女性を含めた妥当性ある地位指標は確立されていない。橋本氏は議論を地位達成過程に限定した上で，一見迂遠とも思えるほど丁寧かつ厳密に，地位指標が当然満たしているべき論理的・倫理的妥当性という点から，女性を含めた階層論の再構築の試みへの根本的批判を行う。そして分析単位を世帯とし，父あるいは夫の地位で女性の地位を代替する旧来の「借用モデル」，そのオルタナティブとして女性本人の職業的地位を用いる「独立モデル」および両者を組み合わせた「合成モデル」を，世帯単位で定めた指標の格差を組み込み得るグランドセオリー確立の可能性まで考慮した上で検討し，現状では「独立モデル」に依拠せざるを得ないとする。

その上で橋本氏は「独立モデル」を女性に適用する上での困難，すなわち無職者の扱いの難しさ，さらに「独立モデル」が職業という単一の指標で社会的地位を代表させてきた「暴力」的虚構性を指摘する。そして，階層研究で用いられる地位指標が示す社会的地位の representation が，代表・表象という連続しているが相互還元不可能な二極を内在すること，職業指標がこの代表性・表象性を混同したままに使用されてきたという重要な指摘がなされる。

その上で，橋本氏は対象を有償労働従事者，しかも初職から一貫して「一般雇用者」である「一般雇用継続者」に対象を限定し，SSM 95年調査のデータを用い，所得を被説明変数とする所得関数により，独立モデルによる地位達成過程の男女比較や女性間の比較を行い，いくつかの重要なファクトファインディングを提示している。特に事務職女性の表象的達成過程における有利さが，代表的地位達成過程における不利益と表裏一体をなしているのではないか，という問題提起は，より総合的階層論を構築する際に重要な示唆となろう。女性を含めた階層論の再構築に向けて必要なのは，まさにこの橋本氏の報告のような緻密で厳密な理論的・実証的研究の積み重ねによるしかない。

さて，次に足立氏の報告を概観しよう。足立氏はグローバル経済のジェンダー分析の研究史を整理しつつ，とりわけ1990年代以降明示化されてきた，NIDL（新国際分業）下での新たな課題を明らかにする。1970年代以降，先進資本主義諸国が工業生産を，途上諸国が第一次産品・原料・食料生産を担うという古典的国際分業に代わって，NIDL が進展した。すなわち，従来先進諸国に集中していた製造工業が，途上国，周辺諸地域に移転・再配転され，生産の国際化・多国籍企業化が，加速度的にかつ大規模に進行してきているのだ。

第1分科会＝社会的・経済的格差とジェンダー

サッセンに従えば，研究史は，商品経済浸透の中での男性労働力の賃労働化と生存維持経済における女性労働の主力化，そしてこの二者の接合に関する研究の蓄積が進んだ第一局面，生産の国際化とこれに随伴した労働力の女性化に焦点があわされた第二局面の「古い局面」とジェンダー化，女性の主体，メンバーシップにおける女性概念の変容の強調の過程でもたらされた認識から生まれた，最近の第三局面に分けられる。そして，この3つは段階的に移行するのではなく，3つの局面が重層化していると言う。

サッセンはそれ以前の研究で看過されていた「移動」と「サービス」に焦点をあてて「グローバル・シティ」を分析する。「グローバル・シティ」では，多国籍企業の中枢機能の集中，新しい金融・情報サービスの拡大，既存の国内産業秩序・労働秩序の変容，大量の半熟練・未熟練労働創出が起こり，まさに二重都市の様相を呈している。この経済空間は，「両極化」と「越境」のダイナミズムにおいて構成される。「両極化」は都市経済の空間的組織のみならず，社会的再生産の構造や労働過程の組織化にもあらわれ，また大量の低賃金労働の創出が移住労働者の流入を招く。国民国家の領域性の揺らぎは，まさにこの「中心」において再構成される空間で起こっている。サッセンはグローバル・シティにおける両極化，移動，ジェンダーを含みこむエージェントとして移住女性を取り上げる。彼女たちは，超過利潤をあげる新しい戦略部門の不可視の労働者として統合され，この新しい戦略部門がもたらす富裕化された生活様式への財とサービスの提供者となる。しかも，労働力再生産労働の提供者として「主体化過程の再生産」自体に携わるのだ。

足立氏がサッセンの分析が提示する重要な論点と考えるのは，第1に「グローバル・シティ」のダイナミズムが生み出す両極化が市場関係を超え，労働組織，社会的再生産様式にまで及び，ジェンダーの分節化，ジェンダー・ヒエラルヒーの改編を促進し，それにより両極化傾向を再規定するということ，第2に1980年代以降の資本主義が，従来の部門間不均衡の問題に解消できない新たな不安定性をおびてきていることの示唆である。足立氏は，この資本主義市場経済の把握の違いが，ハートマンらの家父長制と資本主義の二元論とミースらの資本主義的家父長制という統一論の対立の背景にあるとする。

以上のような理論整理を踏まえた上で，足立氏による10年以上にわたるオーラル・ヒストリーの集積をもとに，フィリピン人家事労働者世帯の事例研究が紹介された。フィリピン人女性家事労働者Eはフィリピンで結婚・出産後，子どもの養育稼得を目的に東京で10年以上家事労働者として働いている。Eは5人兄弟姉妹の長女だが，そのうちの3人とともに東京で共同生活し母国へ送金している。ここで重

II テーマ別分科会・座長報告

要なのは,第1に所得(海外送金・農産物売却代金)と現物所得(時給用農産物)の結合と労働(海外雇用労働・農業生産労働・労働力再生産労働)の分業がEの母を接合部として成立し,国際的再生産連鎖関係が生じていることである。第2にこうした国際的に拡大した世帯においては,移住・外国人労働者の個人選択の合理性とは異なる集団的行為遂行がなされていること,そして第3にグローバリゼーションの進展は,ジェンダー間格差のみならず,エスニシティ,国籍などジェンダー以外の要因の相対的比重の増大によりジェンダー内格差の増大が生じている可能性である。

両報告とも今日の理論水準とその問題点を丹念に整理した上で,各自の実証研究の一部が提示された質の高いものであり,新たな理論形成へ向けてのきわめて挑戦的なものであった。両氏が目指す新たな理論の地平を築き上げるには,さらに膨大な実証研究の積み重ねが必要であるが,両氏の報告は新たな地平への着実な一歩であったことは,当日の会場の議論からも明らかであった。同じ会場で引き続き開催されたジェンダー部会においても,こうした有益な報告でなされた問題提起を1回の分科会で終わらせることなく,引き続き発展させる場を持つべきだという提案が提出された。今後の部会の運営の方向を探る上でも貴重な分科会となったと思う。

1) Joy Magezis, *Women's Studies*, London, Hoddr & Stoughton, 1996.

●第2分科会
若年者の雇用問題

座長　仁田道夫　Nitta Michio

　近年，若年者の失業率が急激に上昇しており，社会問題化している。
　他の先進諸国と異なり，わが国では，従来，若年者の雇用・就業問題が社会問題として強く意識されることはあまりなかった。オイルショックなどの試練を受けながらも，比較的良好なマクロ経済のパフォーマンス，進学率の上昇，新規学卒採用を好む企業の採用行動，新規学卒者の労働市場への参入において学校（とくに高校）が果たす労働力需給マッチング機能などにより，若年者の就業機会は豊富であり，また，失業者として滞留する危険性は低かった。だが，1993年以降，バブル崩壊の影響が労働市場に及び，また団塊第二世代の労働市場参入が本格化した結果，「就職氷河期」が世間の耳目を集めるようになった。とくに，1997年の金融危機に端を発する経済危機以後，事態は大きく転換を遂げてきており，従来の政策手段だけでは十分に対応できなくなってきている。2001年9月の労働力調査では，全体の失業率が5.3％を記録すると同時に，20—24歳の失業率がはじめて10％を超えた（男女計10.3％，男子11.4％，女子9.0％）。25—29歳の失業率も6.6％に上昇している。
　このように労働市場をとりまく環境が急激に変化する中で，深刻化する今日の若年者雇用・就業問題への対応策を考える際に重要なことは，当たり前のようだが，その実態を十分調べ，そこに見られる変化を直視し，そうした変化をもたらしている要因を明確に認識することである。また，諸外国での経験から学ぶことも重要である。そこで，この分科会では，3つの異なった視角からの報告を用意した。
　第1は，日本の若年労働市場の動向を計量的方法で分析した玄田有史（学習院大学）・黒澤昌子（明治学院大学）「新卒市場と就職市場がキャリア形成に与える影響」である。報告は，玄田教授（非会員・招待報告）が行った。教授の報告の要点は，下記の通りである。
　若年者の雇用のあり方は変化してきており，常用労働者比率の低下，転職の活発化などが見られる。これを若者の職業意識の変化のあらわれと見る議論があるが，転職希望者に占める正社員になりたい人の比率の高さなどから判断すると，そうした議論では，若年者雇用の変化を十分説明できない。厚生労働省「若年者就業実態調査」個票データの再分析に基づく検討を踏まえ，教授が強調するのは，次の諸点である。

Ⅱ テーマ別分科会・座長報告

1）新規学卒時の労働市場状況がその後の就業行動に影響する。すなわち，90年代における労働市場状態の悪化と失業率の上昇は，新規学卒者の正社員となる機会を抑制した（いわゆるフリーターが増え，これらの若者の失業確率が高まる）だけでなく，たとえ正社員として就職した場合にも，仕事と能力・意欲等の不一致が生じ，その後の離職を誘発したと考えられる。いわゆるミスマッチ失業と呼ばれるものも，その内実は需要不足失業（あるいは需要不足下の就業）の結果としてもたらされているのであり，若年失業の大部分が自発的失業であるとの議論は，労働市場の現実を反映していない。

2）新規学卒者の正社員としての定着に，学校での職業指導が重要な役割を果たしている。だが，学校での職業指導は不十分なままにとどまっている。

3）男女別にみた場合，日本の高学歴女性について，特異な傾向が観察される。すなわち，他の先進国では，女性が高等教育を受けることにより，社会全体で失業率が上昇した場合も就業機会を制限される傾向が緩和されてきたのだが，日本では，失業率が高まると，大学卒の女性ほど正社員としての就業が困難になる傾向がみられ，大学進学が就業機会の拡大に寄与していない。

玄田報告については，それと密接に関連する論文として，黒澤昌子・玄田有史「学校から職場へ―『七・五・三』転職の背景」（『日本労働研究雑誌』No. 490, 2001年5月号）が刊行されているので，併せて参照されたい。

第2は，近年の若年雇用問題においてとくに強い関心を呼んでいる若年非正規雇用者，いわゆるフリーターについて，その意識・行動と，これを規定している要因を実態調査（日本労働研究機構調査研究報告書『フリーターの意識と実態』（No. 136）・『進路決定をめぐる高校生の意識と行動』（No. 138），共に2000年）にもとづいて分析した上西充子会員（日本労働研究機構研究員）「フリーターの職業意識と参入契機」である。上西会員の報告要旨は，以下の通りである。

1）フリーターとして一括されている若者のなかにも，就業動機に着目すると，多様な類型がある。モラトリアム型（離学モラトリアム型，離職モラトリアム型を含む），夢追求型（芸能志向型，職人・フリーランス志向型），やむをえず型（正規雇用志向型，期間限定型，プライベート・トラブル型）などがそれである。

2）前2者については，「やりたいこと」へのこだわりが重要な要因であり，モラトリアム型は「やりたいこと」がわからないので探求している状態，夢追求型は「やりたいこと」を追求するために関連する仕事に非正規の状態で就業したり，収入をえるために別の領域の仕事でアルバイトに従事しているケースである。だが，実際にフリーターをしながら，「やりたいこと」を発見したり，それに必要な能力

を身につけることは容易でなく，多くの場合，一定年齢でフリーターからの離脱を図ることになる。

3）実際，20歳代後半から30歳代にかけて，非正規雇用の割合は減少する。だが，男性とくらべて女性のほうが，また大卒にくらべて高卒のほうが非正規雇用に滞留する傾向が高い。就業構造基本調査のデータをもちいた分析から，近年は非正規に滞留する傾向が強まっていることがわかるが，それは女性に顕著である。これは経済事情にもよるが，女性について「好きな仕事ならフリーターでも」という志向が強いことにもよると考えられる。

4）フリーターの増加の背景としては，経済環境の悪化と共に，高卒労働市場における学校を中心とした職業への移行システムが機能不全を起こしていることも重要な要因である。

5）若年者の職業能力の形成という観点からみた政策課題としては，以下の3点が考えられる。

① インターンシップなど，在学中からの職業体験や社会人としての基礎的トレーニングを与えること。

② フリーターからの離脱を支援し，職業能力を身につけさせる政策支援。一つの方法として，新卒派遣を実施している派遣会社のノウハウを活用することが考えられる。

③ フリーターからの離脱事例を調査・分析し，非離脱事例との比較を行う事を通じて，離脱にとってなにが有効かを明らかにすること。

上西報告の内容に関しては，上記の調査報告書のほか，日本労働研究機構調査報告書 No. 146『大都市の若者の就業行動と意識』2001年，上西充子「フリーターをめぐる三つの論点」(『日本労働研究雑誌』No. 490, 2001年5月号) を参照されたい。

第3は，若年者雇用問題の「先進国」ヨーロッパの代表的な国の一つであるフランスにおいて，どのような雇用問題があり，それに対して，いかなる政策対応がなされているかを明らかにした鈴木宏昌会員（早稲田大学商学部教授）の「フランスにおける若年者の雇用と失業」である。本報告の内容については，この雑誌に論文として掲載されているので，参照されたい。

以上3つの報告で，今日の若年者雇用問題が十分に解明されつくしたとは言えない。多くの課題が残されている。学会にとっても労働政策を考える上での中心的な研究テーマの1つと言えよう。経済学，社会学，政治学，法律学など多様な方法的接近からの分析が数多く生まれることを期待したい。

● 第3分科会
社会福祉改革における公私関係変容の構図

座長　小笠原浩一　Ogasawara Koichi

1　分科会の目的およびテーマの趣旨

　この分科会は，「社会福祉基礎構造改革」の到達点を社会福祉改革の歴史的なパースペクティヴから論ずることを目的に設定された。このことを通じて，〈市場・規制〉および〈公・共・私〉という今日の社会政策論を悩ましつづけている「公私関係」問題について分科会として一定の視座につながる議論を構えることを狙いとした。

　分科会のテーマの趣旨は，戦後の特殊的状況のもとで成立した「日本的公私関係」(北場勉) が，果たしてどのように，また，どこまで変容を遂げてきたのか検討することにある。「日本的公私関係」は，社会福祉事業に対する「公の支配」を本質とする。この〈業〉に対する公的な管理の仕組みは，措置制度の原則廃止を伴う今般の基礎構造改革においてはたして本質的に変容したのかどうか。この論点が本分科会のテーマである。この論点は，公的責任や供給システムにかかわる政策論と直接には接合するが，遠景に，地域福祉や住民参加型福祉の可能性に関するわが国固有の評価軸を打ち立てるという，より本質的な問題が想定されている。

　ところで，この変容を捉える方法として，既に福祉多元主義やサービス供給システム論以降，多くの視座が提起されてきており，最近では，「社会的排除」や自立支援との関連で地域社会および地域住民に重点を置く新たな社会福祉の概念展開が見られる。これに対してこの分科会では，パラダイムないし理念のレベルにおける社会福祉の転換とは距離を置きつつ，社会福祉事業に対する行政による管理・規制に着目して，この変容を検討するものとする。

2　第1報告：北場勉「戦後社会福祉立法における公私関係とそれが民間社会福祉事業にもたらした内在的制約について」

　北場報告は，戦後社会福祉立法における公私関係を規制した原理が，社会福祉事業主体としての社会福祉法人等への措置委託と社会福祉法人への公的支援の集中を内容とする「日本的公私関係」へと形態化する背景を分析するとともに，「日本的公私関係」は，民間社会福祉の独立性の欠如につながり，在宅福祉等の分野がその

第3分科会=社会福祉改革における公私関係変容の構図

重要性を増す中で,民間社会福祉事業への公的支援システムとしての制約を顕在化させることにもなったことを論じている。

まず,「日本的公私関係」の成立については,公的責任を事業実施と財政責任に分離し,措置委託に伴う公的補助を措置委託費と施設費等の一部補助の形で行う公私関係の制度形式が整うまでの経緯が分析されている。報告では,救済事業の無差別平等原則のもとにその実施を国家責任と考える GHQ と「「官民一体型」の発想を引きずっていた」日本政府との間に,公的救済における事業実施と財政責任との関連をめぐって,民間への措置委託と措置委託費の支弁という方法や旧生活保護法における限定的補助の仕組みが容認されていく伏線が早い段階から存在していたこと,そして結果として,「過渡的な形態」としつつも民間社会事業を公的社会福祉に活用する道が選択されることになることが説明された。

憲法第89条との関連では,社会福祉法人の制度を創設することで,「公の支配」の支配に属さない慈善・博愛事業等への公的援助を禁止する厳格な公私分離の規範との整合が図られた。そして,措置委託費等の限定的な公的補助に生じる不足を共同募金など民間資金を補完的に活用し,公私分離原則と整合性ある資金供給システムを構築するという日本的な仕組みが誕生することとなった。社会福祉法人の制度にせよ,措置委託に伴う措置委託費等の補助の仕組みにせよ,全国画一の中央集権的な性格の強いものであった。

「内在的制約」について,報告は,このようにして生成した「日本的公私関係」が,民間社会福祉事業を財政的な独立性ばかりでなく事業意欲という面でも脆弱にした点に着目している。報告は,GHQ が描いたような完全な公私分離論は世界的にみても特異なものであるが,日本の場合には,この独立性の弱さという点に特徴があると指摘する。この脆弱性は,施設福祉から在宅福祉への展開の中で顕著になることになった,としている。

3 第2報告:蟻塚昌克「1980年代厚生行政のダイナミズムと公私関係の変容 ―社会福祉政策の展開を軸にして―」

蟻塚報告は,1980年代の社会福祉「見直し」論を中心に社会福祉改革に関わる政策議論を整理することで,「公私関係」の変容を検討する。その際,2つの判断軸をたてている。1つは,社会福祉における公私関係は社会福祉事業法第5条の経営準則に収斂されるという視点であって,社会福祉事業主体としての社会福祉法人に対する指導・監督が公私関係の基本にあるという観方である。もう1つは,社会福祉見直し論には,財政サイドから提起され新保守主義に収斂していくような市場・

民活路線と,社会福祉関係者から提起され市民参加型福祉や地域福祉計画というカテゴリーにつながってくるような路線との対峙関係が内包されていた,という視点である。

報告の基調は,1980年代後半から15年にわたって展開した社会福祉改革の全体像を「民間活力の導入イコール市場機構によるサービスの供給」という視座で評価することに否定的である。むしろ,「従来の公私関係のかたまりである公的なシステムを中心にしつつ」,広く地域住民が関わりを持つという意味での市民参加システムの取り込みが行われたというのが本筋ではないか,という見方が示されている。

具体的には,次のようなストーリーが述べられた。1980年代後半の福祉関係三審議会合同企画分科会の流れ,すなわち,厚生省の福祉改革議論の流れにおいては,民間活力や市場といったものへの評価は少なくともサービス供給の各論には見られず,どちらかというと,振興,規制,誘導に力点が置かれていた。そして,「社会福祉関係者による見直し作業の総括的な文書」という性格をもつ同分科会の89年の「意見具申」は,基礎構造改革（社会福祉改革の「第4段階」）への「見取り図,あるいは青写真」を提示することになった。確かに,90年代後半には財政サイドの議論を中心に民活・市場の活用論が強まるが,福祉サービス供給システムに公的システム,市民参加のシステム,市場のシステムが区分できるとすれば,基礎構造改革への流れとしては,公的システムを中心としつつも,住民参加の地域福祉カテゴリーが社会福祉の基礎構造に据えられたという意味での「公私関係の転形」に注目することが重要ではないか。

4　第3報告：栃本一三郎「社会福祉基礎構造改革における〈新しい公私関係〉」

栃本報告は,社会福祉法の制定＝社会福祉事業法等の改正は,その内容から観て社会福祉の基礎構造の改革と呼び得るようなものではなく,社会福祉事業法を社会福祉の基本法的性格を有するようなものへと展開させるような改革でなかった以上,これを「基礎構造改革」とするのは妥当ではない,という主張をする。「今回の改正が,わが国の新しい社会福祉の公私関係の構築の基礎となるかのごとき解釈があるとしたら」「過剰解釈」である,と指摘する。栃本報告は,今回の法改正は従来の基礎構造を維持する内容となっていると考えている。

具体的な主張は次の通りである。まず,社会福祉法の内容を取り上げると,社会福祉事業法第5条の経営準則はそのまま社会福祉法第61条として残されているし,法のあて先も従来と変わることなく国民ではない。利用者保護や地域福祉の推進ということも事業者に求められる内容となっている。事業者に対する規制という本質

は変わっていない。また、規制緩和や分権化という新しい状況のなかで、社会福祉の基本的なあり方を整序したり、生活保護法を含む他の法体系と整合させるような構造変更型の立法作業でもなかった。利用制度への変更で「民民関係」が重視されることになったが、これに対応した公の責務ということについて新しいものが打ち出されたとは言えない。ボランタリセクターの位置付けといった社会福祉のあるべき論に踏み込む議論は社会福祉法では整理されずに終わっている。

　改革の時系列の流れでも、89年の合同企画分科会意見具申は、そもそも福祉国家スキームにおける公と民との関係を真に脱するような論理を内包するものではなかった。第2臨調に対するリアクションの性格が強く、基礎構造そのものを変える論理で改革構想が組みたてられていたのではなかった。むしろ、平成2年の社会福祉事業法改正における第3条や、平成4年の社会福祉事業法改正の際に中央社会福祉審議会地域福祉専門分科会の意見具申「参加型社会福祉への構築」が提起した新しい公私関係の議論や国民参加の基本指針および人材確保の基本指針などに比し、社会福祉法のロジックが逆戻りの観すら呈している。

　基礎構造改革、新しい公私関係ということであれば、たとえばドイツにおける「国家の後置性」原則に見られるような社会福祉分野全体を包括する主体関係の原則の整理が必要なのではないか、という示唆があった。

5　分科会の意義と今後への論点

　分科会は、戦後特殊条件のもとで生成した「日本的公私関係」が1980年代以降の「社会福祉改革」を経て変容を遂げたのかどうかという問題と、社会福祉の基本像との関連における基礎構造改革の読み方という問題の2つに焦点をあてた。

　前者については、「新しい公私関係」への変容を読み取ることに否定的な基調でまとめられた。当然ながら、新自由主義や市場原理をキーワードに公私関係変容を捉える観方にも異議を唱えている。それでは「社会福祉改革」をどのような方法的視座と論理で認識するか、という歴史ビジョンにかかわる主要な論点を共有することができた。

　後者については、社会福祉事業への「公の支配」のシステムをつくってしまったことへの理論的な総括の重要性、すなわち、「国家の後置性」や「市民参加」ということのわが国の戦後社会福祉体制の文脈における原理的な意義づけの問題が、今後の課題として浮き彫りにされた。

　報告者各位および熱心に討論に参加された会員各位に座長として感謝申し上げたい。

● 第4分科会
変貌する地域社会と社会保障の今日的課題

座長　川上昌子 Kawakami Masako

　第4分科会は，横山寿一氏による「過疎地域における高齢者生活と介護・年金。医療の課題」，岡崎祐司氏による「山間地域における高齢者生活と介護保険導入後の高齢者福祉行政の課題」，そして河合克義氏による「大都市における高齢者の社会的孤立と社会保障・社会福祉の課題—東京都港区のひとり暮らし高齢者の生活実態を中心に」の3報告がなされた。

　国のレベルではなく，地域生活に即した社会保障の課題を検討することが第4分科会の課題である。そこで，地域調査に基づいて研究された社会保障の課題についての報告として構成されるものである。今日，年金，医療，介護といった社会保障，社会福祉なしには国民の生活は成り立たないのは自明である。だが，それを地域生活に引き寄せて検証するというミクロの視点で捉えることは十分なされてこなかったことではなかろうか。

　地域生活に即した社会保障の課題を探るためには，まず，地域生活のなかで社会保障が具体的にいかに機能しているかを検証することになる。それが，各報告に共通した内容である。また，2000年の介護保険制度の発足をふまえたならば，従来の社会福祉の領域の範囲を越えて，医療や保健といった領域をいれて検討することが必要となる。

　報告された3地域のうち2地域は過疎地である。石川県珠洲市日置地区という能登半島の先端の漁業地と京都府美山町の山間地である。漁業地と山間地という違いはあるものの，両者とも人口減少が続いている過疎地である。過疎地の共通性は，人口の減少が農業や漁業の後継者までもが仕事を求めて都会地へ移住していくことである。当然，残された者の高齢化が進んでいき，高齢者のみ世帯が取り残されていくことになる。そして病気になったり，要介護状態になったりして住み続けることが決定的に不可能となり，今度は老人が流出していくことになる。それを横山氏は「もう一つの過疎化」と表現された。

　同じ過疎地といっても，両者は漁業地と山間地という相違以上に，これまでに取り組まれてきた医療や介護の住民への提供の仕組みづくりがちがっていることに着目する必要がある。

　珠洲市日置地区の社会保障制度利用上の問題として指摘されているのは，高齢化

第4分科会＝変貌する地域社会と社会保障の今日的課題

の進展によるニーズの拡大にかかわらず、医療機関や社会福祉サービスの提供機関が不備・不足しており、とくにアクセスの問題が深刻であることが指摘されていた点である。加齢により車の運転ができなくなること、さらに歩行困難になればバスでも移動は困難になっていき、総合病院のような高度な医療を提供してくれるところへはアクセスが困難となっていく。巡回診療所では医療過誤などの問題が起こることが指摘されている。医療過誤という文字を報告レジュメで見たとき、医療過疎の間違いかと筆者は早合点したのであるが、そのことに関連があるわけだが、医療過疎が具体的には医療過誤として、正しく診断され治療を受けることができない問題として起こってくることである。

介護に関しては、1990年調査では、サービス利用者はゼロであったということである。最近の調査では、利用者は増えているが種々のサービスの利用率は22〜24％の低率であることが指摘されている。介護保険が理解されていないこととともに、利用料や保険料の負担問題が低所得層が多い当地区での問題である。

他方、美山町は介護保険の実施に先立って住民生活の実態の把握を行い、保険料と利用料の住民負担がサービス利用抑制となるとの懸念から、どのように公的責任を果たすか、福祉サービスの質をどう維持するかという問題に取り組まれたという。その結果、在宅介護支援センターを町直営に移管する、ホームヘルプ事業所と居宅介護支援事業所の設置、公設民営の診療所の設置、健康診査相談、機能訓練等、介護保険対象外の軽度生活援助のホームヘルパー制や生きがい対策型のデイサービスやショートステイ、社協委託による生活支援とふれあい型の配食サービスなど、町が直接提供者となるもしくは委託者となる形で全体的な責任体制がつくられたということであり、サービス提供に関連した総合化が図られてきているということである。

なお、介護保険の2000年度の給付限度額に対する利用率は38％ということである。

1999年に行われた報告者らによる調査によると、在宅福祉サービスを受けている者のうち独居者が24％、夫婦世帯が33％であわせて57％である。美山町全体の高齢者のみ世帯率は日本の中で高い方であろうが、在宅サービスを受けている者のなかでの高齢者のみ世帯率はかなり高い。サービス利用者の中の比率だから高くなるのは当然としても、その利用しているサービスは独居では、ヘルパー（36％）、デイサービス（43％）、給食サービス（36％）が多く、夫婦では、特段高い利用率のサービス種類はなく万遍なく利用されている状況であり、二世代以上同居ではデイサービス（83％）とショート（42％）がとくに多い。二世代以上同居ではサービスがかなり生かされていると言えるが、独居や夫婦世帯では、この利用状況で「住み続ける

Ⅱ　テーマ別分科会・座長報告

こと」がどこまで可能といえるかである。基盤整備が進んできていても、なお、在宅サービスを利用していない世帯を含めて、交流の場に参加できない、家族関係が良くない、経済的に苦しいという声が聞かれ、孤立生活不安の構造があると報告者は指摘されていた。後年のさらなる検証が必要であろう。

　報告者が政策課題としてとくに強調されたのは、総合生活支援型行政への展開である。介護保険の枠にとらわれない施設の展開と職員の力量形成、さらには各サービスの連携、情報提供、相談など総合的な機能の発揮が必要であるとされるが、それを簡単に言い直せば、サービスを必要とするすべての高齢者へ施策を確実に結びつけることということになろうか。

　民間の参入が困難な地域は行政の力量が試されるところである。美山町もまだ利用率38％ということであるが、珠洲市日置地区と比べるならば住民の安心感はより高いと推量できる。

　大都市の例として、河合克義氏から東京都港区のひとり暮らし高齢者の調査に基づいた、ひとり暮らし高齢者の生活状況について報告があった。氏の報告の内容は、本誌に論文が収録されているので、詳細はここで要約する必要はないであろう。氏の論文を参考にされたい。氏が注目されている点は、実際の高齢者生活状況の孤立状況であり、市場からの排除の状況である。その状況下でのサービス利用に際しての「自己決定の尊重」の強調は、自分で決められない、選択できない者にとっては、孤立化をさらに深めていくことにならないか。その認識に立って「利用者選択のシステム」の課題を検討する必要があるとされた。

　以上のように対象的な過疎地と大都市の高齢者の生活状態が報告されたのであるが、孤立化している生活状況は実に似通ったものであった。

　調査に基づく報告であるため、調査地域や調査方法などの本論部分にはいる前の説明がなされなければならず、報告者の発表に時間を多くとることとなり、議論をする時間が短くなってしまった。座席が足りないほどの多くの参加者があったにもかかわらず、議論することができなかったことを、座長の不手際として申し訳なく思っている。岡崎氏の美山町報告に対して、岐阜経済大学の小林氏から「地域の福祉問題に対して、公的に対応すべきか、市民の協同で対応すべきか」という質問がなされた。これに対して岡崎氏は「地域によりまちまちだと思うが、美山町の場合は当初から介護保険では対応できないことがわかっており、町が直接対応するに至った」と回答され、事例報告という態度を堅持された。少なくとも、美山町のような山間部の過疎地で民間が参入してくることが困難な地域では、公的対応しかな

いであろうが，山間部のような閉ざされた地域以外での有効性についての議論を深めることができれば良かったと考える。

● 第5分科会
ホワイトカラーの雇用管理の生成史

座長　三宅明正　Miyake Akimasa

　日本のホワイトカラー研究は，現状分析についてはこの間に急速な展開をみせたものの，歴史的な考察は，社会階層の史的検討という分野を除くと，必ずしも行なわれてはこなかった。しかしながら近年，ホワイトカラーの雇用制度の生成と展開について，本格的な史的研究が始まっている。その背後には，ホワイトカラーをめぐる昨今の激しい社会変容を長期的にどうとらえるか，ブルーカラーとホワイトカラーの日本的な関係のありようをどう考えるのか，といった関心があるように思われる。そして学歴別の労働市場，身分的な経営秩序など，日本の雇用制度の特徴をみるならば，ホワイトカラーの雇用管理の歴史研究は，そうした雇用制度の背景を探る上でも，あるいは今後の変化の方向を見定める上でも重要な地位を占めているといってよい。

　このような趣旨から，21世紀最初の社会政策学会労働史分科会は，「ホワイトカラーの雇用管理の生成史」をテーマにして開催された。報告者は明治大学の若林幸男氏と東京大学の粕谷誠氏で，会場参加者は30人であった。座長は三宅がつとめた。報告の概要を述べよう。

　若林氏の報告は「三井物産における新卒定期入社システムの誕生―日本における近代的ホワイトカラー（clerk）雇用制度の生成―」というタイトルで行われた。氏は「1876年の創業年から1926年に至る50年間の三井物産の人的資源確保制度の変遷を概観する」ことを通して，表記の近代的ホワイトカラー雇用制度生成の実相に迫ろうとした。

　氏によれば，「1867年の物産設立以来，ごく一部の海外派遣要員として採用されていたエリート層（東京商法講習所など学卒者）をのぞく，大多数の営業マンは子供（丁稚）から社内研修を通じて陶冶されていた」が，日清戦争以降「学校制度が急激に整備されると，そこから月給職員（大卒・専門学校卒・甲種専門学校補習科卒）と日給職員（商業学校卒）の要員を充当するように」なり，1913年には丁稚奉公制度が完全に廃止され，「第一次大戦期の好況期に，三井物産をはじめとする商業サービス業，銀行で，ほぼ同時に学卒者からの入社制度を一斉に施行」することになった。

　このように第一次大戦期に新卒定期入社システムが成立したのは，教育の拡充に

伴い，民間の新卒マーケットに対して一斉に労働力を供給するシステムが構築され，「よりよい人材の獲得」を目指す企業間競争が激化した結果，大学・高専新卒予定者を対象にマーケットが成立したためであった。三井物産の場合，1913年に設立された「人事課」が，諸部署から出された必要予定人員を把握し，一括リクルートする形態をとるなど，最終学年在学中の学生の「内定」という形態で新卒定期入社制度が定式化したのである。その際，従来バラバラになされていた新人採用と初期研修を統一的に行うことによって「取引費用」を削減できることが，企業側の要因としては重要であった。

さらに氏は，「経理庶務部門労働者」としては「読み書きそろばん」で足り得るにもかかわらず，旧来からする丁稚からの養成が全面的に廃止され，学卒者に代替されていくことに関して，丁稚の持つもう1つの機能＝使い走りの機能に注目する必要性を指摘し，丁稚奉公の廃止はこの使い走り＝情報通信ハード・ソフトの機能が交通網の利用，電話の施設などで代替された結果であると主張した。

本報告に直接関連する若林氏の既発表の作品には，「三井物産における人事課の創設と新卒定期入社制度の定着過程」(『経営史学』第33巻第4号，1999年) と，「使い走りの研究―双方向通信システムとしての電話と商業丁稚制度の相互関連性についての歴史的展望―」(『明大商学論叢』第83巻第4号，2001年) がある。

粕谷氏の報告は「三井家における雇用制度の再編―明治前期の三井銀行を中心に―」というタイトルで行われた。氏は，三井家における明治前期の雇用関係の変化を先行研究がどのようにとらえてきたか検討した上で，「給与・賞与・退職手当を含めた報酬制度全体のなかで，仕着別家制から通勤給料制への転換」を明らかにすること，さらに明治に入り，暖簾分けなどの制度がいかに変化したのか，また別家制度が解体したときに，採用・昇進がどのように行われていたのかを解明することを，報告の意図とした。

具体的には，名改めの変化，住込から通勤への変化と給与制度の変化，賞与制度の変化，退職手当と暖簾分けの変化，三井銀行と三井物産における昇進の実態，重役制度の形成，重役賞与と使用人賞与の分化，恩給制度の形成の順で考察が進められた。氏によると，三井においては，1876年の三井銀行設立の頃には，名改め・暖簾の授与・住込などの慣行は姿を消していた。さらに暖簾の授与の前提にある元手銀についても，賞与金の支給割合が増加するなかで廃止された。近代的な会社法制を参照して「会社」として作られた三井銀行は，近世の雇用慣行を急速に，意識的に廃止し，新たな雇用制度を模索していった。

しかし旧来の慣行が廃止されていくなかで，手代 (従業員) が利益の一定割合を

取得するという，近世以来の慣行は維持されていた。また近世の三井家では利益金の一部を分与される割銀の支給対象が，上級手代である名目役に限られていたのに対して，末端に近いところまで同一基準で利益連動の賞与を受け取れるようになった。近世に存在した宿持手代と一般手代との身分的・経済的な圧倒的な格差は縮小される一方で，三井同族に対する従業員全体の地位は高まったといってよい。

こうして成立した従業員の地位は，のち1890年代に大きく変化した。上級行員には大・高専卒者，下級行員には商業学校卒業者を当てるという方針が定着し，全員が同じ等級からスタートすることは不可能となった。また従業員のなかで，利益連動の賞与を受け取る重役が，月給連動の賞与を受け取る一般使用人や査定を受けて特別賞与をも受け取る役席者から分離された。また退職手当は，別家制度の解体により規模が縮小され，旧来の昇進のあり方が否定されていくなかで，1897年の恩給制度は，在職中の功労を評価して恩恵的に支払う，という性格のもとで運用された。

本報告に直接関連する粕谷氏の既発表の研究には，「近代的雇用の形成―明治前期の三井銀行を中心に―」（『三井文庫論叢』第33号，1999年）がある。成立期の三井銀行では利益配当が従業員のレベルまで行われることで，従業員と企業との一体感が強められたことがそこでは指摘されている。

こうした実証の密度の高い２つの報告を受けて，質疑応答と討論は，以下３点に即して行われた。第１は，丁稚・徒弟など，少年時採用後の企業内養成システムが，中等教育・高等教育修了者採用へと転換していく事情と，その実態についてである。報告者からは物産も銀行も初期はすべて縁故採用で二世の入社が多く，それが成長の中で学校卒業者に代わっていく経緯が説明された。第２は，上記のように転換した後の，ホワイトカラーの「絞り込み」基準など，人事管理並びに処遇の実情についてである。報告者は賃金制度をはじめ処遇には不詳なところが多いとしつつも，「絞り込み」や昇進は自然淘汰によると考えられるとした。第３は，海外企業における制度の初期日本企業への影響についてである。報告者からは，海外の制度の影響は一概にはいえないし，ただ外国モデル一般ではないということが主張された。フロアからは官庁の制度の影響を指摘する発言もあった。

総じて，今後の課題をより鮮明にしていく方向で，質疑応答と討論が活発に行われた。孫田良平会員からは，戦前期ホワイトカラー管理に関する興味深い史料の紹介などもなされた。非会員の出席者（福田泰雄氏，理論経済学）からは，終了後，「報告者の趣旨に添ってここまで討論をきっちりと行う学会は，最近は希ではないだろうか」との感想が寄せられたことを付記しておく。

●第6分科会
社会変動が労働者世帯の生活時間に及ぼす影響
——カップル単位の小規模生活時間調査から

座長　伊藤セツ　Ito Setsu

1　趣　旨

　報告者たちは，20世紀の後半4半世紀，1975年から5年毎に2000年まで，東京都内在住の雇用労働者世帯に協力を得て小規模生活時間調査に加わってきた。75年調査は東京都の公立学校教員対象に，また80年は東京都全域に公募方式で，と調査協力者の選定には試行錯誤を続け，85年は造成中の東京多摩ニュータウンに地域を絞り実施した。90年からは，都心部の世田谷区と多摩ニュータウンの二地域で別々の調査を平行して行うようになった。

　調査は公募方式，協力者は夫雇用労働者夫妻で，必ずカップル単位（夫妻が共に記入しているもののみ有効回答とした）で，そのことが，われわれの調査の第1の特徴であるが，これは，家庭内での夫妻のダイアド関係のなかでこそ，生活時間のジェンダー関係・矛盾がもっとも鮮明に現れること，また夫の労働時間の長短や働き方が妻にどのような影響を及ぼすかを端的な形で把握できると判断した上での調査設計であった。

　第2の特徴は，妻については職の有無，就業形態別を区分して，夫との関わりを見るという方式をとっている。特に常勤で働く妻の生活の時間配分が，何故に同じ常勤で働く夫と同一家庭内で異ならざるをえないのかという問題に強い関心を抱いているからである。

　第3の特徴は，生活行動の大分類を社会政策学領域で蓄積された藤本武氏の方式と労働生理学的視点を入れた篭山京氏の方式を参照しながら，独自に生理的生活，収入労働生活，家事的生活，社会的文化的生活と4大分類し，かつペイドワークとアンペイドワークを理論的には峻別した上で，生活に有用な労働への人間労働力の支出という視点から両労働を「全労働」として合算再掲するという方法をとってきたことである。第4に，小規模調査であるということも特徴の1つである。財源は各種助成金によっているが，いずれも100～500万円までの助成で，調査協力者数は目的に添った最小限度の数しか得られないという限界をもつ。

　1975年，80年は生活時間の夫妻の平等な配分という問題にこだわった調査であったが，85年は，労働基準法の改正と関連させて夫の長時間労働を扱い，また90年以

降は世田谷と多摩ニュータウンで、2つの調査がそれぞれ異なった目的で実施された。

世田谷調査を例にとると、90年は、両性の高齢社会における社会的・文化的生活への準備を問題にし、95年調査は韓国の共同研究者とソウル・東京で同時調査を実施して比較した。2000年調査は、多摩・世田谷両グループが、共に別々に文部省科学研究費補助金助成を得て実施された。

今回の報告の目的は、世帯内男女の生活時間配分の実態やその差がどのように変化してきたかを明らかにすることである。2000年調査の集計を含めて、生活時間配分の推移、収入労働時間と働き方、広義のアンペイド・ワーク時間に絞って3本の報告を用意した。

2　3本の報告内容の要旨

第1報告は、大竹美登利（東京学芸大学）氏による、「1990年代の社会変動が大都市労働者夫妻の生活時間構造に与える影響―多摩ニュータウン調査から―」と題するものであった。大竹氏は、1990年代はバブル経済の崩壊、規制緩和、経済のグローバル化などによって、労働者を取り巻く社会は大きく変動し、その生活も大きな変化を余儀なくされたとし、氏の調査のフィールドとしている多摩ニュータウンの変遷を、日本経済の変化と結びつけて考察し、次に、1985年から2000年の間の4回の調査から、夫：常勤雇用者、妻：無職者・常勤雇用者・パートタイム雇用者の生活時間の変化を時系列的に分析した。その結果、①バブル崩壊や不況が、常勤雇用者の収入労働時間を延長させ、生理的生活時間、特に睡眠と、社会的文化的生活時間の減少をもたらし、②商業用地の誘致、鉄道の延長など、開発型日本経済を代表する多摩ニュータウンの発展は、時間的ゆとりといった豊かさをもたらさず、③家事の外部化などにつながる商品経済を発展させ、家事労働の減少を招いていることが明らかにされた。パワーポイントのスライド40枚による、見事なプレゼンテーションであった。

第2報告は、斎藤悦子（岐阜経済大学）氏によるもので、「世帯内生活時間ジェンダー格差の動向とアンペイド・ワーク評価問題―世田谷1990, 1995, 2000年調査を用いて―」と題されていた。その概要は次の通りであった。

氏は、労働者世帯の生活は、生活時間という視点で見れば、社会変動の影響を受けながら、生活主体である夫妻が、世帯内において各種生活行動に時間を配分して成り立っているとし、世田谷で実施した1990, 1995, 2000年の3回の調査結果をもとに、夫妻というカップル単位の世帯内生活時間のジェンダー格差の動向を明らか

にした。さらに，氏は，ジェンダー格差が最も顕著に見いだされたアンペイド・ワーク時間に注目し，従来のアンペイド・ワークの各種評価を調査結果得られた数値に当てはめて試み，その評価方法の問題点を検討・指摘して，社会変動を考慮に入れた新たな考え方を提示した。その考え方とは，アンペイド・ワークを金銭によってではなく，地域通貨によって評価するというものである。氏は，地域通貨が本格化しているオーストラリアの例を挙げて，現地調査の経験から日本におけるアンペイド・ワークの，地域通貨による可能性というアイデアを提起した。

　第3報告は，水野谷武志（法政大学大学院）による「生活時間調査による収入労働時間および不払い労働時間の実態へのアプローチ—世田谷1995，2000年調査より—」であった。氏の報告の目的は，1995，2000年世田谷生活時間調査に付帯させた「週間収入労働時間調査」結果をもとに，所定内・所定外・不払残業時間の実態を明らかにすることであった。氏は，この調査法では，時間帯別に何割の人が収入労働時間を行っているかが集計できる点で独自性をもつとし，また，生活時間調査における1日の収入労働時間の長短が与える生活時間配分への影響も検討可能であるとした。その結果，夫と常勤の妻ともに，所定内労働時間がいわゆる「9時—5時」であることが確認された。他方で，所定外労働や不払残業では，曜日やジェンダーによって行動率のピークに差異があることが示された。また，夫は，午後5時から夜遅くは9時まで残業をしていることも明らかになった。収入労働時間と生活時間配分の分析によって，夫の長時間労働は，自身の生理的，家事的，社会的・文化的生活時間を短くする傾向があり，常勤妻は，収入労働時間と家事的生活時間の二重の負担によって，生理的，社会的・文化的生活時間配分を減らす傾向にあることが示された。

3　コメント

　上記3本の報告にたいし，中央大学の鷲谷徹氏がコメントを行った。氏は，生活時間を様々な意味で「関係性」のうちに捉えるべきであるとし，上記報告が，いずれもカップルという1つの関係性を基軸として分析された点を評価した。

　その上で，大竹報告に関しては，労働力再生産単位としての家族，とりわけ夫妻カップルのそれぞれの生活時間構造は，両者の相互規定関係のうちに形成されているが，①家族構成員は，子どもや親を含んでいることを考慮すべきこと，②妻常勤世帯，妻パート世帯，妻無職世帯という3類型分析については，各類型は何故そのような世帯構成をとっているかの考察も必要であること，③一般に生活時間を1日単位で総括・分析することは困難で，「日」は生活の流れの区切りにすぎず，長い

スパンのリズムの断片であるから，最低限1週間単位の調査を行うことが必要であると指摘された。

また，多くの労働者の生活が週休制のもとで営まれ，それに合わせた生活サイクルが形成されているから，夫の平日の収入労働時間の増加という傾向も，そのまま週のひいては年間収入労働時間の延長に結びつくかどうかはわからず，土曜や日曜の事情の変化を合わせて考えるべきことを方法上の課題として提起された。

また，水野谷報告にたいしては，収入労働時間の曜日別・時間帯別行為者率が提示されているので，生活時間の時間量と時間の位置（朝か昼か夜か，その行為が行われる時間帯）の両面で捉えるという点を満たしていること，生活時間の量的・質的側面の両方の把握が可能であることは労働科学の知見からみても重要で，この生活時間調査の本調査に付帯した調査による補完的分析ではあるとはいえ，方法上の発展を示唆するものと評価された。

齊藤報告には，生活時間のジェンダー格差とアンペイド・ワーク評価との関係に関する考察が鮮明に理解できなかったとされ，そもそもアンペイド・ワークのジェンダー格差を問題にする前に，家事労働時間そのもののジェンダー格差を分析すればよいのではないかとの疑問を呈され，齊藤氏の新しい評価の試みに迫るコメントは頂けなかった。

会場からも質問が出され，短い時間ながら充実したセッションであった。参加者は55名であった。

コメンテーターをお願いした鷲谷氏には，会場校の事務局担当というお忙しい立場でありながら，このセッションにていねいに対応して下さったことに心から御礼申しあげる。

●第7分科会
労働組合における新たな賃金政策の模索
―「同一価値労働同一賃金」原則と単産の賃金政策

座長　遠藤公嗣　Endo Koshi

　本分科会では，大賀康幸氏（商業労連・非会員）に「商業労連の賃金政策」についての報告を，崎岡利克氏（電機連合・非会員）に「電機連合の賃金政策」についての報告を，それぞれお願いし，両報告についてのコメントを木下武男氏（鹿児島国際大学・会員）がおこなった。

　本分科会は，木下氏と遠藤が相談しつつ企画したものである。企画者の問題意識はつぎのとおりであった。

　「同一価値労働同一賃金」原則は，不当な低賃金を是正する基準として，欧米で考案された。その考え方は欧米各国で広まっているし，実際にも一部の賃金制度に採用・反映されている。日本でも，その考え方が本格的に紹介されて10年近くになる。しかし日本では，「同一価値労働同一賃金」原則はそれほど広まらず，実際の賃金制度に採用・反映されたこともほとんどなかった。その重要な理由の1つは，この原則を実施するには，賃金の決定基準が「仕事」であることが必要不可欠な条件であるが，日本では「年功」が主要な基準であったため，実施の必要条件が欠けていたことであった。

　ところで近年，経営者側の意図する賃金制度改革では，年功的な賃金の制度ないし運用を改編して，いわゆる成果主義的な賃金に移行しようとする動きが，急速に広まっている。また，この動きに対応するため，労働組合の側でも，新たな賃金政策を模索する動きが広まっている。そうした模索の中には，賃金の決定基準で重視するファクターを「年功」から「仕事」へと移行させる考え方も登場してきているし，さらに，「同一価値労働同一賃金」原則に言及する賃金政策も登場してきている。

　労働組合によるこの模索は注目すべきである。「同一価値労働同一賃金」原則が実際の賃金制度に採用・反映される可能性が広がるかもしれないからである。日本では，正社員・非正社員という雇用形態の違いや，正社員でも入職時に振り分けられた人事処遇コースの違いによって，低い賃金しか支払われない労働者が多い。そして，そうした低い賃金の労働者の多数は女性である。それゆえ，男女賃金格差は先進工業国中で最大規模である。もし「同一価値労働同一賃金」原則が採用・反映

されるならば、日本における低賃金の不当さの意味や、男女賃金格差の不当さの意味をより明確にするから、それらの是正をうながすかもしれないのである。

およそ、このような問題意識のもとに、大賀氏に「商業労連の賃金政策」について、崎岡氏に「電機連合の賃金政策」について、それぞれの報告をお願いした。商業労連と電機連合が、単産レベルとしては、賃金の決定基準を「仕事」へ移行させる考え方をもっともはっきりと意識するように思われたからである。お願いするにあたっては、単産それぞれの賃金政策の概要を中心に報告いただき、可能ならば、その中で「同一価値労働同一賃金」原則にもふれていだだくことにした。

大賀氏は、「成果（実績）主義を強め個別配分重視を」と題する説明文書をもとに、商業労連の政策を報告された。それによると、「低成長社会に突入しかぎられた総額人件費の有効活用が急務」と状況を認識する。そして、「属人的要素を重視した画一的な人材管理から……真に一人ひとりを公正に評価し、その意思に応じて育成し、適性に応じて活用する人間尊重の人事・賃金制度への転換が必要」である。このことを賃金制度に即して述べると、「生計費準拠型の賃金から『同一価値労働・同一賃金』を原則にした労働準拠型の賃金への転換が必要」である。

また「個別人事主義」をすすめるには「成果（実績）主義を強め……業績給の積極的な導入」が必要だが、弊害もあり、導入が困難な従業員層もあるので、「能力主義との調和が必要」となる。ここで、「能力主義とは人の価値を重視し、その価値をいかに仕事に反映させるかというものであるのに対し、成果（実績）主義とは仕事として反映されたものを問うもの」と理解される。従業員層別の賃金体系は、具体的には、「一般職能」では「職能給」と「年齢給」を組み合わせ、「指導・監督、専門職能」では「職能給」と「業績給」を組み合わせ、「管理職能」では「業績給」の比重を高めて「職務給（職能給）」と組み合わせることになる。

パートタイマーについても「仕事基準の賃金体系」を求め、「基幹業務型パート社員（JOB UPを必要とする職務についているパート社員）」が「正社員と同様の仕事（職務・責任）を行っている際には、同一価値労働・同一賃金の考え方から、時間あたり賃金は同水準を基本とし、均等待遇を目指す」ことになる。この考え方は、大賀氏も委員であった「パートタイム労働に係る雇用管理研究会（俗称は「ものさし研」）」報告（2001年4月）の考え方に似ているが、ものさし研は「同一価値労働同一賃金」の言葉を使っていない。

崎岡氏は、「電機連合の第5次賃金政策（案：2001年7月大会で決定予定）」文書をもとに、電機連合の政策を報告された。強調されたのは、西欧的な職種別賃金を導入しようとした第1次賃金政策（1967年）からの発展と変化であった。第1次賃金

政策はたぶんに理想主義的であったが,第3次・第4次賃金政策では「職能給」の導入に傾いており,その意味で現実主義的な政策であった。これらの上に,第5次賃金政策は構想された。

状況認識としては,雇用形態の多様化・労働力の流動化の進展である。この状況に対応するために,「長期安定雇用」の維持は基本とするが,雇用の適切な移動に柔軟に対応するシステム,すなわち「移動が不利にならない処遇システム」の確立をめざす。また集団的な人事・賃金管理は困難となっており,「『個』を尊重する人事・処遇システムへの変革」が必要となっている。

賃金決定の基本は,第4次賃金政策と同じく,「生活保障の原則」と「労働対価の原則」の2大原則である。さらに「公正な個別賃金の決定」が基本である。これを具体化すると,「一般職群」では,40歳前後までは「生計基礎給」「職種・職能給」「仕事(職務)給」を組み合わせた賃金モデルとなり,その後は,「生計基礎給」が「職種・職能給」に繰り込まれ,「職種・職能給」「仕事(職務)給」を組み合わせた賃金モデルとなる。第4次賃金政策と異なり,40歳後からは「生計基礎給」が明示的でない。また「一般職群」から「管理・専門職群」になると,「職種・職能給」「役割・業績給」の組み合わせた賃金モデルとなる。これも第4次賃金政策にない。なお「一般職群」の「仕事(職務)給」は仕事の価値に応じて格付けされるが,「管理・専門職群」における「役割・業績給」などの,成果主義的な要素の形成に結びつくことになる。

木下氏のコメントは,およそつぎのとおりであった。

商業労連の賃金政策については,「同一価値労働同一賃金」を原則にした労働準拠型の賃金への転換との方向は理解できるが,その「労働準拠」の「労働」は,労働の結果としての成果を評価する成果主義とは異なる。同一価値労働同一賃金の「労働」は,属人的要素や個人の能力や成果とは離れたところの,あくまでも仕事固有の価値と理解されるべきだと思う。単産の政策として,賃金の年齢カーブを「早期立ち上げ」高原型にもっていこうとする努力は評価できる。職務概念の希薄な現段階で,職能給の要素を入れ込むことは,企業内で個人の能力の伸張を評価するという意味ではありえることであろう。

電機連合の前身である電機総連は,1960年代の横断賃率論をめぐる論争のなかで,その理念を実際の賃金政策に具体化しようとした単産であった。今回の報告は,その後の経過の総括として興味深かった。とくに,大胆かつシンプルな第1次政策から,職能給への傾斜を含む第3次・第4次政策への変化は,理想主義から現実主義へ,日本的土壌への妥協と受け取ることもできる。今回第5次の「職種」基準の提

起は，理想主義への復帰のようにもみえる。しかし，賃金政策と政策制度闘争との結合も考慮に入れ，単なる理想主義ではなく，戦後労働社会の大きな変化のなかで現実的な意味をもっているであろう。

　2つの報告とコメントの後，フロアーから多数の挙手があり，合計6名の質問ないしコメントがあった。「業績給は労働の結果を反映すると考えれられるが，同一価値労働同一賃金は労働の支出についての考え方だから，両者は異なるのではないか。」「同一価値労働同一賃金原則のもとでの査定は，あるとすれば仕事能力の伸張を測定すべきもので，仕事の成果を反映させるものではない」等々である。大賀・崎岡・木下3氏からも，リプライとコメントがあった。それら議論の紹介は紙幅の都合で省略させていただきたい。

　ところで，本分科会を企画した心底には，現実の労働運動における課題や政策を議論することが現在の社会政策学会に欠けているのではないか，いいかえると，学会員の少数しか企画に関心をもたないかもしれないとの危惧があった。ところが実際は，フロアーには80名前後の学会員が常時在席し，その他に，配布文書（増刷を含めて100部以上配布）を受け取れず出席を断念した学会員も少なくなかった。また，若い女性学会員の出席も多かった。これらは企画者としてうれしい誤算であった。出席した学会員にとって本分科会が有益であったことを願う。最後になったが，多忙中にもかかわらずご出席いただき，貴重なご報告をいただけた大賀康幸氏と崎岡利克氏に，あらためてお礼申し上げたい。

●第8分科会
福祉国家と福祉社会

座長　武川正吾　Takegawa Shogo

問題提起

　今から20年くらい前，いわゆる「ケインズ主義型福祉国家」(KWS) の危機が叫ばれたことがあった。当時，福祉国家の危機はニューライトのイデオロギーと結びつけて考えられる傾向が強かった。このイデオロギーのなかに含まれていた新自由主義の要素は，経済のグローバル化を推し進めたが，当時はまだ，このグローバル化と「福祉国家の危機」が結びつけて考えられることは少なかったように思われる。

　しかし，今日の時点から振り返ると，(1)金融の自由化を契機としたグローバル化，(2)ニューライトのイデオロギーやポリティクス，(3)完全雇用の終焉や社会保障の抑制をともなう福祉国家の危機，これら3つが渾然一体的となって進んできた，というのが，その後20年間の社会政策をめぐる歴史の姿だったのではないだろうか。

　第8分科会(「福祉国家と福祉社会」)は，こうした市場原理主義とグローバリズムの動きを正面から受け止めて，それらが福祉国家の社会政策のあり方に対してどういう影響を及ぼしているか検討するために組織した。

　平岡公一会員には，社会政策の市場化がどのような意味を持っているかについての検討をお願いした(「福祉国家体制の再編と市場化——日本の介護保険を事例として」)。氏は，介護保険の導入によって，準市場(あるいは疑似市場)がどの程度成立しているか検証した。

　下平好博会員には，グローバル化の経済側面——すなわち市場原理主義が世界に拡大していく過程——が社会政策に対して，どのような影響を及ぼしているかについての検討をお願いした(「グローバル化と福祉国家—EU諸国のケース」)。

　他方，グローバリズムや市場原理主義の猛威のなかで反グローバリズムの動きも生まれ。反自由貿易や反資本主義の示威運動が世界的な広がりをもつようになっている。山森亮会員には，社会政策における反グローバリズムの展望を示していただくことをお願いした(「反グローバリズム・反市場原理主義と福祉国家—脱商品化を巡って—」)。

II テーマ別分科会・座長報告

平岡報告

平岡会員の「基本的な分析の視点」は、「介護サービスにおいて市場メカニズムが有効に働くことが望ましいという価値前提を置いて、批判的な議論を展開するのではなく、むしろ介護サービス供給の市場化がどのように作動していくのかを分析するためのツールとして疑似市場論の理論を活用できるかどうか」という点にある。こうした視点に立って、氏は、日本の介護保険の実施状況を分析した。

氏によると、社会サービスの市場化は、いわゆる「疑似市場化」である。ルグランドとバートレットの疑似市場に関する議論や氏自身の論考に依拠しながら、介護保険制度の特徴について、主として英国と比較対照しながら、次のような興味深い論点を提示した。(1)イギリスは「(自治体による) サービス購入型」であるのに対して、日本は「利用者補助型」であるため、日本の疑似市場の方が競争的である。また、同じ理由から、(2)日本の方がイギリスより情報の非対称性が大きい。(3)介護の不確実性や情報の非対称性のため利用者からみると取引費用が大きい。(4)利潤動機が支配的となっている非営利組織も多い。(5)介護報酬が一定額に設定されているため、クリームスキミングが発生しやすい。

また、2000年末から2001年初頭にかけて実施した自治体調査の結果を紹介しながら、以下のような結論をくだした。(1)市場化そのものを批判したり、市場化の条件を探ったりすることよりも、市場化の名のもとに導入されたシステムがどの程度市場的であるかを実証的に分析する方が有用である。(2)介護の概念は、普遍的・固定的なものではなくて、政策的に構築されてきたものである。(3)介護サービスの供給システムを「疑似市場」として概念化することは不適切であり、むしろ疑似市場をサブシステムとして含む計画システムとして概念化すべきである。

下平報告

下平好博会員は、グローバル化が福祉国家に及ぼす影響について、(1)グローバル化によって各国政府はマクロ経済政策に関する自律性を失ったのか、(2)社会政策の水準低下という意味での「底辺への競争」が生じているのか、(3)グローバル化によって「アングロサクソン・モデル」への収斂が生じているのか、(4)グローバル化は国民国家の終焉へとつながるのか、といった4つの問を設定し、それぞれの問に答える形で議論を進めた。その際の経験的準拠は、EUの経済統合である。

(1)については、通貨統合が各国の金融政策だけでなく財政政策に対しても強い制約を課しているという状況を考えると、各国政府はマクロ経済政策に対する自律性

を喪失した，というのが氏の結論である。

(2)に関しては，オイルショックのような外的な経済ショックが生じたとき，「最適な通貨圏」が成立していれば，それは労働移動によって吸収されるはずだが，実際には，言語や文化の壁があり労働移動が容易でないうえに，EUの財政規模が小さいために被ショック地域への財政移転も困難であり，結局，そうした地域では，労働条件の引き下げや社会保障へのしわ寄せが発生せざるをえない，というのが氏の分析である。

(3)に関して，氏は，一時，グローバル化とともに衰退したかにみえたネオ・コーポラティズムが，ここへきて「ソーシャルパクト」を結ぶ動きとなって復活のきざしを見せており，その意味では，アングロサクソン・モデルへの収斂は進んでいない，と結論づけた。

(4)については，政策分野によって，国家主権の委譲の度合いが異なっており，経済政策や安全保障政策では共通化が進み，主権の後退がみられるが，社会政策の領域に限ってみると，国民国家の終焉は生じていない，というのが氏の判断であった。

山森報告

山森亮会員は，90年代半ば以降の反グローバリズムや反市場原理主義を唱える社会運動についての紹介をおこなったあと，「反グローバリズム」の旗幟鮮明な金子勝氏の理論について批判的検討をおこなった。氏によると，金子理論の意義は，グローバリズムとナショナリズムの相互補完関係を示したうえで，それらに対抗する戦略として，市場化の限界を論拠にしながらセーフティネット論を提示した点にある。

しかしながら，氏によると，金子理論は商品化のための社会政策は正当化するが，脱商品化のための社会政策は正当化しない。というのは，金子理論のなかで社会政策は市場化の限界を克服するためのものであるからだ。しかし，これは金子理論の短所というよりは，グローバリズムや市場原理主義との対抗関係のなかで構想される，福祉国家の規範理論の宿命かもしれない，というのが氏の考えであった。

このような事態を踏まえて，氏は2つの論点を提起した。1つは，脱商品化の方向でいちど根付いた規範を変更することは困難であるという意味での，「規範の抵抗」であり，これが反市場原理主義の社会運動の一因となっている。他の1つは，「想像力としの脱商品化」であり，労働力の商品化を拒否するような生き方（例えば「働かない権利」の主張）が広まってきている，という点である。

II テーマ別分科会・座長報告

質問と討論

下平報告のなかで用いられた資料の読み方に関する質疑応答のあと，数人の会員から問題提起があった。

1つは下平報告のなかで用いられた「底辺への競争」という概念の定義に関するものであり，これに対して，下平会員は，厳密な意味での「底辺への競争」はトップの国がボトムに位置している国へ近づいていくというものだが，氏の報告では，もう少し緩やかな意味で用いていると答えた。氏によると，この概念は，ヨーロッパの福祉国家に関する楽観論を打ち消すためのものである。

山森報告に対しては，金子理論の批判は「想像力としての脱商品化」というところまでいかざるをえないのか，エスピン＝アンデルセンの理論の枠内でできるのかとの質問が寄せられたが，これに対して，氏は，エスピン＝アンデルセンの理論の方が金子理論より射程が広いと答えたが，エスピン＝アンデルセンの先まで行かなければならないか否かについての言明は避けた。

また，同じく山森報告に対して，従来の商品化の枠組みを超えた山森氏自身の論拠は何かとの質問があった。

時間の制約から十分な討論ができなかったというのが，座長としての率直な感想である。とくに平岡報告の刺激的なテーゼ（例えば，介護保険は市場システムではなくて計画システムである）に対して賛否いずれの立場からの議論も出なかったのは残念なところであった。

●第9分科会
介護保険開始後1年

座長 髙田一夫 Takada Kazuo

1 はじめに

　介護保険が実施されてから1年が経過した。詳しいデータはこの時点ではまだ，入手できていなかったが，利用者アンケート，ボランティア・グループの意見および行政データなどから，いくつかの発見を指摘した。
　報告題名および報告者は以下の通りであった。
1．介護保険はどう受けとられたか　　　髙田一夫（一橋大学）
2．公的介護保険における要支援高齢者の実態と介護予防施策　　新名正弥（東京都老人総合研究所）
3．神奈川県の介護保険指定事業者の状況　　松家さおり（神奈川県福祉部介護国民健康保険課）
　ここでは，紙数の制約もあり，各人の報告を個別に紹介することは止め，総括的に述べるにとどめる。また，統計表なども省略する。
　介護保険については，実施前，次のような点をめぐって議論が活発であった。
(1)　保険か税か
(2)　公共サービスか，民営か
(3)　家族への現金給付を認めるか
(4)　価格づけをどうするか

2 分析結果

　今回利用した，国立市の利用者アンケートでは，保険か税か，といった制度の根本問題については，ヒントとなるような反応は，あまり見られなかった。これは，行政の行ったアンケートだという事情もある。
　目立った問題は，制度の設計の仕方，と当事者間のコミュニケーション，の2つの問題群が浮かび上がった。以下，その内容を紹介する。
(a)　利用者の不満としては設定時の煩わしさが目立つ
　これは，制度の設計が，濫用防止，利用者間の平等など，利便性以外の点に配慮しているところが大きいからである。

(b) リハビリの努力が報われない

　リハビリに成功すると,給付が減るのは,納得できない,との批判は,重要な点をついている。自立を促進できるようなインセンティブがあるのが望ましい。だが,どのようにして,行えばいいのか,簡単ではない。

(c) 「よいヘルパー」は状況を理解して柔軟に動く

　介護保険のサービスは,あくまで介護に直接関係する部分に限られる。しかし,利用者は,もっと幅広いサービスを期待しているようだ。仮に,利便性をもっと高めるのであれば,利用者に介護バウチャーを付与し,使い道を緩和することも一法である。

　また,公定価格を止め,価格設定を上限だけ残して自由化することも考えられる。

　自立を市民社会の基本原理と考えれば,濫用防止はなくすわけにはいかない。しかし,乱用防止と利便性の確保を両立させることは簡単ではない。2つのバランスをどう取るか,今後とも,大きな課題となるだろう。

(d) ケアマネジャーは大変だ

　ケアマネジャーがサービス供給のキーマンである。そうした制度の構造がここに現れている。その一方で,ケアマネに十分な情報が集まらず,ケア・プラン作成に苦労するとの意見もあった。サービス供給側のコミュニケーション強化が求められる。

　ケアマネやヘルパーの報酬が安すぎる,との批判がある。妥当な水準をどのように決めたらよいのか?

(e) やはり家族が中心だ

　とはいえ,家族が中核にならないと,介護は回らないとの意見もあった。要介護者が家族以外の介護を望まない,との声も聞かれる。

(f) 利用しやすいオープンな施設が望ましい

　家族介護の負担を示唆する。

3　分析の示唆するもの

　分析の含意は,次のようにまとめられよう。

(1) 制度の大きな枠組みの問題は,検証できない(保険か,税か,等)
(2) 施設介護をどう位置づけるか。在宅介護があれば,施設はなくてもよい,では済まなさそうだ。
(3) 現金給付の問題:家族介護への現金給付は女性差別の温床,という見方もあるが,他方では,「家事労働に賃金を」というフェミニズムの主張の,形を変えた実

現ともいえる。

(4) 産業としての介護サービス論が欠けている。介護保険は、市場の活用を意図しているが、公定価格で、サービスの規制もある。このようなあり方が、産業として、サービス提供として望ましいかどうか、議論の余地があろう。

(5) 神奈川県では、NPOが積極的に介護保険事業に進出している。社協のような準公共的サービス、医療法人・民間企業の営利サービスなどと並んで、供給の多様化の一端を担っている。こうした供給体制が、どのように定着するか、興味深い。理論的には、公共サービスと営利サービス、また、NPOのサービスが相互、補完的に行われると、効果的である。実体を明らかにしなければならない。

(6) これと関連するが、社会保険には、それからもれる人が一定数、出てくるという欠陥がある。これを補完する措置制度が依然、必要である。この接合が必ずしも、うまくいっていない。

(7) 日本の介護保険では、ドイツの制度にはない、軽度の要介護者を対象にしている。また、介護保険には、要介護状態を予防するためのサービス（転倒予防など）が、設けられている。要介護と健常を連続的に、ケアしようとする体制が、どんな効果を上げるか、これも大きな問題である。

4　結　語

介護保険は、医療保険と同じ構造で作られた社会保険である。ドイツと同じく、社会保障財政の改善をめざしている。そうした性格が、これまでの福祉サービスの理念や、政策のあり方と異なっている。

とくに「選択の自由」や「自己責任」といった考え方は、福祉サービスには、これまで見られなかったものである。介護保険の中核思想である「選択の自由」が、どこまで実現されるか、しばしば、疑問視されている。しかし、普遍主義による福祉サービスという新しい制度は、大変、理想主義的である。

そのため、逆に、効果を上げられないのでは、という危惧も多い。引き続き、データを収集し、分析を続けたい。

● 第10分科会
台湾の労働と社会保障

座長　埋橋孝文　Uzuhashi Takafumi

1　分科会設定の趣旨

　本分科会では以下の3名の会員による報告がおこなわれた。コメンテータはイト・ペング会員（関西学院大学）であった。
1. 石川善治（大阪産業大学大学院）「グローバル経済下における外国人労働者政策の課題―台湾における事例から―」
2. 上村泰裕（東京大学）「国際比較からみた台湾の福祉国家形成」
3. 曾　妙慧（台湾・銘傳大学）「台湾における『全民健康保険』の成立と展開」

　分科会設定の趣旨を，大会プログラムから再掲しておけば，以下の通りである。

> 　去年の分科会でとり上げた韓国と同じように，台湾でも，近年，社会保障の分野で新しい動きがみられます。たとえば，台湾省労働者保険法で発足した社会保険では1995年に「全民健康保険法」が施行されました。また，2000年を期して国民年金制度を導入することが計画されていました。
> 　本分科会では，ネイティヴの研究者による全民健康保険に関する報告のほか，外国人労働者政策，台湾における「福祉国家」形成の特徴などをとり上げ，もって，首題に関する理解と知見を深めることを目的にしています。質疑や討論では，日本との比較やそのインプリケーションなどにもふれることができれば，と考えています。

2　報告要旨と論点

1）石川報告

　1つ目の石川報告の問題意識は「"外国人労働者対策"による規制から"外国人労働者政策"による受け入れ後の環境整備」へシフトしていくことが必要ではないかということであった。最初に，ドイツ，フランス，アメリカ，カナダなどでは，紆余曲折がありつつも，「受け入れ後の環境整備」への動きがみられることが指摘

された（なお，この点についてはフロアから外国人管理の具体的あり方についての質問があったことを付記しておく）。一方，アジアでは，日本を含めて，その初期段階もしくは規制に終始した対応しかみられない。そのことの問題点を台湾の事例をとおして明らかにし，今後の方向を探るというのが報告の流れであった。ちなみに，1999年現在で，台湾には28.4万人の外国人労働者がおり（タイ13.8万人，フィリピン11.6万人，インドネシア3.0万人），主として工業，建設業に従事している。

報告の第1の柱は，1990年の外国人労働者受け入れ合法化の背景を，台湾の産業・労働・社会の動きから実証的に明らかにするものであった。労働集約型民間中小製造業の発展と，製造業に従事していた割合の多かった女性の高学歴化の進展という2つの要因から深刻な労働力不足が生じたことが，豊富な統計資料を用いて浮き彫りにされた。

第2の柱は，台湾での外国人労働者政策の問題点を論じるものであった。それは定住を厳しく禁止するなど，非常に厳しい管理下での受け入れに終始している点に関わる。その結果，不正規就労者が増加し，規制強化との悪循環がみられるという。また，これは受け入れの背景，理由とも関係することであるが，外国人労働者を低廉な労働力という視点だけで見ているため，産業の高度化を制約し，また，労働力需給バランスの解消に貢献していない，などの問題点が指摘された。

石川報告の基本は「外国人労働者を受け入れるための環境整備は，同時に国内に存在するさまざまな問題点を解決するものでなければならない」ことにあったと思われる。その視点から，たとえば外国人労働者に対する技能形成の促進や人権，社会保障などの環境整備が必要であることが述べられた。

ただし，この政策評価に関わる部分は，第1の実証分析の柱に比べて，やや抽象的な主張になった感はいなめない。「非常に厳しい管理下での受け入れ」の実態，その個々の方策の分析と問題点などを，現地調査を交えてビビッドに明らかにしていく必要があると思われる。それは，わが国のみならずアジア各国の今後の政策立案，政策評価に重要な材料を提供することになるであろう。

2) 上村報告

2つ目の上村報告は，本誌に大会報告に基づく論稿が掲載されているので，ここで詳しくふれる必要はないであろう。印象に残ったことを2つほど挙げておきたい。

第1は，上村会員は2001年春の資料収集を兼ねた台湾訪問で，「民進党のなかでも年金政策立案の中心的中心的役割を果たしてきた」黄 玲氏や呉凱勲教授（全民健康保険医療費用協定委員会主任委員）などの識者との面談をおこなったが，それが国民

Ⅱ テーマ別分科会・座長報告

年金導入をめぐる各種案（「社会保険制」「平衡基金制」「儲蓄保険制」の３つに大別される）や政治的駆け引きなどの理解に厚みをもたらしている。

第２は，当日配布レジュメにある問題意識（①後発民主主義国の福祉国家形成，②グローバル化のなかでの福祉国家形成）からうかがえるように，より一般的な福祉国家形成のあり方からいわば台湾の事例を相対化しようとしていることである。

こうした上村報告の分析視角のユニークさと立論の堅実さが，多数のテーマ別分科会報告（計30報告）にあって本誌執筆の機会を与えられた主な理由であろう。

なお，報告のなかで，「なぜ全民健康保険はうまくいき，国民年金はなかなかうまくいかないのか」という疑問が提起された。この点について，全民健康保険制度は先行制度の統合という性格をもつのに対して，年金の場合は（「軍公教」や労工保険は長期保険の機能をもっていたが），とりわけ「基礎年金」についてはいわば「初めての試み」であり，それだけに財源問題をはじめとして問題が先鋭化することも考えられるであろう。したがって，ここでも報告のなかでふれられた「経路依存性」（の有無）が関係してくる，と考えられるが如何であろうか。

3) 曾　報　告

３つ目の曾報告は，1995年３月に実施された「全民健康保険」を中心にして，以下の３つの論点に迫るものであった。

１．皆保険を達成した「全民健康保険」が歴史的に台湾の社会保障，社会保険システムに占める位置づけ

２．政策立案～成立までのプロセスの分析（主として1990-95年）

３．「全民健康保険」成立後～現在までの問題点の整理

2001年度政府一般予算の中で「社会福利支出」の割合が18.8％でもっとも高くなっている（1999年まで国防支出は20％を超えていたが，2001年は15.5％まで低下）が，日本と同様，そのなかでは社会保険支出の割合が64.9％と高い。

この台湾における社会保険発展の歴史は，［Ⅰ］1950-58年の試行期（「労工保険」の前史），［Ⅱ］1958-79年の確立期（「公・労保」体系の確立），［Ⅲ］1979-95年の拡張期（多数の医療保険制度が発足，制度間格差の顕在化）に区分される。

問題は，［Ⅲ］の拡張期に，多数の職域医療保険制度が発足したことである。そのなかには，公務員や私学教職員の家族や退職者に対するそれぞれ別個の制度や1989年の農民健康保険制度が含まれている。その結果，1994年時点で，老齢給付もおこなう総合保険制度である労工保険（被保険者約850万人）と公務人員保険（同58万人），私立学校教職員保険（同4万人）以外に７つの健康保険制度が分立していた。

なお，もっとも早く設立された労工保険でも，台湾での高齢化率が低かったこともあって，給付に占める医療関係給付の占める割合が高いことが統計資料にもとづいて明らかにされた（1950年～94年の累積支給額に対する割合は入院給付22％，通院給付37％，これに対して老齢給付は17％）。したがって，いわゆる制度間格差と公平性の問題あるいは財政的脆弱性の問題も医療保険制度をめぐって顕在化することになったのである。報告では，こうした問題点が，わかりやすい略年表やそれぞれの制度の概要を示す表などを用いて具体的に示された。

最後に，「社会保険の調整期」（1995年以降）の全民健康保険の現状と課題がとりあげられ，財政赤字の問題と並んで，以下の3つの問題点が指摘された。

1．一元的制度であるため効率性が問われている
2．保険財政の問題とは別に，質の高い医療サービスを提供できる供給システムの構築
3．高齢化社会にむけて老人介護問題にどのように取り組んでいくか

なお，本座長報告を執筆するにあたって思いついたことを挙げれば，第1に，1995年以前の医療保険制度の財政問題と制度間格差に関する実態をより詳しく知りたくなった，ということである。それは，現行の計6種類の被保険者グループ[注]からなる全民健康保険制度の財政運営方式で，どの程度「公平性」が確保されているのか，各職業代表のこの点をめぐる評価はどのようなものであるか，を知る点でも不可欠のように思われる。第2に，各種医療保険制度の統合にあたってどのようなコンセンサスの形成が図られ，その政治的イニシアティブの性格如何といった点にも関心が広がる。第3に，1995年以前は，退職高齢者については保険方式の「分離・独立」型であったと推察されるが，その内実と「全民健康保険」での扱いはどのように変わったのか，この問題はわが国で現在大きな改革論議になっている点に鑑みても非常に興味深いものであろう。

「福祉国家の国際比較」（1999年）に始まったこのテーマ別分科会では，2002年，中国の社会保障改革を取り上げる予定である。

(注) 計6種類の被保険者グループに応じて（またそのなかでも）被保険者，保険者，国の負担割合が異なっている。

●第11分科会
介護の市場化とホームヘルプ労働

座長 深澤和子 Fukasawa Kazuko

1 「介護の市場化とホームヘルプ労働」に関するジェンダー分析

　日本の介護保険制度が実施に移されて1年あまりが経過し、介護受給者とその家族のみでなく、介護サービス提供業者や介護労働者など当該制度にかかわるすべての人々が新たに直面することになった問題が次々と社会的に明らかとなってきている。とりわけ介護労働者のなかでもホームヘルパーに関しては、その大部分が女性によって占められる典型的な「女性職」であり、介護保険導入による相対的に低い介護報酬のもとでこの状況を転換していく見通しも見いだせない現状にある。他方、民間事業者の「介護市場」への参入も、上述の介護報酬の低さ、サービス利用の上限設定あるいは利用者側の利用の手控えなど多様な要因が重なって、はやくも「介護の市場化」の限界が認識されつつある。本分科会は、報告者たちが1998年以降3年にわたって実施してきたホームヘルプサービス事業者（以下事業者と略す）ならびにホームヘルパーに関する実態調査をもとにして、介護保険制度導入前後の変化も考慮しながら、事業者の今後の課題、ホームヘルパーの労働者性の確立あるいはホームヘルプ労働の専門性の確立および質の向上の問題など、今後の'caring society'の本格化に向けて必要とされる問題提起・政策提言を行うために設定された[1]。

2 「介護の市場化」・ホームヘルプ労働・ジェンダー

　本分科会は3本の報告によって構成された。各報告は、前述のように事業者調査、ホームヘルパー調査、介護保険導入による事業者・ホームヘルパーに生じた変化に関する調査と広範囲に及ぶ調査結果をもとに構成されており、そのすべてにふれることは紙幅の関係上不可能であるので、とりわけ報告者たちが多くの関心を払い、また介護の社会化のあり方を検討する上で重要と思われるホームヘルプ労働に焦点を絞って報告の主旨を紹介することにする。
　「介護の市場化とホームヘルプ労働」というタイトルで調査の総括と問題提起を行った小松満貴子氏は、今日の雇用情勢のもとで再就職が困難な中高年主婦にとって、家庭と仕事の両立を可能とする登録型ヘルパーは、派遣曜日の変更や自己都合による派遣の拒否ができるなど、主婦にとっては利点のある雇用形態であるとする。

しかし，そのことは同時に，一方で，労働者としてのプロ意識の育成を阻害し，また社会保険の適用や昇給・有給休暇など労働者保護の適用除外の口実ともなっており，他方で，事業者にとっては登録型ヘルパーが低賃金で使いやすい反面，「直行直帰」のサービスの提供がサービスの質的向上，それによるサービス利用率の増大につながらないなど，この登録型ヘルパーという雇用形態がホームヘルパー・事業者，そして，いわば「細切れ」のサービスを提供されがちな利用者三者にとって問題が大きいことを指摘する。求められるのは，一方で主婦に登録型ヘルパーという雇用形態を誘導する社会保険や税制上の被扶養配偶者扱いの見直しであり，他方で，何よりもホームヘルプ労働の専門性とその社会的評価を高めることである。そのためには，研修を充実させる取り組みが不可欠であるとする。こうしたことと相まって，介護保険制度が有効に機能するようになれば，介護サービスの利用が契約に基づく権利となり，「恩恵や権威とは無関係な相互性による対等な関係が期待でき……はじめてジェンダーに内包された上下関係から脱却することも可能となる」と報告を結んでいる。

「ホームヘルプ事業の調査から」というテーマの大塩まゆみ氏報告は，事業者調査から浮かび上がったホームヘルプ労働の質の問題を中心に行われた。まず，ホームヘルパーに関しては，事業者の経営形態を問わず登録型が多数を占めており，その年齢・家族などの属性から全体としてホームヘルプ労働が主婦の「労働」になっていること，しかし，現在までのところ「民営事業所よりも公的機関のほうがヘルパーの報酬が良い」こと，研修回数・内容などに関しても後者のほうが充実していることなどが明らかにされた。その上で，小松報告で指摘された事業者・ホームヘルパー・利用者からみた登録型ヘルパーの問題性が改めて具体的に指摘されるとともに，ホームヘルプ労働の専門性を高め，質の向上を図るためには現行の2・3級ヘルパーの研修時間・研修内容では不十分であり，その拡充が必要とされること，そのためには財源的裏打ちが必要であり，政策的対応が求められるとした。

「社会保障制度・介護保険とホームヘルプ労働」というタイトルのもとに行われた岩見恭子氏報告は，大塩報告で明らかにされたホームヘルプ労働の実態を受けて，登録型ヘルパーが体現している問題性を，非正規・不安定就労労働者層を形成する女性労働問題の一部として位置づけることを提起する。そして，登録型ヘルパーもその内部に立ち入れば①パートや常勤職を得られなかったグループと，②ボランティア的色彩の濃いグループに分けられるので，前者に関してはその労働者性を認めることがヘルパーの専門性を高め，サービスの質の向上，ひいては利用者の権利を保障する途であると指摘する。また，後者には，介護保険を地域に根付かせるた

めの役割を期待した。最後に，介護保険が社会保障として利用者の人権保障の役割をもつためには，基本的人権としての生存権保障および日常生活を確立するための消費者権利の保障が重要であること，また「孤独な労働」という性格を有するホームヘルプ労働を支える運動の重要性，さらに営利企業の限界をカバーするものとしての NPO 法人や協同組合の役割にも言及した。

3 ホームヘルプ労働の専門性・介護の社会化とジェンダー

上述のように，3人の報告者はいずれも現在ホームヘルパーの主要な形態をなしている登録型ヘルパーを，ホームヘルプ労働の質的向上およびその専門性の確立という観点から問題視した。竹中恵美子氏のコメントは，報告者によって主張されているホームヘルプ労働の専門性とは何か，それを理論的にいかに構築するかに向けられた。竹中氏は，そのためにはホームヘルプ労働の中心をなすケアリング (caring) の特質とは何か（身体的世話行為と情緒的気遣い行為の両側面を備えた労働），また専門性の要件（自由裁量権の確保）とは何かを明確にした上で，ホームヘルプ労働の専門性を理論的に構築する必要があるとした。この文脈からすれば，ホームヘルプ労働の質的向上や専門性の確立は，単に研修回数の増加や同内容の充実という観点からのみとらえることはできず，登録型ヘルパーという雇用形態そのものが問われることになろうし，ホームヘルプ労働の労働編成も視野に入れた考察が必要になろう。

介護保険制度による介護の社会化を推進し，介護におけるジェンダー・アンバランスを解消していくためには，ホームヘルプ労働が「女性職」であることを脱却するとともに，今日その多くを女性が担っている家族介護をどのように社会的に評価していくかが重要な課題となってきている。この点に関して，竹中氏は，諸外国の事例を参考にしながら，一方では，家族介護労働を年金制度や労災制度などの社会保障制度に反映させていく仕組みが拡大してきていること，他方で，要介護者が直接にヘルパーを雇用するための手当制度が存在するなど，「家族介護の有償化」という表現には収まり切れない現実が進行していることに注目する。これらは，今日 payments for care と呼ばれてその比較研究も進んでおり，実際，要介護者を介してであれ，介護者に直接支払われる場合であれ，その支給対象者はすでに家族の範囲をこえて拡大されてきている[2]。もちろん，これらの手当の水準は象徴的意味合いしかもたないものから実質的レベルに達しているものまで各国で千差万別であり，また，ホームヘルプ労働に「ヤミ労働」を持ち込んだり，「新しい使用人階級」をつくり出す危険性・現実性もあることは否定できない。しかし，こうした payments for care の拡大は，「介護の社会化」を進展させ，ホームヘルプ労働のジェンダー・アンバランスを解消するための可能性も備えていることを見ておく必要があろう。いずれにしても，こうした事態は，「ケアの複合構制（the mixed economy of care)」が各国でいかにつくられてきているかという問題でもあり，この点では，フロアからも，また竹中氏からも指摘されたように，今回の実態調査が調査対象事業者に協同組合型あるいは NPO 型事業者を含めなかったことは惜しまれる。

1) なお，本分科会報告のもとになった調査は『介護の市場化における女性労働の比較分析』（平成10年度—平成12年度科学研究費補助金〈基盤研究(c)(1)〉研究成果報告書）（研究代表　西村豁通）として2001年3月に公表されている。
2) Cf. Adalbert Evers, Marja Piji, Clare Ungerson(eds.), *Payments for Care : A Comparative Overview*, Averbury, 1994.

III 投稿論文

アメリカ年金政策における401(k)成立の意義　吉田健三
　—1980年代企業 IRA との競合関係の分析を中心に—

職務給化政策の意義　青木宏之
　—F製鉄K製鉄所の1957年職務評価制度導入の事例—

衣服産業における生産過程の国外移転と
女性移住労働者の導入　村上英吾

アメリカ年金政策における401(k)成立の意義
—— 1980年代企業 IRA との競合関係の分析を中心に ——

吉田健三 Yoshida Kenzo

はじめに

　2001年6月,日本では確定拠出型年金法案が参議院にて可決,成立した。同法は,「日本版401k」法案という呼称からも明らかなように,アメリカにおける401(k)台頭の経験を念頭においたものである。すなわち,1980年代以降のアメリカで台頭した401(k)を中心する確定拠出型年金(DC)は,受給権ポータビリティによって流動的な労働市場の形成に寄与し,さらには株式市場への資金流入を促すことでアメリカの株価上昇を支えた制度として,確定給付型年金(DB)や退職金の多額の積立不足に悩む日本の企業年金の有力なオルタナティブとして注目されてきた。こうした観点から,ここ数年はアメリカの401(k)に関する紹介書や研究論文も数多く発表されてきた。

　しかしながら,こうした研究・論述の問題意識は多くの場合,日本の企業年金再編の範囲に限定されたものであった。そこでは401(k)はDCの代表として扱われ,ほとんどの関心が再編対象であるDBとの特徴の比較・優劣に集中し,当時アメリカにおける401(k)登場の独自の政策的意義には十分な注意が払われてこなかった。また,アメリカでは401(k)が民間主導による行政府認可で成立した特殊な事情から,その登場の政策的な背景も考慮される場合が少なかった。だが,アメリカにおける401(k)の登場の意義は,単にDBを中心とした企業年金再編の一環にとどまるものでもなく,また政策上偶発的な制度であったわけでもない。それは,アメリカの年金政策全体の再構築を視野に入れた新しい政策的試みであり,そこに年金政策の課題も新たな領域が開かれ

たと私は考える。本稿は，アメリカの 401(k) が日本版 401k と異なり，従来の DB・DC を含む企業年金全体に対して画期的特徴を持っていたことを示した上で，その登場が持っていた年金政策上の意義を，成立・台頭過程の分析を通じて明らかにすることを課題とする。

1　アメリカ企業年金制度における 401(k)

　この節では，401(k) が持つアメリカ企業年金における画期的特徴が何であったのかを明らかにし，本稿における「401(k)」ないし「401(k)型制度」の定義付けを行う。

　まず，アメリカにおける DC 台頭の過程において 401(k) がどのような位置にあったのかを確認しておきたい。アメリカにおける DC 普及は，図表1-A に見るように，従来中心的存在であった DB の加入率を代替・侵食する形で進行し，そのためこの過程は一般に「DC シフト」あるいは「DC 革命」と呼ばれてきた。これを受けて，企業年金論議の関心は DC と DB との形態比較に集中し，401(k) の特徴や魅力もまた，こうした DC の代表として，主に既存の DB との対比を以って語られるのが一般的であった。

　しかしながら，この DC シフトは，単純に DB に対する DC の勝利としてもたらされた過程ではなかった。図表1-B が示すように，1980年代以降の DC 加入者の急激な増加は 401(k) 加入者増加の一手に支えられる一方で，それ以外の DC 加入者はむしろ減少しており，401(k) への代替が進行している。また DC シフトの分析を行った R. Ippolito は，1988年において全主要企業年金プランに占める 401(k) シェアのうち，もし 401(k) 認可がなくとも DC であったのは26％に過ぎず，残りの74％は，それがなければ DB であったと推計している[1]。すなわち，この「DC シフト」の背景には，DC 対 DB という単純な構図だけではなく，DB・DC を含むおよそ従来の企業年金すべてに対して存在した 401(k) の画期的特徴も考えられなければならない。

　それでは，その 401(k) の画期的特徴とは何であろうか。図表2は，DB と

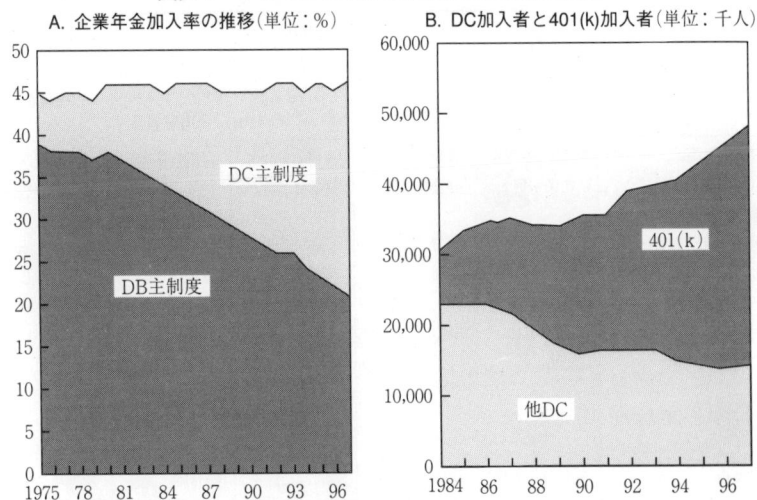

図表1　アメリカにおける企業年金の全体的趨勢

A. 企業年金加入率の推移（単位：％）　　B. DC加入者と401(k)加入者（単位：千人）

注：Bは主制度（primary plan），補足制度（supplemental plan）を含むすべてのDC加入者に関する資料であるのに対し，Aは主制度（primary plan）としての企業年金の加入者に関する加入率であるという点で，両者の資料は若干性格が異なっていることには注意が必要である。

出所：U.S. Department of Labor Pension Benefit Welfare Administration, "Pension Plan Bulletin; Abstract of 1997 Form 5500 Annual Reports", 2001.

DCの諸制度の特徴を整理したものである。これによれば，DCとDBを分ける本来の規定，つまり一定の退職給付に対する責任あるいは拠出金の運用リスク負担先という点においてのみ区別され，その意味で純粋なDC型企業年金は第2列目のマネーパーチェスプラン（MPP）である[2]。MPPは運用リスクの従業員への転嫁や受給権のポータビリティなど通常DCの魅力として挙げられる性質をほぼすべて有しているが，その加入者は1997年時点で全DC現役加入者の9.2％に過ぎず，明らかにDCシフトの中心的存在ではない[3]。

このMPPから第3列目の従業員貯蓄制度へ目を移すと，そこでは単なるDC・DBの違いに加えて基金への拠出主体に大きな変化が生じている。すなわち，DBやMPPが基金への拠出に対して企業が一定の責任を負うのに対し，従業員貯蓄制度では，その名の示すとおり拠出の裁量と責任を追うのは従業員であり，拠出に関する企業の役割は任意のマッチング拠出を通じて従業員拠出

Ⅲ 投稿論文

図表2　アメリカ企業年金の分類

特　徴	確定給付型年金 Defined Benefit Plan	確定拠出型年金 Defined Contribution Plan			(参考) 日本401k (2001年6月)
		マネーパーチェスプラン money purchase plan	従業員貯蓄制度 Thrift and Savind Plan	401(k)プラン(注1) 401(k) plan	
給　付　額	給付算定式で決定	運用結果次第	運用結果次第	運用結果次第	運用結果次第
積立金運用リスク	企業が負う	従業員が負う	従業員が負う	従業員が負う	従業員が負う
受給権ポータビリティ					
①転職先への資産移管	不　可	可　能	可　能	可　能	可　能
②離職時の資産目減	あ　り	な　し	な　し	な　し	な　し
拠出主体	企　業	企　業	従業員(＋企業)	従業員(＋企業)	企　業
企業拠出金	企業責任 (給付額)	決定した拠出額に関しての責任 (内国歳入法)	拠出責任なし	拠出責任なし	規約が定める拠出金
従業員拠出金（優遇税制）	不　可	―	税引後拠出金	税引前拠出が可能 (賃金から天引方式)	×
税制優遇制度	給付時に課税	給付時に課税 (拠出,運用益は繰延)	給付時に課税 (企業拠出,運用益繰延)	給付時に課税 (拠出,運用益は繰延)	給付時に課税 (拠出,運用益は繰延) ※特別法人税アリ

注：1．周知のように401(k)とは，税法上は利益分配制度であるが，401(k)の要件を満たしたプラン全般を指し，例えば401(k)適格のマネーパーチェスというのも存在しうる。そのため，401(k)とは貯蓄制度と並列して区別できる概念ではない。しかし，ここでは典型的な形での401(k)と他の形態のプランとの比較を行っている。
　　2．最近，注目を集めているハイブリッド型プラン（DCとDBの正確を併せ持つプラン）に関しては，本稿の課題から外れるので割愛した。
出所：各種の資料より作成。

を補助することにとどまっている。

　401(k)とは，基本的にこの従業員貯蓄制度の従業員拠出金に税制優遇が認められたもの，つまり「従業員税引前給与からの拠出」が認められた制度として把握することができる。実際，1980年代前半における401(k)の普及の中心は，大企業の従業員貯蓄制度の401(k)への転換であった。1987年に行われたBankers Trustによる主要214社の全249のDCプランに関する調査によれば，この401(k)の特徴である従業員税引前拠出を認めていた217プランのうち，74.7％にあたる162のプランが1981年から存在していたDCを改定したものであった[4]。

　このことから401(k)を中心としたDC台頭の意義は，単に資産運用リスクの企業から従業員への移行という点にのみあるのではなく，拠出の裁量や責任

もまた企業から従業員への移行したという点にも求めることができる。今日401(k)の特徴として挙げられる拠出の柔軟性や有名な「従業員自動選別」などの機能も、まさにこの従業員拠出を軸とすることによって発生したものである[5]。401(k)とは、そうした従業員拠出主体の貯蓄制度の中でも、「従業員拠出税制優遇」が認められている点で画期的な企業年金であった。なお、この意味において日本版401kは、アメリカ401(k)とは大きく異なる制度であり、図表2にも示されているようにその性格はむしろMPPに近いものであるといえる。以下、本論文でも401(k)ないし401(k)型制度とは、こうした「従業員拠出優遇税制」またはそれを備えた従業員貯蓄制度を指すものとする。

2　401(k)の成立過程

　この節では、従業員拠出優遇税制としての401(k)の成立過程を概観し、そこから一般的に導き出されている政策史的意義を検討する。401(k)に関連する法制年表に関しては、図表3を参照されたい。

　まず401(k)成立の第1段階は、1978年内国歳入法改定である。401(k)という名称は、ここで追加された内国歳入法401条(k)項に由来し、またその条項のタイトル「Cash or deferred arrangement」は、一般にCODAと呼ばれている。このCODAの直接的な意味は、従業員給与の現金給付（cash）での受取か、従業員退職制度に対する拠出による受取繰延べ（deferred）かの選択である。401条(k)項は、利益分配制度などにこの繰延べを認めることで、通常の年金基金に対する拠出金と同様の課税繰延べの優遇措置を定めた。

　こうした401(k)条項の成立は、しかしながら今日広く普及している401(k)プランに直結するものではなかった。それは1978年時点においては、1974年従業員退職後所得保証法（ERISA）以前に存在し、課税公平上の配慮から同法によって新設凍結を定められた利益分配制度の復活容認という意義を持つに過ぎなかった。

　こうした401条(k)項の追加を、従業員拠出優遇税制としての401(k)にまで結

III 投稿論文

図表3 401(k)および IRA 関連法制の年表

	401(k)s		IRAs
1972年	●内国歳入庁規則案 ・CODA の課税繰延べ措置の消滅させる案		
1974年	■従業員退職所得保証法（ERISA） ・CODA新設の凍結	1974年	■従業員退職所得保証法（ERISA） ・IRA の創設
1978年	■1978年内国歳入法改正 ・401条(k)項追加（CODA復活）		
		1981年 7月	■経済回復税法（ERTA） ・IRA 制度への拠出上限$1500→$2000への引き上げ ・企業年金加入者の IRA 拠出容認 ⇒Corporate-IRA 創設が可能に
1981年 11月	●内国歳入庁規則案 ・従業員税引前拠出を伴う401(k)認可		
1982年	■課税公平・財政責任法（TEFRA） ・無差別ルールの報告・証明義務の強化 ・401(k)を含むDC拠出上限の縮小 　（年間$45475→年間$30000）		
1984年	■1984年税制改革法 ・社会保障税とのインテグレーション廃止 ・401(k)差別禁止テストの強化		
1984年	○財務省税制改革案 ・401(k)廃止案が提示		○財務省税制改革案 ・IRA 拠出上限の拡大が提示 　（$2000→$2500，夫婦は$2250→$5000）
1986年	■1986年税制改革法 ・401(k)差別禁止テストの強化 　（401(k)テスト厳格化，401(m)テスト新設） ・401(k)への従業員拠出上限の大幅縮小 　（$30000→$7000に減少） ・退職前引出に関して10％の追加徴税 ・加入資格要件の厳格化	1986年	■1986年税制改革法 ・企業年金加入者の IRA 拠出を制限 　（年収25000ドル以下の者を除いてIRA 拠出不可） ・年収35000ドル以上のものは無条件で拠出不可に。
1991年	●内国歳入庁最終規則 ・加入ルール，給付ルールについての解釈明確化		
1992年	■失業保障に関する改正法 ・一括給付に関する源泉徴収税とダイレクトロールオーバーに関する規定整備		
1993年	■1993年包括的財政再建法 ・税制適格要件上使用する従業員の報酬額の上限が$150000に設定		
1996年	■中小事業雇用保護法 ・中小業者の 401(k)負担を軽減する401(k) SIMPLE プランの創設	1996年	■中小事業雇用保護法 ・IRA SIMPLE プランの創設
1997年	■納税者負担軽減法 ・企業の報告義務の軽減，1年間に一定額以上の給付金を受け取る際などに課されていたペナルティ課税制度が廃止 ・従業員拠出金の自社株投資への規制強化		
		1998年	■Roth-IRA の登場 ・拠出金は課税，運用益は非課税の新型 IRA，1986年税制改革で加入資格が厳格化された IRA より加入資格がかなり緩い

出所：各種資料より作成。

びつけたのは1981年の11月に発行された内国歳入庁 (IRS) の規制案 (proposed regulation) であった。そこでは，従業員拠出およびそれにマッチングさせる形で拠出される雇用主拠出に関する税制優遇措置など，今日における 401 (k) の特徴をほぼ完全に備えた従業員給付プランの設立認可の旨が明記されていた。

この 401 (k) に関する IRS 規則の成立の立役者とされるのは，当時従業員給付コンサルティング会社 Johnson Cos. の取締役をしていた Ted Benna 氏である。彼は，401条 (k) 項に関する解釈が混乱する1980年当時，この条項の解釈と運用が従業員税引前給与拠出規定を備えた今日の 401 (k) 設立を可能にしうることを発見した。ここで彼が発見したことは，401条 (k) 項自体にはそうした設立可能性が明記されているわけではなかったが，他方ではその禁止もどこにも明記されておらず，したがって今日の 401 (k) 設立は可能であるという点であった。ただし，こうした法の抜け穴をついた拡大解釈は，彼自身の述懐するところによれば，当時必ずしも手放しで合法とみなされたわけではなく，これを非合法と考える専門家や弁護士も一定数存在していた[6]。そうした状況の中，彼は自分の提案を法律専門誌などのメディアにアピールし，またクライアントに対する事前のマーケティングを通じて，IRS の好感触を獲得した。この結果，IRS に認可を求めて提出した彼の提案は1981年5月に IRS に認可され，また同11月には，IRS がこの提案を一般的に認可する旨を記した規制案を発行し，今日の 401 (k) 普及への道を開くこととなった。

このように現在では 401 (k) プランの成立は，立法を直接的根拠としない特別な成立事情から主として民間給付コンサルタントのサクセスストーリとして語られている。そこからは一般的には「個人の独創性」「民間の工夫」といった示唆が導き出され，政府の政策的な意図についてはここではむしろ後景に退きがちである。しかしながら，401 (k) 型制度の登場は，アメリカの経済・年金政策史上から見ても決して偶然の産物というわけではなかった。次節以降ではこの点について詳しく述べていきたい。

3 企業 IRA の成立とその背景

　401(k)が成立したのと同じ1981年，アメリカでは「企業 IRA」(Corporate-IRA) という従業員給付制度が成立していた。この企業 IRA とは，後に詳述するように 401(k) とはその規定にいくつかの相違はあるものの，401(k) と同じ従業員拠出金優遇税制を有した制度であり，いわば元祖 401(k) 型制度といえるものであった。この節では，この企業 IRA の成立背景を考察することで，401(k) 型の従業員貯蓄制度が持っていたアメリカ政策史上の背景を明らかにすることを課題とする。

（１）企業 IRA の成立と1981年経済回復税法

　まず IRA（退職個人勘定）とは，内国歳入法408条に定められた，個人の退職後に向けた貯蓄形成を促進することを目的とする税法上の口座である。個人は，退職前の引き出しに関する罰則や拠出上限などいくつかの条件を満たすことで，その口座への拠出金や運用収益に関して税制優遇を受けることができる。この IRA は，1974年 ERISA 制定時に成立し，今日でも企業年金に加入していないものに対する税制上の公平措置として，また企業年金のポータビリティ実現に不可欠なロールオーバーを支える仕組みとして，重要な役割を果たしている。

　企業 IRA とは，この IRA を活用することで，401(k) と同様従業員の税引前給与からの拠出が可能となった従業員貯蓄制度である。それまで文字どおり個人勘定に過ぎなかった IRA を会社が自社の貯蓄制度に活用する契機となったのは，前掲図表3に示された1981年経済回復法における IRA 規定の拡大である。そもそも IRA は企業年金に加入できない国民に対しても公平に税制優遇枠を提供するという趣旨に則して，すでに企業年金に加入しているものがこの口座を活用することは認められていなかった。1981年の改正では，この IRA に対する拠出上限を従来の1500ドルから2000ドルまで引き上げると同時に，この制約が取り除かれた。これにより，企業は 401(k) 型の従業員貯蓄制度，すなわち従業員税引前給与拠出とそれに対する企業のマッチング拠出を軸

とした従業員貯蓄制度を設計することができるようになった。この改正を受けて，企業 IRA は翌年の1982年中にはすでに年金基金トップ200にランクインした企業109社のうち，AT&T や IBM，Exxon などの著名な企業を筆頭に少なくとも20社によって提供されていた[7]。

　この企業 IRA の成立を決定した1981年の IRA 拡大は，1978年内国歳入法の場合と異なり，その法案の段階から立案者によって明確に 401(k) 型制度創設への意志が明示されていた[8]。すなわち当時から 401(k) 型制度の創立は政府の意思であり，それは必ずしも民間の独創ではなかった。401(k) の登場は，議会で検討されていた企業 IRA と基本的にはほとんど同じものが，民間主導による行政の許認可のルートで成立したものに過ぎなかった。したがって，401(k) 型制度設立への当時の政策的意図は，この IRA 拡大における議論の分析を通じて検討することが可能となる。

（2）IRA 拡大の2つの背景
① 経済政策としての貯蓄創出

　この1981年経済回復法おける IRA 規定拡大の背景にあったのは，第1に経済政策としての貯蓄促進策である。周知のように1980年代前後のアメリカでは，需要創出に注目した従来のケインズ経済学による経済政策に対する反論として，労働・投資に対するインセンティブや投資を支える貯蓄創出に着目したサプライサイド経済思想が政策の枠組みとして力を持ちつつあった。1981年経済再建税法は，そうした思想に基づく大型減税案であり，その中で IRA 規定の拡大は，所得税減税や投資優遇税制など労働・投資刺激策とならぶ，直接的な貯蓄刺激策であった。

　レーガン大統領が，81年法への提案にあたってこの IRA 拡大規定を盛り込んだ際，従来から積極的に IRA 拡大提案を行ってきた上院財政委員会の John Chafee 共和党上院議員は，「我々がしなければならないのは，単純にわが国経済が必要とする投資を支えるため，より高い貯蓄水準を促すこと」であり，したがって大統領法案は「正しい方向への1歩である」とコメントしてい

Ⅲ　投稿論文

る[9]。他にも全米生命保険協会は，この時期の IRA 拡大の法案に対して「経済の回復のためには重点を消費から貯蓄へ移す必要があり」，「この法案がまさにそれを行っている」と歓迎し，また Pensions & Investment Age 誌も，「IRA の成長は，経済を後押しする」という見出しの社説を掲載した[10]。こうした期待や評価は，この IRA 拡大の経済政策的性格を顕著に表している。

② 年金政策としての退職貯蓄政策

IRA 規定の拡大は，また第 2 に国民の退職後所得システムを補強するための退職貯蓄創出策という性格を持っていた。従来から一般的にアメリカの退職後所得システムは，社会保障年金（OASDI），企業年金，および個人貯蓄の三脚の椅子（three-legged stool）になぞらえてきた。この IRA 拡大規定は，これまで政府の介入・運営によって支えられてきた第 1，第 2 の脚の動揺を受けて，第 3 脚の個人貯蓄への政府の新たな補強を意図したものであった。

まず，第 1 の脚である社会保障年金に関しては，1975年社会保障制度理事会が「社会保障制度は破産に瀕している」と発表して以来，その危機が叫ばれ続けていた[11]。すなわち，同制度は失業増大に伴う拠出金減少，物価上昇による給付増大などの要因による財政悪化のため1980年代中にも基金の枯渇が予想されていた。行政府や大統領府はそれぞれが設けた専門委員会の報告に基づき，社会保障税の増大と給付の削減を柱とした改正を1977年，1981年，1983年ほか数回にわたり実施していた。

社会保障年金にはまた，経済政策的な意味からもその存在意義に疑問が投げかけられていた。中でもサプライサイド経済学の第 1 人者として後にレーガン政権入りするフェルドシュタインは，1974年に社会保障税が民間貯蓄を 4 割も減少させるという推計を発表し，それが国民の潜在的資本ストックしいては経済成長にとって著しい負の影響を与えているとして年金政策議論に大きな波紋を呼んだ[12]。

こうした社会保障年金の財政危機に対する不安や制度自体の意義への疑問は，制度自身の財政再建と共に，その制度を補完する他制度の，それも国民の貯蓄形成を妨げない制度の充実という新たな課題を政府に投げかけていた。

他方，それまで社会保障年金を補完する役割を期待されてきた第2脚の企業年金に関しても，1980年代前半にはインフレによる給付額の生計費調整（COLA）の問題や斜陽産業の積立不足など，多くの問題が顕在化しつつあった。その中でも当時何より大きな問題に，普及率の停滞があった。第1節でも見たように，当時企業年金の中心であったDBの普及率は1980年以降大きく低下していったが，この事態について，少なくとも今後DBの普及率が停滞することについては，すでに1981年の時点で政府によって予測されていた。大統領の年金政策委員会は，1981年の2月において確定給付型年金の普及率は，今後の15年間にわたり現在の51-52％の水準で停滞するという予測を報告した。

　同報告は，この予測される企業年金の停滞を補うべく最小限度皆年金制度（Minimum Universal Pension System；MUPS）の創設を提案していた。MUPSとは勤務1年以上あるいは1000時間以上勤務する25歳以上の従業員全員に対して賃金の3％分を，雇用主が今日の確定拠出型年金の形で積立ることを義務づける制度である。それは賃金の一部を積立にまわすという点で，企業IRAや今日の401(k)に近い制度を強制により実施させる提案であった。実際にもその構想においてはIRAの活用等が視野にいれられていた[13]。

　このMUPS提案は，企業IRA実現へ向けたより具体的な基盤を形成した。というのも，この提案自体は，従業員給付研究所（EBRI）や全国製造業連盟（NAM）ほか金融や保険業界から「強制」で「官僚的である」という点で激しい非難を受けて実現されなかったが，そのEBRI等も同様の制度をIRA等の活用によるインセンティブなどを通じて実施することについては積極的に支持していたからである[14]。すなわち，このMUPS議論を通じて，401(k)や企業IRAなどのイメージで政府や企業が支援する形で第3脚である個人貯蓄を補強する構想は，政府や年金業界関係者によってすでに共有されつつあった。

　このように1981年におけるIRA規定の拡大は，単なる経済政策ではなく年金政策上の性格も持っていた。上院の財政委員会は，このIRA拡大に際し「退職所得保証の促進」という理念を掲げ，P&I誌もまたこれを「社会保障の解決策」「3脚の椅子がついに実現」として取り扱った[15]。こうした流れは，

一方では政府や企業の責任で行われていた年金制度の一部を各個人の自助努力へ移行させる動きとして把握することもできるが，他方では，従来は個人の領域であった個人退職貯蓄の領域に，政府や企業が税制優遇措置や従業員貯蓄制度の運営を通じて新たに介入し，これを制度化する動きでもあった。すなわちこの IRA 拡大によって政府の年金政策は，第3脚という新たな領域に足を踏み入れた。

(3) IRA 拡大策をめぐる対立点

こうして企業 IRA は，経済政策としての貯蓄創出と年金政策としての退職貯蓄促進という異なる2つの目的を背景に成立した。このことから企業 IRA，しいては 401(k) 型の制度は，この両者の政策理念の一致ないし調和する制度として成立したと考えることができる。しかしながら，この両者は必ずしも無条件で調和する理念ではなかった。両者の不調和ないし対立の関係は，1981年IRA 拡大議論において，とりわけそれらが具体化される段階において顕在化した。ここでは，その中でもその後の IRA や 401(k) の発展を規定した2つの論点を取り上げておきたい。

① 拠出上限をめぐる対立

IRA 拡大規定をめぐる対立が現れた第1の点は，拠出上限の設定をめぐる対立である。もし従業員拠出非課税という規定を経済政策の立場，すなわち貯蓄創出の視点からのみ考えるのであれば，当然のことながら拠出上限は高ければ高いほうが望ましい。なぜなら，拠出上限の引き上げによってより多くの貯蓄創出効果が期待できるからである。当初のレーガン政権案では，この IRA 拠出上限を全体としては2000ドルまで上昇させるものの，企業年金加入者に関しては1000ドルにとどめていた。しかし，前節で触れた IRA 拡大の経済政策的側面を強調していた Chafee 上院議員は，IRA 拠出上限を通常4000ドル，企業年金加入者の場合は2000ドルまで引き上げることを主張し，この点ではレーガン政権の提案は不十分であると批判していた[16]。また，他の IRA 拡大関連の法案でも例えば，もうひとつの上限である給与の15％以下という制限をとりはらう案など，より寛容な主張も存在していた[17]。

他方で，これを国民の老後の所得保証として位置付けるのであれば，拠出上限をそれほど多く設定する必要はない。なぜなら，より大きな拠出枠を最大限活用できるのは，それだけの拠出が可能な富者に限定されるからである。このことからむしろ不当に高い拠出上限は「租税支出」，つまり優遇措置によって発生する補助金を一部富裕層に重点的に与えることを意味するため，租税支出を広く国民の退職後貯蓄を支えるために用いるという立場からは支持されがたいものであった。なおこの点は，単なる課税公平および財政赤字を問題とする立場からも同様に支持されがたかった。政府の年金政策を監視する市民団体「年金政策に関する市民委員会」の理事長 Hillel Gray 氏は IRA 適用範囲を拡大するレーガン政権の案には賛意を表明した一方，Chafee 議員が訴えていた拠出上限引き上げに関しては「上限の問題は，まず十分な可処分所得のある人にとっての問題であり」「望むままに上限を引き上げることは，ごく少数の集団の人々のみを支えることである」として疑問を示した[18]。IRA 拡大の退職後貯蓄としての性格を強調していた William Franzel 共和党議員の従業員退職貯蓄拠出法案でも，IRA 拠出上限は現行の1500ドルか給与の15％の低いほうと，現状維持を提案していた[19]。

　こうした綱引きの結果，1981年経済回復税法における IRA 拠出上限は，企業年金加入者もそれ以外も一律で2000ドル（配偶者が働いていない夫婦の場合は2250ドル）か給与の15％の低いほうで決定された。なおこの拠出上限はその後も度々引き上げ圧力にさらされた。例えば，1983年には上院財政委員会の Robert Dole 上院議員は再び IRA 上限の拡大を提起し[20]，1984年の財務省税制改革案などでは，拠出上限は2000ドルから2500ドルに，配偶者が働いていない場合の夫婦は2250ドルから5000ドルが提案されていた。

② 積立金の利用可能性をめぐる対立

　対立点の第2は，積立金の退職前での利用可能性に関してである。そもそも IRA とは，その1974年の設立時から積立金の退職前の利用に関しては規制がかけられていた。すなわち59.5歳以前の IRA 積立金引き出しに対しては，通常の所得税に加えて10％のペナルティタックスが課されることになっていた。これは，IRA が退職後に備えた資金の積立であるという趣旨に則して，利用

者がそれ以外の IRA 優遇措置を濫用することを防ぐための措置である[21]。

　IRA 適用範囲の拡大にあたって，これを経済のための貯蓄創出と捉える立場からすれば，これは撤廃ないし緩和されるべき規則である。なぜなら，退職前の利用に一定の制限を設けることは，利用者にとっての IRA 優遇税制を活用する利便性を損なわせることを通じて，利用者にこの制度への拠出をためらわせ，したがって IRA 拡大による貯蓄創出効果を半減させる恐れがあったからである。実際にもこの立場に立つ，Chafee や Henson Moor の法案では IRA 引出罰則規程の緩和，すなわち住宅購入や教育のため，10,000ドルまで IRA 積立金から罰則なしでの引出容認が提案されていた[22]。

　これに対して，IRA の退職貯蓄としての性格を重視する立場からすれば，この引き出しに対する制限は当然，維持されるべきものである。また，課税公平の観点からもこの規制の存在は支持される。なぜなら退職前における IRA 積立金の利用は，退職目的という名目で IRA 利用者に与えた税制優遇の濫用を意味するからである。上記の William Franzel 下院議員は，自らの法案の中で Chafee や Moor の提案に対し，「非退職者の引き出しは，退職時の IRA の利用可能性を縮小させ，IRA 構想を複雑化させ」，「住宅購入や教育その他の目的のために税制のインセンティブが必要であれば，それは退職後貯蓄刺激税制とは独立に達成されるべきである」として，引出制限の維持を提案した[23]。結局，1981年5月のレーガン政権案でもこの10％のペナルティタックスは維持され，それがそのまま可決された。

4　企業 IRA と 401(k) の競合とその帰結

　401(k)は，企業 IRA が議会での議論を経て成立したのと前後して，行政府の認可によって登場した。P&I 誌は，その登場を「新しい給付制度は，企業 IRA と競合する」と見出しで報じ，当初 401(k) は企業 IRA に競合する新しい従業員貯蓄優遇税制として注目された[24]。この節ではこの 401(k) と企業 IRA との競合関係の分析を通じて，政策史上の 401(k) の位置を確定し，そこから 401(k) に関する政策的論点の整理を試みたい。

(1) 従業員貯蓄制度への優遇税制としての競合

図表4は，1980年代における IRA と 401(k) への拠出金の推移を示したものである。これを見れば，IRA の拠出金は1982年に爆発的に上昇し，以後1986年まで 401(k) への拠出金を大幅に上回っている。しかしながら，この図から企業 IRA と 401(k) との普及における競合は，IRA に軍配があがったと判断するのは早計である。なぜならこの全体的な拠出の絶対額の外観とはうらはらに，従業員給付プラン優遇税制としての標準をめぐる両者の競合の局面を制したのは 401(k) のほうであったからである。

企業 IRA は，1981年に IRA 拡大が決定した際には，確かに多くの企業からその導入を前向きに検討されていた。例えば，1981年10月頃に従業員給付コンサルタント会社のA. S. Hansen Inc.社が顧客の124社に対して行った調査によれば，42％もの企業が企業 IRA を導入する予定であった[25]。また実際にも，1982年時点で第2節で見たように巨大年金提供企業の2割弱が企業 IRA を導入している。しかしながら 401(k) と IRA が成立して3年目の1984年には，企業福祉税制としての 401(k) の優位は明白な傾向となっていた。例えば1984年に ERISA Benefit Funds Inc. が行った調査によれば Fortune 誌売上ランキング上位500企業のうち，401(k) をすでに導入した会社が66.0％の330社，1985年までに導入予定の企業が6.0％の30社，すなわち1985年には合計360社（72.0％）の企業が 401(k) を採用していた[26]。その過程には，Honeywell Inc. 社のように企業 IRA の提供企業が 401(k) に乗り換えるような例も存在した[27]。IRA は1984年以降には，企業の貯蓄制度を支援する税制としてはほとんど取り上げられることがなくなっていた。

このように1980年代中盤には 401(k) が，従業員貯蓄制度の優遇税制としての標準をかちえていた。その結果1981年企業 IRA 認可の意図はやぶれ，401(k) は企業の従業員貯蓄優遇税制，IRA は再び個人貯蓄優遇税制へと棲み分けが進行した。図表4のように IRA 拠出額が 401(k) を大幅に上回っていたのは，従業員貯蓄制度への拠出ではなく，個人の，それも相対的に富裕な層の個人的貯蓄がそこに振り向けられていたからである。1982年においては，IRA 拠出額の86.7％が民間労働者の26.0％に過ぎない年間所得20000ドル以上のものの

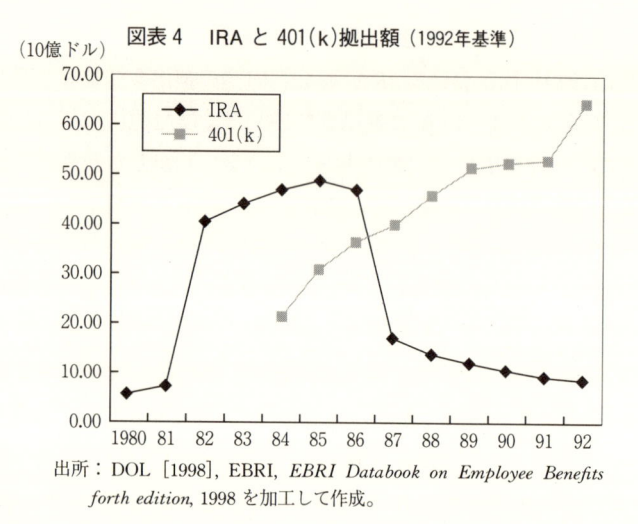

図表4　IRAと401(k)拠出額（1992年基準）

(10億ドル)

出所：DOL [1998], EBRI, *EBRI Databook on Employee Benefits forth edition*, 1998 を加工して作成。

拠出で占められていた[28]。

（2）401(k)とIRA規定の差異

このように，企業IRAが従業員貯蓄制度の優遇措置としては401(k)との競合にやぶれたのはなぜであろうか。その要因は，401(k)と企業IRAの両者が，「従業員拠出」優遇税制として持っていた規定の差異にあった。

まず第1に，両者は優遇税制が認められた従業員拠出額が大幅に異なっていた。前節で見たようにIRAの拠出上限額は，議会での議論を経て，基本的には従業員1人あたり2000ドルか給与の15％であった。この制約のうち大半の加入者にとって実際の制約となったのは絶対額の制約である2000ドルのほうであった。なぜなら，15％という制約が2000ドルという制約に優先して適用されるのは，年間所得が13333.3ドル（2000÷15/100）以下のものに限られ，また企業年金加入者は国民の中でも相対的に富裕な層に限定されているため，1983年時点で企業年金加入者のうち年間所得が14999ドル以下のものが占める割合は22％程度に過ぎなかったからである[29]。他方で，1983年時点における401(k)の従業員拠出上限は30000ドルまたは給与の25％のいずれか低いほうであった。すなわち両者の拠出上限は，実質的な制約である絶対額で15倍，給与比率でも

1.67倍もの開きを有していた。

　第2の相違点は，退職後前の積立金利用可能性である。これも前節で述べたように，企業IRA積立金の退職前の引き出しには所得税に加えて10%のペナルティタックスが課されることになっていた。他方，1982年当時の401(k)にはこうした制約がなく，従業員は現役時でも経済的困窮（hardship）が認定されれば，積立金をペナルティタックスなしで引出すことができた。また当時のIRS規制案におけるこの「経済的困窮」の定義は非常に曖昧であったため，これは事実上，加入者が住宅購入や家族の疾病，学費など退職所得以外の目的に積立金を利用することを容認する緩い規定であった[30]。実際にも1984年には行政府の年金政策担当者は，401(k)をはじめとする多くのDCは，退職前の目的のために設計され，年金の機能を果たしていないと批判を繰り返している[31]。さらに401(k)は退職後の積立金からの一括支払（Lamp-sum distribution）に関してもIRAと比べて有利な税制規定を持ち[32]，IRAには認められていない積立金からのローン規定もあった。

　このように，401(k)はIRAに比べて大幅に寛容な拠出上限と柔軟な積立金活用規定を持つ制度であった。したがって企業は，自社の貯蓄制度の優遇税制として企業IRAより401(k)を選択した場合のほうが従業員に対して魅力ある制度を設計することができた。他方で，401(k)を提供する企業は非差別ルールが課せられるため，その遵守と運営の負担を企業が負わされる点で401(k)の企業IRAに対する不利も指摘されていた[33]。とはいえこうした非差別ルールに伴う企業の負担は，上記の401(k)のメリットとの比較では大きな問題とはならず，前節のように企業年金優遇税制の標準の地位は401(k)が占めることとなった。

(3) 401(k)標準化の意義とその後の政策課題

　こうした企業IRAに対する401(k)の勝利は，次のように評価することができる。すなわち上記の従業員拠出優遇税制としてIRAと401(k)に現れた2つの差異はいずれも，第3節（4）で見たように，単なる貯蓄か，年金政策

としての退職後貯蓄形成かといった異なる2つの政策目的の対立点として現れた問題であった。こうした観点からすれば，当時の401(k)はIRAと比較して濃厚に経済政策，つまり単なる貯蓄創出税制としての性格がより濃く，逆に年金政策としての性格はより薄いものであった。いわばIRA拡大の経済政策的側面を重視したChafee上院議員の理想をより完全に体現したものが401(k)であった。

　こうした両者の差異を決定付けた大きな要因は，両者の成立過程にあった。すなわち一方で議会経由で成立した企業IRAが予算制約および年金政策という名目を満たすための制約がかけられる中，他方で民間主導・行政府経由で成立した401(k)は，こうした対立や議論を経ることなく，より経済政策あるいは単純な貯蓄創出という性格を色濃く残したまま成立した。言い換えればChafee上院議員らの理想は，行政府の許認可ルートを通じることによって，議会で争われていた401(k)型制度の性格をめぐる対立・議論を回避できたために，より完全に実現された。ここに，401(k)が民間主導で成立した政策史上の意義がある。

　企業の従業員貯蓄制度の優遇税制としての401(k)の標準化は，その後最終的に政府によっても追認されることとなった。前掲図表3にみるように政府は1986年の税制改革において1981年のIRA拡大規定を撤回し，企業IRAの認可を事実上撤廃した。その結果，IRAの拠出適格者は再び大幅に狭められ，IRA拠出金も図表4のように1987年以降大きく落ち込んでいった。このIRA縮小策の論拠となったのは，図表5-Aのように，IRAが401(k)より富者にのみ利用される優遇税制とみなされ，新しい貯蓄創造にも寄与しないとみなされたことにあった。本来，年金政策としての性格がより濃厚であったIRAが，企業IRAとして401(k)との競合に打ち勝てなかったがために，より富者優遇税制の外観を強める結果となったのは皮肉というほかない。ただし，当時の401(k)業界が主張した図表5は分母を加入適格者，すなわち401(k)提供企業の従業員に限定している点で401(k)加入率が全体的に，特に低所得層について誇張されている。すなわち401(k)加入率の実態もまた，図表5-Bの中列に

図表5 401(k)とIRAの所得階層別加入者

A. 401(k)とIRA加入率比較（1983年）（単位：％）

従業員年間所得	加入率（適格者のうち） % of eligible group participating in :	
	401(k)s	IRAs
-$9,999	21.9	8.3
$10-14,999	28.1	12.6
$15-19,999	37.9	18.2
$20-24,999	38.4	21.4
$25-34,999	47.2	29.7
$35-49,999	55.4	46.3
$50,000-	66.3	57.7
総計	39.0	17.7

出所：The Wyatt Co. (P&I, September 30, 1985, p. 57)

B. （参考）給与天引（Salary Reduction[注1]）プランの加入率（1988年）（単位：％）

従業員年間所得	被提供率 Sponsorship Rate[注2]	加入率 Participating rate	被提供者加入率 Sponsored Participating rate
-$9,999	6.7	2.0	29.9
$10-14,999	15.3	5.6	36.6
$15-19,999	22.2	10.3	46.4
$20-24,999	30.2	15.5	51.3
$25-29,999	35.4	20.0	56.5
$30-49,999	43.9	27.8	63.3
$50,000-	55.4	40.9	73.8
総計	26.9	15.3	56.9

出所：EBRI, Salary Reduction Plans and Individual Saving for Retirement, EBRI Issue Brief No. 155, p. 5.

注：1. 給与天引プラン（Salary Reduction Plan；SEP）とは、従業員の税引前給与から一定率拠出する確定拠出型年金のこと。401(k)とほぼ同義の概念であるが、ここでは非営利団体や公務員版の401(k)である403(b)プランや、457プランも含まれている。

2. 表Aにおいては、IRAが401(k)に対して低所得者の加入率が低いことが示されているが、それは正確な実態ではない。表Bでは401(k)を中心としたSRPのより正確な加入率が示されているが、これと比較した場合、表Aの「適格者のうちの加入率」という概念は、IRAの場合は1981年改正時によってほとんどすべての労働者が適格となったため表Bの第2列「加入率」が対応する概念であるのに対し、401(k)の場合は適格者が企業年金の被提供者に限られるため、第3列「被提供者加入率」に近い概念であった。したがって両者の利用率を表Aの場合のように「適格者のうちの加入率」で比較するのは妥当ではない。労働者全体のうちの加入率、ということで比較すれば、表AのIRA加入率と表Bの第2列を比較するのが妥当である。そしてこの場合は、401(k)が必ずしもIRAと比べて低所得層に普及しているとはいいがたく、むしろ逆の結論さえ導き出せうる。

示されているように、IRAと同様かそれ以上の富者偏重の優遇税制であった点には注意が必要である。

　他方で、企業IRAの成立と401(k)との競合で顕在化した、経済政策としての貯蓄創出と年金政策としての退職貯蓄創出との目的の齟齬は、その後の401(k)に関する政策上の軸を形成した。まず、図表3のように401(k)を従業員拠出優遇税制の標準として追認した1986年税制改革では、401(k)には退職

貯蓄として大きな制約が課された。第1に拠出上限は30000ドルから7000ドルに大幅に引き下げられ、第2には、59.5歳以前での積立金引出にはIRAと同様10%のペナルティタックスが課されるようになった。その後も、401(k)をめぐる議論や政策は、第3脚の政策として単なる貯蓄創出と退職貯蓄形成との対立を軸に、拠出上限、積立金利用に加え、積立金からのローンや非差別原則の緩和などをめぐって展開されている。

む　す　び

本稿では、401(k)の内容を「従業員拠出優遇税制」と規定した上で、その発生背景を当時の同じ401(k)型制度である企業IRA登場との関わりで考察してきた。そのことによって明らかにされたことは以下の2点である。

第1に、401(k)型の従業員貯蓄制度は、一般に認識されているように民間の独創の産物ではなく、当時のアメリカにおける経済政策および年金政策の議論を背景に生まれた制度である。特にそれは年金政策としては、退職後所得保証システムの第1・2脚である社会保障年金や企業年金の危機・停滞予測を前提に、第3脚である「個人貯蓄」を積極的に支援する試みであった。この動きを「福祉国家の再編」として捉えた場合、それは必ずしも従来の政府や企業によって担われてきた退職後所得保証の負担の個人の自助努力へ移行・転嫁を意味していただけでなかった。それはむしろ従来個人の領域であった個人貯蓄の分野への政府や企業の新たな関与であったといえる。こうしたアメリカの試みは、現在のDB企業年金再編の受け皿としてのDC認可という性格が非常に強い日本版401kとは政策的次元をやや異にしている。

第2に、401(k)台頭およびそれをめぐる政策は、401(k)型制度の年金政策としての性格と経済政策としての性格の両者の摩擦を軸に展開された。401(k)が民間主導で成立したことの政策史上の意義もこの観点から再評価できる。すなわち、401(k)が「議会ルート」で成立した元祖401(k)型制度の企業IRA

を凌駕したのは，それが民間―行政府ルートで成立したものであり，成立当初に年金政策としての制約をほとんど受けなかったからである。その後も，この401(k)の経済政策的な性格と年金政策的な政策との両政策目的の相克の関係が，1986年税制改革以降の401(k)をめぐる政策上の軸となった。こうした政策軸は，従来の年金システム第2脚を支えてきた枠組みである企業年金規制の伝統的対立軸，すなわち労働者の権利保護と企業利益との対立を軸とする労働法的性格の強い規制とは，また全く次元の異なった第3脚介入政策独自のものとして捉えることができる。

本稿では，401(k)発生の過程を分析することによって401(k)登場の背景にある政策的対立軸を提起した。しかし紙幅の関係上，経済政策と年金政策の2つの政策目的に照らした401(k)政策の意義と限界の評価，さらにはその後の政策過程における両者の摩擦の展開については本稿で詳述できなかった。今後の課題としたい。

1) EBRI, "Pension Evolution in a Changing Economy", *EBRI Issue Brief* No. 141, p. 16.
2) 内国歳入法上でも DC の pension とは，この MPP を意味する。浦田春河，『401(k)プラン―アメリカの確定拠出年金のすべて』東洋経済，1998年，p. 268。
3) U. S. Department of Labor Pension Benefit Welfare Administration (DOL PBWA), *Pension Plan Bulletin; Abstract of 1997 Form 5500 Annual Reports*, 2001.
4) Bankers Trust Campany, *Corporate Defined Contirbution Plans*, 1987.
5) この選別機能の詳細と実証研究に関しては，Richard A. Ippolito, *Pension Plans and Employee Performance*, Chicago Univ. Press, 1998 を参照。
6) http://401Kafe.com
7) *Pensions & Investment Age* (*P&I*), January 24, 1983.
8) *Employee Benefit Plan Review* (*EBPR*), November 1980, p. 26.
9) *P&I*, June 22, 1981, p. 37.
10) *P&I*, September, 14, 1981, p. 12, May 11, 1981, p. 55.
11) ブルーノ・スタイン著（生命保険文化研究所訳）『年金制度の経済分析―転機に立つアメリカの年金制度』千倉書房，1983年（Bruno Stein, Social Security and Pensions in Transition , The Free Press, New York, 1980）
12) ただし社会保障年金と貯蓄創出が実際どれほどの相関を持つのかについてはその後論争をよんでいる。*ibid.*

Ⅲ　投稿論文

13) Isidore Goodman, *Towards a Minimum Universal Pension System*, CCH, Inc, 1981.
14) *P&I*, May 25, 1981, p. 60, July 20, 1981, p. 4.
15) 97th Congress, *Report No. 97-144*, *P&I*, November 23, 1981, p. 10, March 1, 1982, p. 10.
16) *P&I*, July 22, 1981, p. 37., 97th Congress S. 243.
17) 97th Congress, *H. R.* 2346.
18) *P&I*, July 22, 1981, p. 37.
19) 97th Congress, *H. R.* 2207.
20) *Business Insurance*, April 18, p. 2, 1983.
21) なお内国歳入法上,唯一 pension と規定された DC である MPP の場合,こうした引出は認められていない。
22) 97th Congress, *H. R.* 1250, S. 243.
23) *P&I*, May 11, 1981, p. 55.
24) *P&I*, November 23, 1981, p. 14.
25) *P&I*, November 9, 1981, p. 3.
26) *P&I*, October 29, 1984, p. 50.
27) *P&I*, March 15, 1982, p. 8.
28) EBRI, "Individual Retirement Accounts", *EBRI Issue Brief*, No. 32, July 1984, p. 5 table 2, p. 6 table 3 より算出。
29) EBRI, "Pension Coverage and Benefit Entitlement: New Findings from 1988", *EBRI Issue Brief*, No. 94, 1989.
30) EBRI, "401(k) Cash or Deferred Arrangements", *EBRI Issue Brief*, No. 46, 1985.
31) *P&I*, October 29, 1984, p. 9.
32) *P&I*, March 15, 1982, p. 8, June 7, 1982, p. 22, July 5, 1982, p. 22, また退職時の一括支払時における 401(k) の課税上の優位に関する詳細は, EBPR, June 1982, p. 16.
33) 非差別ルールに関する詳細は,浦田,前掲書を参照。

職務給化政策の意義
―― F製鉄K製鉄所の1957年職務評価制度導入の事例 ――

青木宏之 Aoki Hiroyuki

1 はじめに

　戦後約20年の間、日本企業はいくつかの理由から職務給の導入を試みた[1]。しかし結果的に見れば、それは賃金額のごく一部であったし、多くの企業は60年代から70年代にかけて制度を廃止している。そのため研究史においても、欧米追随的近代化政策の失敗例として消極的な位置付けがなされている[2]。

　しかし筆者は、戦後の職務給化政策は、従来考えられてきた以上に大きな意義を持っていたと考える。それは実施された賃金制度改革そのものよりも、むしろその実施過程に注目するからである。その意義とは①職務分析、職務評価を通じてそれまで現場の人間のみに共有されていた仕事に関する情報の洗い出しが行われ、中央管理部門（ここでは主に労働部や能率課などを指す）が作業の具体的内容を掌握したこと、②作業職員すべての仕事が職務評価によって一元的な価値基準のもとにおかれ相互に比較可能となったこと、③さらにそれらの過程を通じて要員管理、作業組織などの諸問題が浮き彫りにされ、広い意味での組織の合理化が促されたことなどである[3]。それらは、端的に言えば、経営合理的な現場管理の基盤が準備されたことを意味している。そのようなインパクトを持っていた職務給化政策に対して、現場と中央管理部門、あるいは労使の間で一定の合意が形成されたことは、日本における労務管理、生産管理の発展史において注目に値する出来事だったのである。

　1962年に鉄鋼大手企業で職務給制度が採用されたことは、比較的知られている。これは戦後日本の職務給化政策上、特筆すべき出来事であった。それは鉄

鋼業が当時リーディング産業であったことに加え，大手3社が同時に行ったという社会的インパクトや，職務給化の潮流の中でも最終局面に行われたという点からである。だが，1962年の職務給制度は卒然として実施されたものではない。それに先立つ準備の過程があった。例えばここでとりあげるF製鉄では，1957年に職務評価を活用した能率給の合理化を行っている。厳密には職務給制度ではないが，広い意味では職務給化の一段階として位置付けることができる。その実施過程を詳細に検討すると，先に指摘した職務給化政策の意義に関わる論点が明瞭な形で浮かび上がってくる。そこで本稿では，F製鉄の1957年職務評価導入における現場と中央管理部門の合意形成プロセスを検討し，制度改訂の意義と限界を明らかにしたい。

2 1957年賃金制度改訂—職務評価による能率給の合理化

F製鉄の57年職務評価導入の意義を理解するためには，まず同社の能率給制度について簡単に説明しておく必要がある。

能率給とは，出来高給の一種であり，生産トン数で全体の財源が決まる。鉄鋼業の場合は協働作業が多いことから，能率の算定単位は個人ではなく工場（課）単位である。それゆえ集団能率給と呼ばれる。個人配分が決まるまでには，事業所財源，作業員・職員財源，工場（課）財源，個人配分額の4段階の計算が行われる。その順に即して同社の能率給制度の仕組みと57年制度改訂の内容を簡潔に説明したい。なお，能率給は工職両方に適用されていたが，作業員の計算方式を中心に議論する。

（1）事業所財源

能率給の財源計算の基本単位は事業所である。事業所の財源は主に歩留で決まる第一業績手当と生産量で決まる第二業績手当から構成されている[4]。第二業績手当は銑鉄，鋼塊毎に以下の算式により計算される。

　　各事業所の月当り財源＝
　　｛単価×（生産トン数－1工当り基準トン数×総延べ工数）×

$$\left\{\frac{社員延べ工数}{総延べ工数}\right\}\times 0.6 + 各事業所の\{単価\times(生産トン数-1工当たり基準トン数\times総延べ工数)$$

$$\times\frac{社員延べ工数}{総延べ工数}\}の総和\times 0.4\times\frac{事業所の社員月末現在人員}{各事業所の社員月末現在人員の総和}$$

注) 57年改訂後の計算式である。

式の順に説明していこう。「単価」は，1工当たり基準トン数を所与とした場合，労使交渉で1人平均能率給額が決まれば，自動的に算出される。「(生産トン数−1工当たり基準トン数×総延べ工数)」は実績と基準の差を示している。過去の実績から割り出された標準生産量と当月の実績との差に単価を乗じて能率給財源が決まる。「$\frac{社員延べ工数}{総延べ工数}$」は社員率とでもいえるものである。鉄鋼業においては多くの臨時工や請負業者などが同じ工場の中で働いているが，能率給の被支給者は社員に限られているので，社員率が高いほど支給額が多くなる仕組みがとられる。

「×0.6」というのが事業所の生産量によって決まる財源の比率を示していて，「×0.4」というのが「全社プール」の比率を示している。「全社プール」とは事業所財源の一部を全社的に集めて再び各所に均等配分するための財源である。全事業所の能率給の「総和」に，全社員数に占める当該事業所社員数の比率を乗じることによって均等配分のための操作をしている。なぜそのような操作が必要かというと，一事業所の意向だけでは生産量が決められないからである。いくつもの事業所を持つF製鉄ではそれぞれの品種において最も合理的に生産がなされるように各所に生産割当を行っている。例えば薄板を生産するならば，プルオーバーのK製鉄所よりもホット・ストリップ・ミル，コールド・ストリップ・ミルを持つH製鉄所で生産したほうが効率がよい。設備能力の格差に応じて，能率給にも格差がつくのが当然という見方もあり得るが，しかしH製鉄所に設備投資をする資金は全社的に作り出したものであり，その成果をH製鉄所の従業員だけが享受するのはおかしいという考え方もある。特に旧設備を抱えていたK製鉄所ではそのような不公平感が強く[5]，F製鉄労組連合会の交渉でも，プール財源の比率をめぐってK製鉄所労組とH製鉄所労組の

意見が対立した[6]。57年制度改訂では，全社プールの割合が30％から40％へと増加した。それは旧製鉄所に有利な内容であった。

（2）作業員・職員財源

職員に能率給を配分するか否かは，個別企業によって異なる。F製鉄では以下の算式にあるとおり，全作業員と全職員の日給（本給）総額に比例して財源を配分していた。

$$\text{作業員または職員財源} = \text{事業所総財源} \times \frac{\text{職員等又は作業員の}[\text{平均日給} \times (\text{総暦日数} - \text{総延欠勤日数})]}{\text{社員の}[\text{平均日給} \times (\text{総暦日数} - \text{総延欠勤日数})]}$$

（3）工場（課）配分の合理化

工場（課）の財源は以下の算式で決定される。

$$\text{作業員課財源} = \text{作業員財源} \times \frac{\text{各課の}|(\text{平均日給} + \text{職場係数}) \times (\text{総暦日数} - \text{総延欠勤日数}) \times \text{生産率}|}{\text{同上の総和}}$$

工場（課）の財源は，課員の平均日給，職場係数，出勤率，生産率の4つの要素で決まる。職場係数とは，生産能率とは無関係に決められる工場（課）ごとの配分指数で，職務点の加重平均から算出される。生産率とは課の毎月の生産能率をはかる指標であり，生産トン数と歩留の2つが基準となっている。平均日給と職場係数とは工場（課）の人的構成や生産条件が変わらぬ限り固定的である。よって，出勤率を別とすれば，毎月の能率給財源の変動は主に生産率によって決まることとなる。57年制度改訂の焦点ではないので，生産率の詳しい説明は省くが，〈銑鉄・焼結・コークス〉，〈製鋼・窯業〉，〈鋼片〉，〈第一圧延・第二圧延〉，〈化成〉の5つの部門ごとにそれぞれの算式によって決められる。その他の間接部門の生産能率は5部門の平均値の94％として計算されていた。しかし57年改訂で，5部門平均の95％となり，それとあわせて生産部門の生産率の上限を115％から110％に引き下げた。間接部門にとって有利な改訂であったといえる[7]。

職場係数は作業員のみに適用される基準である。ではなぜ秘書課や庶務課などの事務部門にも職場係数が存在するのかといえば，当該課にも事務所給仕，会館女中，事務補助などといった作業員待遇の従業員がいるからである。当該課の職場係数は彼らの職務点（個々の職務の格付）から算出されるが，当課の職員待遇の従業員には適用されない。

　職場係数を個々の職務点の加重平均となるように連動させたことが，57年の大きな変化である。それは，個々の職務点が工場（課）の財源を規定するということであり，職務点が工場（課）内の配分基準という役割を超えて，事業所全体の中で職務価値を表す指標となったということを意味しているのである。だからこそ組合の是正活動において，他の工場の職務との相対的格差が問題とされたのである[8]。もちろん57年改訂以前にも職場係数は存在したが，それは職務点とは無関係に決められていた。ただし職務に関する何らかの評価と関わりがなかったわけではない。まず課内のすべての作業を「勘と経験により簡単にA，B，Cの3ランクに区分し」それぞれを係数化し（A＝1.1，B＝1.05，C＝1.0），以下の式に従って職場係数を算出する[9]。

　　職場係数＝

$$\frac{(Aランク人員数 \times 1.1) + (Bランク人員数 \times 1.05) + (Cランク人員数 \times 1.0)}{各課現在人員}$$

　この式からもわかるように，もともと職場係数のコンセプトは職場の仕事の総合評価である。それゆえ個々の職務点を総合したものと考えることができる。しかし従来の職場係数は職務点とは無関係に算出されていたので，当然個々の職務評価を積み上げた場合，職場係数と食い違う。そのような矛盾は給与担当者にも認識されており，個々の職務点と職場係数を連動させることが今後の課題であった。1952年の職務点導入時には組合に対し以下のような申し入れをしている。

　「将来職務点を基礎にして職場係数を算出するように改正する場合は，今回の職務点を基礎としない。またその際新たに決定する職務点の査定についても今回の職務点を基礎としない。」[10]

　それでは57年改訂以前の職場係数の特徴を検討してみよう（**図表1**）。一見し

III 投稿論文

図表1　職務点導入前の職場係数（1957年1月）

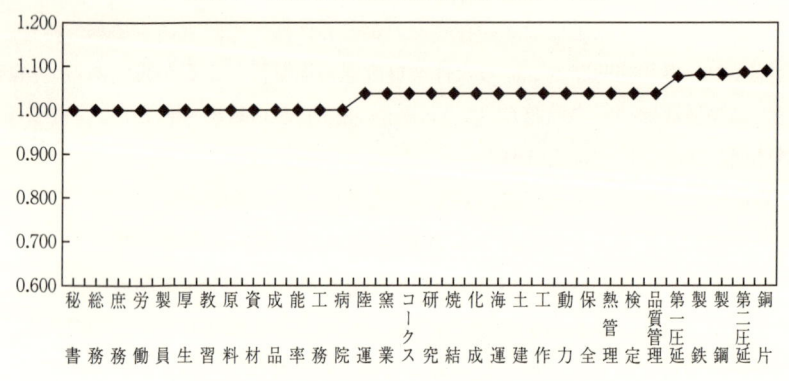

秘書／総務／庶務／労働／製員／厚生／教習／原料／資材／成品／能率／工務／病院／陸運／窯業／コークス／研究／焼結／化成／海運／土建／工作／動力／保全／熱管理／検定／品質管理／第一圧延／製鉄／製鋼／第二圧延／鋼片

図表2　職務点導入後の職場係数（1957年8月）

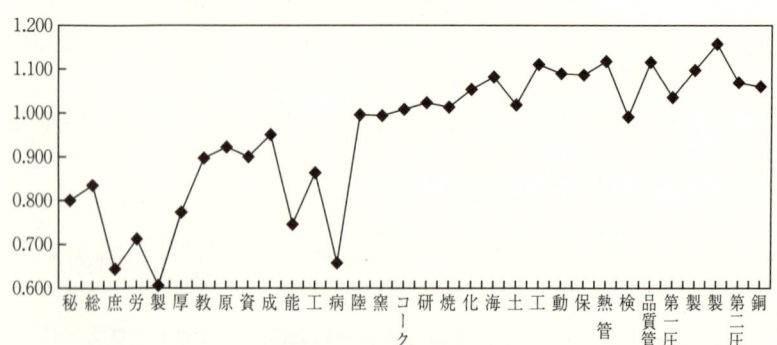

秘書／総務／庶務／労働／製員／厚生／教習／原料／資材／成品／能率／工務／病院／陸運／窯業／コークス／研究／焼結／化成／海運／土建／工作／動力／保全／熱管理／検定／品質管理／第一圧延／製鉄／製鋼／第二圧延／鋼片

注：上の職場係数値はどこかの課を基準（1.0）として指数化したものである。実際は職務点の加重平均として算出され，1957年度はだいたい60から110点までの間に分布している。
資料：K製鉄所労働部『課財源試算表（その1）』1957年。K製鉄所労組組織宣伝部『組合ニュース』348号，1957年8月9日。以上より作成。

てわかるように，大まかに事務部門，補助部門，主作業部門（製銑，製鋼，圧延），の3つに水準が分けられており，主作業部門以外は職場間に細かな差はつけられていない。推論だが，個々の職務の評価はあらかじめ着地点を決めて調整されていたのではないかと考えられる。少なくとも厳密な個々の職務評価から職場係数を算出した結果とは考えにくい。

　以上のように，57年以前の職場係数は理念どおりには機能していなかった。

その解決が制度改訂の課題の1つだったのである。それでは職務点と連動させたことによって、職場係数にどのような変化が起きたのかをみてみよう（図表2）。

全体的な特徴を述べれば、第1に、各課の相対的な格差の幅が大きくなったことである。改訂前は約1.00から1.10の間に分布していたのに対し、改訂後は約0.60から1.20の間に分布範囲が広がった。第2に、57年改訂後は職場間に細かな格差がついたことである。これまで大括りに把握されていた職場間の関係に、新たにより精緻な序列が生まれたのである。第3に、保全、工作部門の地位が高まったことである。後に触れるが、これは職務点において「習熟」要素が大きな影響を持っていたためであると考えられる（習熟とはいわゆる経験的熟練を意味する）。第4に、品質管理や熱管理などの補助部門と主作業部門との格差が縮小したことである。

(4) 個人配分の合理化

50年代までは、集団能率給の職場内における個人配分は、組長を頂点として「年功」的になされていた[11]。組長は個人配分の査定権という形で一定の権限を握っていた。そのような旧職場秩序の名残は経営近代化を目指す会社にとっても、組合員の平等をかかげる労働組合にとっても改善すべきことがらであった。そのような状況の中で、職務点制度の導入が新しい秩序形成の糸口として行われたのである。

ただし事業所によっては、1952年から職務点制度が採用されていたとする記録がある。例えばK製鉄所では、それは肉体的努力、精神的努力、経験、知識、責任、有害度、危険度の6要素で格付することとなっていた。しかし、1952年導入の職務点は「その評価方法は必ずしも合理的なものとはいえない」[12]と給与課が明記するとおり科学的な職務分析、職務評価に基づくものではなかった。そもそも52年の時点では、社内に職務評価を行うための十分なノウハウはなかったし、かといって外部の研究所に依頼した記録もない。また、1957年当時の労働部整員課員KR氏、組合企画調査部長M氏、組合企画調査部調査主査O氏等に聴取調査を行ったところ、全員57年以前に職務点が存在していたことを

記憶しておらず，職務点の導入は1957年であると断言している。このことからも実質的な意味での職務給化は57年からであると考えられる。

次に制度として重要なことは，先にも述べたが，職場係数とは無関係にそれが決められていたという点にある。それは職務点があくまで工場（課）内において仕事の価値を表す指標にすぎなかったということを意味している。

57年の賃金改訂はこれまでの職務点を，職務評価を利用して合理化しようという試みである。個人配分の計算式は以下のとおりである。

$$課財源 \times \frac{各人の\{(日給＋職務点) \times (暦日数－欠勤日数)\} \times 成績点}{各人の\{(日給＋職務点) \times (暦日数－欠勤日数)\} \times 成績点の総和}$$

注）従来は「日給×(職務点＋成績点)」となっていたため，個人配分における日給の影響力は強かった。しかし，57年改訂で「成績点×(日給＋職務点)」となり，成績点（査定）の影響力が高まった。

式中の「職務点」が職務評価によって格付された職務価値の指標である。59点から258点の間に分布し，点数がそのまま1日分の金額を意味している。職務点は日給の4分の1となるように事業所の平均水準が調整されている。これは職員には適用されていない。彼らにも能率給は支給されていたが，個人配分は主に成績査定で決められていた。

それでは，職務点決定のための職務評価の仕組みを解説したい。F製鉄では労働科学研究所本林富士郎博士の開発した方式を採り入れていた[13]。評価要素は知識，習熟，応用性，心的緊張，肉体負荷，災害危険度，作業環境，人的責任，物的責任の9要素である。本林方式の特徴は，第1に格付基準が簡素で大まかなことである。というのも，それがもともと工職両方を統一的な基準で評価するためのものだからである。しかし，F製鉄ではこれを工員のみに適用していた。一例として習熟要素をあげてみよう（図表3参照）。1962年にF製鉄社内で作成された職務評価の基準と比較してみればその差は明瞭である。62年の基準がより作業に即した内容となっているのに対して，57年の格付基準はたんに習熟期間のみである。制度実施後に職務評価が適切ではないという不満が出されたが，本林方式の限界の1つはそこにあった。

第2の特徴は，各要素間のウエイトの取り方である。本林方式では，式①に

図表3　習熟要素の格付基準

等級	1957年	1962年
1	普通の常識ある人間ならば簡単に間に合う。3ヶ月以内。	特に精度を問題としない簡単な定型的作業をくり返して行う。そのためにとりたてていうほどの熟練を要しない。
2	6ヶ月程度の見習を要するもの	その都度指示されるところに従って行う作業，あるいは次のような，単純な繰り返し作業で，特にペースが問題とならない作業をおこなう程度の熟練を要する。 ① レバーの操作程度で行われる簡単な装置の運転。 ② バール・シャベルなどを使って行う落鉱のすくいあげ，ノロつきなど。 ③ レジスターや簡単な計算機の操作。 ④ 定型的台帳整理などの事務補助的作業。
3	1ヵ年程度の見習を要するもの	とるべき操作を変化させる条件があまり大きくなく，かなり定型的な作業であって，精度，規制されるペース，および作業手順があまり複雑でない次のような作業を行う程度の熟練を要する。 ① あまり操作が複雑でなく，走行床面や取扱物が変化する程度が比較的少ない移動式運搬装置あるいは機構があまり複雑でない固定装置の運転。 ② とるべき装置を変化させる。程度があまり大きくないモーター，ポンプ，計装パネルおよびその系統装置の監視・見廻り。 ③ 規格や基準が変化する条件があまり大きくない検査・分析。 ④ ランス，シャベルその他かなり重い道具や材料を使う炉作業や各種炉体，鋳鍋，樋などの手入れ作業。 ⑤ 種類や基準の変化の程度がやや大きい，台帳・伝票整理，物品・原燃料・成品半成品の受払整理，荷役合図，設備装置の点検など。 以下省略（57年のランクは10級まで，62年のランクは7級まで）

資料：F製鉄株式会社『作業評価の手引』（資料に作成年度の記載はないが職務点の作成・検討をしていることからして1956年前後のものである）。F製鉄株式会社『作業員職務評価要項』1962年4月24日。本林富士郎（1954）『職務級制度の追記（後編）（職務評価方法の補遺）』労研維持資料50号，労働科学研究所。などを参照した。

よって要素ごとの評点を算出し，その合計で職務の等級を決めていた。一般的に，要素ごとの評点には，等差級数が用いられる場合もあるし等比級数の場合もある。等差，等比のとり方を変えることによってウエイトがつけられる。本林方式は後者で，それぞれの要素ごとに指数関数の係数（図表4の K 値）を変えていた。この方式は当時のN鋼管にも採用されているので，比較のためにあ

図表4　要素別ウエイト

要素	K値		要素	K値	
	F製鉄	N鋼管		F製鉄	N鋼管
知　識	0.15	0.15	心的負荷	0.1	0.1
習　熟	0.15	0.15	肉体負荷	0.1	0.1
物的責任	0.15	0.15	環　境	0.75	0.1
応用力	0.125	0.15	災害危険度	0.75	0.1
人的責任	0.125	0.15			

注：日本鋼管とF製鉄所では要素の呼び名が若干異なっているが、ほぼ対応している。
F製鉄株式会社『職務給参考資料3』1961年6月15日、より作成。

図表5　K製鉄所職務点表

等　級	得点範囲（9要素合計）	仮職務点	職務点（仮職務点×0.454）
1	〜139点	130	59
2	140〜147	140	63
中　略			
19	504〜567	504	229
20	568〜	568	258

資料：F製鉄K製鉄所『職務等級と職務点』1957年2月。

げておこう。

$$y = 10(1+K)^{4(x-1)} \cdots\cdots ①$$　　　　(y：評点　x：等級　K：K値＝ウエイト)

注）係数に10を乗じるのは1級を10点とするための操作である。

xには0〜7程度までの数値が代入される。これが個々の評価要素の等級（＝格付）である。xとKに数値が代入されると要素ごとの評点が算出される。同じことを9要素について行い、その値を合計する。合計得点を以下の**図表5**にあてはめると、仮職務点が算出される。「仮」というのは、後に事業所全体の平均職務点が平均日給の4分の1となるように調整されるからである。例えばF製鉄K製鉄所では平均日給は422.59円で、平均職務点は232.4点だったので、0.454が換算率となる（式②）。換算率をそれぞれの仮職務点に乗じて最終的な職務点が算出される。

$$(422.59 \div 4) \div 232.4 = 0.454 \cdots\cdots ②$$

第3の特徴は、知識、習熟に重いウエイト（＝K値）をおくことである。例

職務給化政策の意義

図表6　等級分布範囲

評価要素	M製鉄所	K製鉄所	H製鉄所
知　　　識	2.0～5.0	1.0～5.75	1.0～5.0
習　　　熟	1.0～7.0	1.0～6.75	1.0～6.5
応　用　性	1.5～5.0	1.0～5.5	1.0～5.0
心的緊張度	1.0～4.75	1.0～5.0	1.0～5.0
肉体負荷	1.0～5.75	1.0～7.75	1.0～6.25
環　　　境	1.0～5.0	1.0～4.5	1.0～5.5
災害危険度	1.0～5.0	1.0～4.25	1.0～5.0
物的責任	2.0～5.0	3.0～5.0	2.0～5.0
人的責任	0.5～4.0	1.0～4.0	0～4.0

注：格付は0.25きざみなので，等級が8まであれば，事実上は33ランクあることになる。
（F製鉄『職務評価方式の改正』この資料に作成年次の記載はない。しかし資料のファイリングされていた状況や1957年の職務点制度の反省や1962年に導入される制度の検討をしていることからして，1961年前後のものである可能性が高い。）

えば，習熟（$K=0.15$）の5級が93.6点であるのに対して，環境（$K=0.75$）の5級は31.8点である。しかし実際のウエイトはK値だけでははかれない。格付がどの範囲で分布しているかにも大きく左右される。指数関数なので当然高い等級での1級の格差は大きい。例えば，習熟の1級と2級の差はわずか7.5点であるが，6級と7級の格差は122.7点である。実際の分布を見ると図表6にあるように習熟，肉体負荷が最も高い範囲まで分布している。以上のことを総合すると，職務点の決定において習熟がかなり大きなウエイトを持っていたと考えられる。先に見たように，保全課や工作課といった長い経験的熟練を必要とする職場の職場係数が高くなった理由はここにある。

3　中央対現場

F製鉄では，1956年8月から職務分析，職務評価が始められ，翌年4月に組合へ提案された。以下では，その間の職務格付における現場と中央管理部門の合意形成プロセスに焦点をあて，57年賃金改訂の意義と限界を明らかにする。

(1) 基準職務の格付過程

職務の格付はまず事業所ごとに行い、後に全社的に調整・統一することとなっていた。そのために全社共通の基準職務が存在する。基準職務の格付は以下のような手順で行われた。まず労働部と能率課が職務格付の試案をつくり現場へ通達する。それに対して現場監督者は独自に格付を行い、問題のある個所に関しては、現場案をまとめて労働部長宛に要求文書を送る。そのような文書記録のやりとりを追跡すると、どの職務の何の要素について現場と意見が食い違い、結果として現場要求がどの程度採用されたのかがわかる。図表7はK製鉄所すべての基準職務の調整結果である。図表8はそのうち化成課のものである。

図表7のマス内の数字は、要素別等級に変動が起きた職務の数である。セル右のプラスは等級の上昇を、左のマイナスは等級が下がったことを表している。全体的な傾向としては、上方向に修正されている。これは現場監督者が所属工場の利害意識を持って中央管理部門と交渉したためである。工場ごとの特徴を見ると、基準職務の数と変動数は大まかに比例関係にあることがわかる。保全や工作といった修理、メンテナンス部門の習熟要素が下がっていることも特徴である。先に述べたように、習熟要素は職務点に最も大きな影響力を持っており、保全や工作といった経験的熟練の重視される部門の職務点が高くなりすぎたので、それを修正したのである。次に要素別の傾向をみると、等級変動数そのものは習熟、心的緊張、応用性、知識の順に多い。労使交渉では肉体負荷や責任といった要素が係争点となったが、等級変動数のみを見る限りそれとは異なる。

次に、化成課（図表8）の要素ごとの特徴を見てみよう。左側のマス（「現」と略称）の数値は現場の要求した等級を表している。右側（「結」と略称）には交渉結果と、変更がある場合には新しい等級が記入されている。現場はどのような要求をして、その結果どの程度規制を加えていたのだろうか。第1の特徴は、現場は肉体負荷要素の上昇を要求しているにもかかわらず、却下されているということである。図表7では、変動の結果しか確認できないので、肉体負荷は調整の係争点ではなかったかのように見えたが、そうではなかったのであ

職務給化政策の意義

図表7　K製鉄所現場調整結果（基準職務）

課名	職務数	知識		習熟		肉体負荷		環境		心的緊張		応用性		物的責任		人的責任		合計	
		−	＋	−	＋	−	＋	−	＋	−	＋	−	＋	−	＋	−	＋	−	＋
原　料	1						1												1
資　材	1												1						1
成　品	2																		
陸　運	16	1	4	1	3		1				6		1	1	4			3	19
海　運	4				1		1		1		1					1		1	4
品質管理	1		1								1		1					1	2
熱 管 理	7	1			3	1	3		4				2				1	3	13
検　　定	10	1	2		2		2		3		3	1	4	1	1		2	3	19
焼　結	3		2		3		2		1				2						10
製　鋼	22	1	4	1	8		6		2		10	2	7		2	3		7	39
製　銑	19	2	5	2	10				1		11		7		5	1	1	5	40
鋼　片	20		9	5	4	1	4	4	4	2	10	1	10	4		4		21	41
一　圧	20	1	8	3	13	2	13	5	7	8	5	3	9	1	3	3	1	26	59
二　圧	21		1		9	1	1			2	4		5	5	1	4	3	9	27
コークス	17		7	3	11	1	3			2	13		2		9		2	10	43
化　成	12		6		5		1		12		1		1						26
窯　業	21		3		8		2		8		2		5		3	1		11	30
工　務	1																		
土　建	11	1	2		3	1	3						8	2	2		1	5	22
工　作	36		21	17	7	2	1				11	4	13		13		3	26	66
動　力	17		4		4		3		3	3			4	5	1		4	11	23
保　全	3		2	3			3		3				3	3			2	8	11
研 究 所	2						2						1	1				1	3
合　　計	267	8	81	36	94	11	52	9	67	26	93	15	90	19	17	27	5	151	499

注：・災害危険度は除く。
　　・マス内の数値は要素別職務等級の変動数を示している。空白は変動なしを意味する。
　　・セル右のプラス記号は等級の上昇，左のマイナス記号は等級の下落を意味する。
　　・複数の基準職務がジョブ・ローテーションの関係で1つの職務評価に括られている場合，それを1単位として数えた。反対に1つの基準職務が，より細かい担当作業によって複数の職務評価価を与えられている場合は，複数カウントした。
資料：K製鉄所B部『基準職務要素別格付試案』1956年12月。K製鉄所『単位作業別要素別等級表』1957年，等より作成。

Ⅲ 投稿論文

図表8　化成課の職務点調整結果

職務名 (等級上昇数)	知識 現	知識 結	習熟 現	習熟 結	肉体負荷 現	肉体負荷 結	環境 現	環境 結	心的緊張 現	心的緊張 結	応用性 現	応用性 結	物的責任 現	物的責任 結	人的責任 現	人的責任 結
粗　溜(1)	4.0	○	3.5		2.25	2.0 ×	3.0	○	3.5		3.5		3.0		1.0	
洗　浄(0)	4.0	○	3.5		3.0	2.75 ×	5.0	3.5 △	3.5		3.5		3.0		1.0	
精　溜(1)	4.0	○	3.5		2.25	2.0 ×	3.0		3.5		3.5		3.0		1.0	
廃酸スラジ処理(1)	3.25	3.0 ×	3.0	○	6.5		7.0	4.25 △	3.0		2.0		3.0		1.0	
作業指揮統轄組長(0)	4.75		6.25	6.0 ×	1.5		3.0	2.75 △	4.0		5.0		5.0		4.25	
蒸　留(2)	4.0	○	3.5		2.25	2.0 ×	3.0	2.0 △	3.5		3.5		3.0		1.0	
カットバック調合(1)	4.0	○	3.5	○	2.25	3.0 ? 逆転	3.0	2.0 △	3.5		3.5		3.0		1.0	
ピッチ冷却(2)	4.0	○	3.5	○	3.0	2.75 ×	3.0	2.0 △	3.5		3.5		3.0		1.0	
ナフタリン分別(1)	3.25	3.0 ×	3.0		6.0	3.25 ×	7.0	3.75 △	3.0		3.0		3.0		1.0	
搾　油(0)	3.25	3.0 ×	3.0		6.0	5.5 ×	7.0	4.0 △	3.0		3.0		3.0		1.0	
ベンゾール分析(1)	4.0	3.75 ×	3.5	○	2.25	○	3.0	1.5 △	3.5	3.25 ×	3.0	○	3.0		1.0	
ベンゾール出荷(0)	3.0	2.75 ×	3.0		3.0	2.75 ×	3.0	1.5 ×	3.0	3.25 ?	3.0		3.0		1.0	

注：・空欄は現場と中央の意見が一致したもの。「○」＝現場案採用（点数はすべて上がっている）。
　　「△」＝現場案と中央案の中間点。「×」＝中央案採用。「？」＝現場は要求してないが等級が上がったもの。
　・災害危険度についての資料はない。等級上昇は災害危険度をすべて2.25として計算した。大体2.25程度が化成課の災害危険度の平均点だと思われる。
　・逆転は職務の序列に逆転が起きたことを示す。
　・網掛けは同一評価だった職務間に序列が生まれたことを示している。
資料：K製鉄所化成課『職務明細書の提出について』1956年9月26日。K製鉄所B部『基準職務要素別格付試案』1956年12月。K製鉄所『単位作業別要素別等級表』1957年，等より作成。

る。第2の特徴は、それとは対照的に、知識、習熟要素の修正が多いことである。それは知識や習熟といった現場に密着した情報を必要とする要素は、この時点では現場の判断に頼らざるを得なかったということであり、中央管理部門の現場管理能力の限界を示しているのである。同時に、知識、習熟のウエイトは高いので、最終的な職務自体の序列にも大きな影響があったということを意味している。最左列の等級上昇数がその結果である。知識あるいは習熟要素で現場案が採用されれば、その分等級が上昇していることがわかる。第3の特徴は、責任要素については問題とされていないことである。第4の特徴は、職務の序列に関することである。これまで同レベルだった職務に新しく序列がつくられた場合は多いが（表中の網掛け部分），序列の逆転は1ヶ所しか起きていない。その意味では、職務序列の精緻化がはかられているが、既存の職場秩序の大きな変化は回避されていることがわかる[14]。

（2）現場監督者の性格

　以上の分析から、職務の評価に関して現場は中央管理部門に対して一定の発言力を持っていたことがわかった。そこで交渉の先頭に立っていたのは課長、掛長などの現場監督者である。彼らの性格の評価しだいで現場と中央管理部門の関係は大きく変わらざるを得ない[15]。

　一般に、現場監督者は経営の第一線という立場と職場の利害代表という2つの立場を持つ。1950年代は、工場ごとの独立性も強く、後者の性質を色濃く残していた。特に能率給においては各部門でパイの取り分を争うわけであるから、職場ごとのセクショナリズムが発生しやすい状況にあり、現場と中央管理部門との間には一定の緊張関係が存在した。例えば、中央管理部門が格付の修正案を現場課長へ通知する際には組合提案のように慎重になされていた。このことからも、当時の現場監督者は中央管理部門と利害を異にする主体として存在していたと考えられる。

　さらに57年と62年改訂時とを比較すると、50年代の現場監督者の性格が一層浮き彫りになる。大きな違いは、第1に、62年改訂時には現場の人間が格付に参画する組織体制が整備されたことである。職務分析を行う「専門調査員」、

職務の格付にあたる「格付専門委員会」が新設され、ここでより専門的に制度が作成されたのである。

第2に、50年代には、掛長レベルが関与していたが、60年代には若手の技術員を中心に制度的に関与させていることである。「専門調査員」は各所10名として、その内訳は能率課IE担当者5名、給与課2名、整員課2名、衛生課1名とされた。さらにその他に専門調査員にはキャリア10年程度の現場技術者が選出されていた[16]。そこでは技術者は現場の利害代表としてではなく、中央管理部門の人間として格付に参画した。つまり技術者の準拠する集団が現場から中央管理部へと移ったのである。ただしそのような組織体制の移行過程において、調査員に選ばれた技術者が出身職場の上司（課長、掛長）の「圧力で板ばさみとなって、苦しい立場に立ったりして多少のトラブルを生じたこともあった」[17]という。

第3に、現場との協力体制の整備がはかられると同時に、「現場に作成を依頼する事項は極力少なくする」[18]というように格付の作成はあくまで中央管理部門の人間が行うことが強調された。それは50年代の反省を踏まえてのことである。総じて、60年代の職務格付では中央主導の性格が強まったといえよう。

4　格付の全社不統一

（1）中央管理部門による調整の限界

以上のように、中央管理部門の現場管理能力には限界があり、現場との調整でかなりの変更を余儀なくされた。それによる格付への主な影響は、中央管理部門による統制が困難なほどに、職務評価が事業所ごとの独自性を強く持ったことである。もちろん全社会議の場で調整が試みられたが、統一することはできなかった。例えば、組合提示予定日の2ヶ月前にあたる57年2月の全社会議では以下のように結論付けられている。

「……圧延部門、工作課等にかなりのアンバランスが見られる。しかし、バランスを重視する職務評価の特徴からして、各所とも網の目の如き秩序が確立された現在では、大幅な修正は非常に困難であるとの結論に達した。」[19]

図表9　高炉設備と炉前の職務点

	炉前職務点	溶鉱炉能力（日産）	炉数	羽口の個数	建設年月日	型　式	炉体容積
H	277	1,300 t	4	16	1939.10	鉄　皮	1,273 m³
		1,300 t	3	16	1940.10	鉄　皮	1,250 m³
M	260	1,000 t	3	16	1939.12	鉄柱鉄皮	1,042 m³
		1,000 t	3	16	1940.11	鉄柱鉄皮	1,042 m³
		900 t	3	14	1941. 8	鉄柱鉄帯	933 m³
K	256	1,000 t	3	14	1938.12	鉄柱鉄皮	1,018 m³
		900 t	3	14	1917. 1	鉄柱鉄皮・鉄帯折衷	927 m³

注：この職務点は等級換算する前の，そして日給の4分の1に調整する前の職務原点である。図表10, 11も同じである。

資料：F製鉄株式会社『生産設備能力表』1960年4月。F製鉄本店労働課『業績手当合理化資料（2）』1957年2月。表9, 10, 11はいずれも以上の資料より作成。

つまり職務評価の統一性は全社的には貫徹しなかったのである。57年の賃金改訂の限界はその点に明確に表れている。なお，当然予想されたことだが，同じ職務であるにもかかわらず，事業所間で職務評価が異なることに関しての不満が，制度導入後に労働者から出された。

(2) 生産設備と格付

ところで格付の全社不統一の理由として，当時は各事業所で生産設備が大きく異なっており，それが格付を事業所独自のものにしていた可能性も十分考えられる。確かに職務の格付は，一面で生産設備に規定されていた。例えば3事業所の高炉炉前職の職務点と高炉の大きさとを見てみよう（図表9）。溶鉱炉の規模（容積），生産能力（日産）と職務点とが大まかに比例関係にあることがわかる。

しかし，生産設備がほとんど同じであるにもかかわらず，職務点が異なる場合もある。鋳銑炉作業の例をあげてみよう（図表10）。1台当たりの生産能力，条数はまったく同じであるにもかかわらず，職務点はM製鉄所241点，K製鉄所235点，H製鉄所219点の順に格差がついている。さらに，型銑重量はM製鉄所が他の2製鉄所より低いにもかかわらず，職務点は逆にM製鉄所のほうが高くなっている。

図表10　鋳銑炉設備と鋳銑炉作業の職務点

鋳銑炉作業職務点	能力(日産/台数)	条数/台	型銑重量(kg)公称
M	241	1,000 t	2	14
K	235	1,000 t	2	17
H	219	1,000 t	2	17

図表11　鋼塊起重機設備と起重機運転の職務点

鋼塊起重機運転職務点	容量t×台数	型式	鋳鍋容量t×台
K	280	100×4 30×1 12×2	天井走行	70×17
		100×2	地上走行	
H	268	140×5 20×4 12×2	天井走行	100×20
		140×5 145×1	地上走行	

同じように起重機（クレーン）運転の職務点を見てみよう（図表11）。起重機には天井走行と地上走行の2種類がある。K製鉄所とH製鉄所の造塊工場にはそれぞれ両方の起重機がある。職務点はK製鉄所のほうが12点高いにもかかわらず，起重機の大きさは2種類ともH製鉄所のほうが大きい。さらに取り扱う鋳物の大きさもH製鉄所のほうが大きい。つまり，起重機職務の格付は必ずしもクレーンの大きさや取り扱う運搬物の大きさといった生産設備上の条件に規定されていないことになる。なお，K製鉄所ではクレーン運転職務は他の製鉄所に比べて全般的に高い点数が付けられている[20]。

このように，必ずしも生産設備によって職務点の格差が説明できない職務も存在する。同一職務の職務点格差は生産技術条件の違いに起因する場合もあったが，それ以外の要因が介在していたケースが少なくなかった。

さらに踏み込んでいえば，もともと同一労働同一賃金という政策課題にとって，生産設備に違いがあること自体は問題ではないはずである。問題はその生産設備の格差を，統一的な職務評価制度の中で表現することができなかったことにある。先の高炉の例に即していえば，日産1,000tの高炉炉前職と1,300tのそれとは17点の格差があるということを，従業員に対して，そして労働部内においてさえ正当化することができなかったということである。それは，制度実施後に労働者から同種職務の職務点格差に関する不満が出ていることや，労働部自身が57年の職務点の不統一を「妥協的」なものとして，そして将来に

「課題」を残すものとして認識していたことに明らかである。本稿全体にわたる論点でもあるが，これは職務点不統一の原因の一部が中央の管理能力の不十分さに起因するからである。

5 おわりに

1957年賃金改訂時における職務評価導入の意義と限界について述べてまとめとしたい。F製鉄では職務点制度の導入過程を通じて，これまで現場の人間にのみ共有されていた仕事に関する具体的な情報の洗い出しが行われた。これは労務管理，生産管理の発展史の中で画期的な出来事であった。事業所内の1,000を越す作業職務が，職務評価基準のもとに一元的な価値をつけられ，その結果従来よりもずっと精緻な職務，職場の序列が形成されたのである。労働部の全社会議において，各事業所の職務評価の独自性が問題にされたことは，それを逆説的に示していた。そのようにして経営合理的な現場管理の基盤が準備されたのである。

しかし，中央管理部の主導力には限界があり，職務の格付は多分に現状追認的なものとなった[21]。現場との交渉のなかで大きな変更を余儀なくされ，全社的な調整が不可能となった。以上のようなことから，職務点制度における職務評価の統一性は事業所以上の広がりを持たなかった。それが57年の職務給化政策の限界である[22]。

付記：本稿は第102回社会政策学会自由論題において報告させていただいた内容の一部をまとめたものである。当日は，多くの方々から貴重なご意見，ご質問を賜り，研究の進展において大きな刺激となった。すべての方の正確なお名前が把握できず，ここにあげることはできないが，深くお礼を申し上げたい。本稿では与えられた時間と紙面の中で，可能な限りご質問にお答えしたつもりである。また論文作成にあたって，仁田道夫教授から多くの御助言をいただいた。重ねて感謝を申し上げたい。

1) 主な要因としては，第1に，技術革新による「年功」的技能序列の動揺とそれに伴う

Ⅲ　投稿論文

「年功」賃金の修正，第2に，新規学卒労働力の不足と初任給の上昇，第3に，生活給から仕事給への賃金管理の近代化思想などの点があげられる。なお60年代に書かれた論文の多くは技術革新のインパクトを強調している。津田真澂（1968）『年功的労使関係論』ミネルヴァ書房。日経連（1961）『新段階の日本経済と賃金問題』。金子美雄（1968）「これからの賃金体系——年功賃金・職務給・職能給の本質と関係」『月刊労働問題』第118号，日本評論社。堀川三夫（1966）「職務給」『現代労働問題講座3　賃金管理』有斐閣，などを参照。
2) 石田光男（1991）『賃金の社会科学』中央経済社，鈴木良始（1998）『日本的生産システムと企業社会』北海道大学図書刊行会，などを参照。しかし，職務給化政策の意義を現場管理との関連から評価した研究がないわけではない。社会政策学会年報第11巻（1964）に所収された2つの論文（吉村励「職務給に関する若干の考察」，高木督夫「職務給に関する一考察」）おいては，そのような観点が示唆されている。
3) 職務給制度と要員管理との関連という点については別の機会に詳しく論じたい。
4) この時期の第一業績手当の計算方式については不明な点が多い。なお，歩留による計算は59年制度改訂において廃止され，財源は第二業績手当と統合された。
5) 元K製鉄所労働組合員K氏の聴取調査（2000年8月28日）による。
6) 「……プール財源について……当初K50％，H30％，M，Kｗ意見なしで，連合会で検討したが，容易に結論でず，双方固執しないことで40％とし原案通りとなった。」（K製鉄所労組組織宣伝部『組合ニュース』1957年5月21日）
7) K製鉄所労組組織宣伝部『組合ニュース』第336号，1957年4月25日。
8) 職務点制度をめぐる労使交渉の過程は別の機会に詳しく論じたい。本稿の立論に関わる範囲の結論を提示すれば次のとおりである。①現場調整と比較して，労使間の格付調整では変更の幅は小さかった。②他の工場との職務との比較が問題となり，その結果職場間の格差つまり職場係数の格差はわずかに縮小した。
9) K製鉄所B部f課『職場係数の改訂について』1956年8月。
10) K製鉄所B部f課資料，1952年9月7日。
11) 神代（1959）「能率給と管理組織」大河内・氏原・藤田編『労働組合の構造と機能』東京大学出版会，を参照。なお本稿では勤続年数と賃金がおおまかに比例関係にあるという意味で「年功」という用語を使用するが，組長の査定による若干の調整はある。F製鉄所においても能率給の成績査定は組長によって行われていた（F製鉄『責任権限調査様式』1958年6月17日）。
12) K製鉄所B部f課『職場係数の改訂について』1956年8月。
13) 本林方式の詳細は，本林富士郎（1958）『経営工学講座5　労働力の活用と管理』共立出版株式会社，を参照されたい。微妙な違いはあるが，F製鉄の職務評価は本書の内容とほとんど一致している。異なる点をあげれば以下の点である。①F製鉄の方が要素ごとの等級数が少ない。②F製鉄の場合，「知識」の格付基準に「尋常小学校卒程度」，「高等小学校卒程度」，「新制中学校卒程度」，「新制高校卒業程度」などの学歴基準が使われている。③全体としてF製鉄では格付基準を多少簡略化している。
14) 全体としては，職務評価は従前の職務序列を強く反映したものであったが，これまでの秩序をまったく置き換えたものであったかというとそうではない。詳しくは別の機会

に譲るが，新しく新設された職務の中で比較的高度の学力を必要とするような職務は高く評価されていた。

15) 当時の組合員範囲は掛長までである。

16) 「……上記の派遣課が割当人員数を出せない事情にある場合は，所内一般の課より適任者を適宜選定する」というように現場の人間が参画することは計画当初から予定されていた（H製鉄所E課『作業員職務分析及び評価に関する調査の経過及びその内容について（第1冊分）』1962年5月20日）。さらに元K製鉄所整issue課員KR氏の聴取調査（2001年2月10日）によれば，むしろ実際には現場の若い技術員が「相当」入っていたという。

17) H製鉄所E課『作業員職務分析及び評価に関する調査の経過及びその内容について（第1冊分）』1962年5月20日。

18) F製鉄本社B部・E部『職務分析及び評価実施要領』1961年8月21日。

19) K製鉄所B部f課調査掛『出張復命書』1957年2月21日。しかし，F製鉄f本店課（ママ）『業績手当合理化資料（2）』1957年2月，によれば圧延課，工作課以外にもかなりのばらつきが確認される。

20) このような差を生ぜしめた要因を特定することはむずかしい。というのも職務評価以外にも様々な背景を考慮する必要があるからである。例えば，地理的に比較的工業地帯に近いH製鉄所と遠隔地にあるK製鉄所とではクレーン運転手の希少性に差があったという可能性も考えられる。

21) 当時の中央管理部門は自己の現場把握力，職務分析・職務評価の信頼度の限界にある程度自覚的だったと思われる。当時労働部整理課員だったKR氏は，この制度改訂のために一時的に職務分析，職務評価を担当する給与課調査掛に配属されていた。彼は約半年間，職場調査を行い約500から600種の基準職務の職務評価に関与した経験を持つ。彼は以下のように当時を振り返る。「……肉体負荷は本林方式にならって疲労度調査をやったんですよ。これはまずタイムスタデーをやるんだけど，それこそトイレに何分いくかまで測定しました。環境なんかではダスト係数をとるんです。必要に応じて顕微鏡で見て有害物質があるかないかを見た。後は輻射熱も計りました。そういったことを半年の中で500から600種類ぐらいの基準職務を見ました。その経験からすると，戻ってきた結果は"えっ"という感じのものでした。まるっきり感覚と違うものもあった。やはり職務記述書が全幅の信頼をおけないということはありました。ただそれは口にはしません。せっかくある期間，人を集めてかなり使命感を持たせてやらせているわけですから。……その段階になってはじめてラインの掛長とか課長とかが意見を言う場になってくる。意見とは例えばその工場の中でどの仕事が重要とか影響力があるとか，難易度とかですね。やっぱり工場長なり掛長なりラインの責任者はそれなりの見識を持ってますからね。調査員なんかは何年もその仕事をやったわけではないから。ラインの意見は入れていかなければならない。」（聴取調査2001年2月10日）

22) 以上のような問題をはらみつつもF製鉄の職務点制度は実施され，1962年までは存続し得た。なぜなら，職務点制度はあくまで能率給の配分基準であったからである。能率給の財源計算が事業所単位である限りにおいて，制度が機能しないというほどの深刻な問題とはならなかったのである。

衣服産業における生産過程の国外移転と女性移住労働者の導入

村上英吾 Murakami Eigo

1 はじめに

　本稿の課題は，生産過程が世界的な規模で再編成されているなかで，日本における移住労働者がどのように利用されようとしているか，「女性産業」とりわけ衣服産業に注目して検討することである。

　日本で移住労働者が目立つようになったのは1980年代初頭以降である。この頃の移住労働者は，主として周辺のアジア，東南アジア諸国出身の女性であった。法務省によれば，1983年における「入管法違反」で退去強制手続きを執った者のうち「不法就労者数」（資格外活動および資格外活動にかかわる超過滞在者数）は2,339人，うち9割以上が女性で占められていた。さらにこの約9割がいわゆる「性風俗産業」に従事して（従事させられて）いたため，重大な人権問題としての側面に焦点が当てられ，外国人労働者問題としての側面については必ずしも十分に注意が払われなかった。しかも，1985年の円高以降は男性労働者が増加していき，88年には「不法就労者」に占める男性の割合が女性を上回った。この頃から「外国人労働者問題」が社会問題として取り上げられるようになったが，他方では女性の移住労働者に対する関心は薄れていった[1]。

　1990年の入管法改定以降，移住労働者がさらに増加していき，その就労・生活実態に関する調査・研究も数多くなされてきたが[2]，女性労働力に注目したものはあまりない。数少ない女性移住者の研究のなかで，伊藤（1996）の研究は特筆すべきであろう。伊藤は，「ジェンダーの局面を射程の外におくことによって，暗黙のうちに容認してきた男性中心的な諸前提を相対化し，研究と政

策の両面において軽視されてきた女性移住者の経験により正当な位置づけ」を与えるためとして、周辺アジア諸国からの女性の性産業への就労、農村の「アジア花嫁」に代表される国際結婚の問題を「再生産労働の超国境的移転」という文脈で検討している。同時にこれは、「移住者を何よりも労働力、なかんずく生産労働力の問題ととらえる国際移動研究の支配的な枠組み」に対する批判が意図されている[3]。

　確かに、女性の移住は労働力としての側面からだけでは十分捉えきれない問題である。というのは、一般的に女性は男性に比べて移動の自由が認められておらず、移住する際には家族の呼び寄せ、国際結婚あるいは性産業への就労など、女性特有の形態をとることが多いからである[4]。とはいえ、女性移住者の問題を「生産労働力」の問題として検討することには固有の意義がある。1970年代以降、「中心」諸国の企業は労働集約型の生産工程のますます多くを「周辺」諸国に移転していくと同時に、「周辺」諸国出身の移住労働者を「中心」諸国の労働過程に動員していくという2つの形態で、「労働過程の世界的規模での再編成」が行われてきた[5]。この過程で女性労働力は大きな役割を果たしてきたのである。

　日本でも1980年代半ば以降、低賃金労働力を求めて周辺アジア諸国に向けた工場の移転が急速に進展しつつ、同時に移住労働者を国内生産へ導入している。後に見るように、移住労働者がより多く動員されている産業は、生産労働者に占める女性の割合が高くなっている。こうした産業では、移住労働者が増加したのと同じ時期に、低賃金労働力を求めて国外への生産過程の移転が活発化し、製品の「持ち帰り輸入」が急増していった。つまり、生産過程の国外移転が進展しても、国内には依然として低賃金未熟練労働に対する需要が存在し、それを満たすために移住労働者が動員されていると考えられる。だとすれば、それがどのような労働なのか、またそうした労働需要に対してどのように労働力が供給されているのか、あるいはされようとしているかを検討することは、日本の労働市場とそのなかで移住労働者が果たす役割を検討するうえで決定的に重要なことと考えられる。

　これらの点を明らかにするために、本稿ではまず、英米の先行研究から工場

の国外移転と国際労働力移動の関係について「女性産業」に注目しながら明らかにする。そのうえで，1980年代半ば以降の日本の移住労働者導入過程を，衣服産業を事例として検討する。

2 英米における「女性産業 (female industry)」に就労する移住労働者

1970年代以降，「中心」諸国から「周辺」諸国に移転した工場では，大量の若年女性が生産労働者として動員されていった[6]。ミース (1986) は，このような「新国際分業」[7]の進展による「中心」国での雇用機会喪失の影響は，男性よりも女性の失業に結びつきやすいと指摘している[8]。移転した多くの工場は，衣服産業やエレクトロニクス産業などで，女性が多く雇用されていたからである。とはいえ，「周辺」諸国から「中心」諸国に向けた労働力移動を視野に入れると，事態はもう少し複雑である。欧米諸国の女性移住労働者が就労する代表的な産業は，各種低賃金サービス業，電気・電子産業および衣服産業である。つまり，それは国外に移転不可能な産業だけではなく，工場の国外移転が進展した産業と重なっているのである[9]。電気・電子産業や繊維・衣服産業では，半熟練・未熟練の労働者が中心となっている。このような特徴は，「中心国」から「周辺国」へ生産過程の移転を可能とする条件ともなる。特に，繊維・衣服産業は労働集約的であり，国外へ工場が移転するとともに，輸入の増加によって衰退しつつある産業であった。にもかかわらず，「中心諸国」内部で生産が行われ，移住労働者が動員されることになったのはなぜか。この点について，イギリスおよびアメリカの衣服産業の事例を見ていこう。

ミッター (1986) によれば，イギリスの衣服産業では，1970年代に輸入が急増し，国内シェアのかなりの部分が国外の供給業者に奪われた。もちろん，これはイギリスだけに当てはまることではなく，同じ時期に OECD 各国においても衣服製品の自給国から純輸入国に移行するという現象が見られた。とりわけ，規格化された大量生産部門が国外へ移転され，製品の輸入が増加していったのである。その結果，イギリスでは縮小する国内市場を確保すべく価格競争が起こり，非常に多くの衣服生産工場が閉鎖に追い込まれた。小売業者は，製

品供給業者に対して価格引き下げによる収益減の半分を負担するように求めた。こうしたなかで，製造業者にとっては労働コストの引き下げが死活問題となっていった。

　他方，1980年代初頭以降，消費者の多様で変わりやすい嗜好に素早く対応するために，流行服製造部門などを中心に生産の「中心国」への再配置が進展した。こうしたなかで，イギリス国内の大手衣服生産企業は，マーケティング企業へと変化し，国内の数多くの小規模な下請け会社と取り引きすることで需要変動のリスクを回避するようになる。小さな生産単位であれば，労働および安全・衛生に関する法規制からも逃れやすく，組合組織率も低い。したがって，低コストで労働力を活用することができるからである。そこで，このような劣悪な条件下でも働く労働者を確保できるかどうかが，生き残りの主要な条件となった。この点で，エスニック・マイノリティの企業は，白人経営者の企業に比べて優位にある。なぜなら，それらの企業は他に就労機会の少ない移民女性を低賃金で活用することができるからである。このような理由で，イギリスの衣服産業は，移住者が経営する零細工場や家内労働などの非正規労働への依存を強めていった。

　アメリカの衣服産業でも，同じように移民女性に依存する動きが見られた。サッセン (1988) は，技術革新による脱熟練化を通じた「格下げ」(downgrading) が生産の国外移転を引き起こし，組織率の高い既存産業を衰退させるとともに，アメリカ内部では苦汗工場や家内労働に依存する生産形態を拡大させていったことを指摘する。とりわけ，ロス・アンジェルスやニューヨークなどの大都市の衣服，玩具，履き物，エレクトロニクス産業で苦汗労働と家内労働が急激に増加したという。

　サッセンによれば，衣服産業が全体として衰退するなかで，伝統的な生産地で生産者が存続しえたのは，その「生産過程の性格」による。すなわち，衣服生産は，技術が単純で基本的には変わることがないため，未熟練化や技能の標準化によって規模の経済性を損なうことなしに生産過程の分割が可能である。このことは，一方では生産の国外移転が容易に行われる条件となるが，他方では高度な仕立て技術や季節的または流行による需要変動と結びついている部分

は，他の工程から分離してわずかな初期投資で小規模に操業することができることを意味する。したがって，家内労働や苦汗労働に取り込むことができる豊富な低賃金労働力の供給が期待できるならば，「中心国」での生産が可能となる。ここに女性移住労働者が動員されているのである。

これらの論者が共通して指摘するのは，劣悪な条件下で働く低賃金労働力の確保が，移民社会の共同体的な絆や伝統的な家族関係を基礎としているという点である。エスニック・マイノリティの男性使用者は，他に仕事を見つけることができない女性移住労働者を安価に利用することができる。移民社会に内在する家父長制的関係に支配された「不自由な」労働者が，家内労働や零細工場での苦汗労働を支えているのである[10]。

以上のように，イギリスやアメリカにおける衣服産業の事例研究から，次のような含意を引き出すことができる。すなわち，生産過程の国外移転が進展するなかで，国内企業は生き残りをかけて需要変動の激しい流行服部門へと重点を移しつつ，新たに家内労働的な生産や零細工場を組織して低賃金かつ劣悪な労働条件のもとで女性移住労働者を動員していくという行動をとることになる[11]。また，この過程で動員される女性移住労働者は，非市場的な制約を受けた「不自由な労働者」であった。では，日本における移住労働者の導入過程は，このような生産過程の世界化という文脈から，どのように位置づけることができるか。この点を検討することが，次の課題である。

3　日本における移住労働者の就労実態

（1）移住労働者の構成

日本政府は，いわゆる「単純労働」への就労を目的とする入国を基本的には認めていない。したがって，80年代半ば以降の「単純労働」分野における労働力需要に対して，当初は超過滞在[12]という形で移住労働者が動員されていった。その後も労働力需要は逼迫し続けたため，日本政府は「単純労働」への就労を禁止するという立場を維持したまま，バブル期の労働力需要増に対応することを事実上の目的として，1990年に入管法を改定した。

衣服産業における生産過程の国外移転と女性移住労働者の導入

　90年の入管法改定は，移住労働者の導入という点では2つの意味を持つ。1つは「単純労働」分野への「日系人」の導入である。新しい入管法では，「日系人」および日系3世までの配偶者は，活動に制限のない滞在資格が得られるようになった。もう1つは研修生の低賃金労働力としての導入「合法化」に道を開いた点である。特に，90年6月の入管法改定から2ヵ月後に公示された「特例措置」によって，中小企業でも研修生を活用しやすくなった。さらに，1993年には「技能実習制度」が創設され，研修修了後に一定以上の技能水準に達したことが認められたものは1年間（97年からは技能実習3級が整備された職種では2年間）の就労が可能となった。この「規制緩和」によって，研修名目で「受け入れ」ることができる人数が事実上2倍（3倍）となる。これを機に「研修生」と「技能実習生」も「日系人」と並んで「単純労働力」の主要な担い手となっていった。こうして，90年以降，数多くの移住労働者が「合法的」に「単純労働」に従事することができるようになったのである。

　労働省によれば，1999年における「外国人労働者数」は約67万人である[13]。このうち，「就労目的の外国人」は125,726人，うち最も多いのが「興行」と「人文知識・国際業務」でそれぞれ4.8％，「技術」が2.3％と続く。「興行」の約9割がフィリピン国籍を持つ女性で，ダンサーやシンガーとして「性風俗産業」などで働く者が多数を占める。政府が可能な限り受け入れるとしている「専門的な知識・技術を有する外国人」の実態は，このような内容である[14]。

　「就労目的の外国人」には分類されないが，就労可能な「特定活動」（ワーキングホリデーや技能実習）は23,334人（3.5％）。また，就労が認められない滞在資格のうち，「留学」と「就学」は許可を受ければ「資格外活動」としてアルバイトをすることが出来る（7.0％）。「研修」の26,630人は「外国人労働者」の67万人に含まれていないが，このうちの多くは事実上労働力として就労しているとみられる。また，活動に制限のない滞在資格を持つ「日系人等」が220,458人で33.0％を占める。これらが「合法的」な「単純労働者」である。この他に，「非合法的」に「単純労働」に従事する超過滞在者が251,697人で37.7％にのぼる。このように，移住労働者の圧倒的多数が「単純労働」に従事している。

Ⅲ 投稿論文

図表1 「単純労働」に従事する移住労働者数の推移

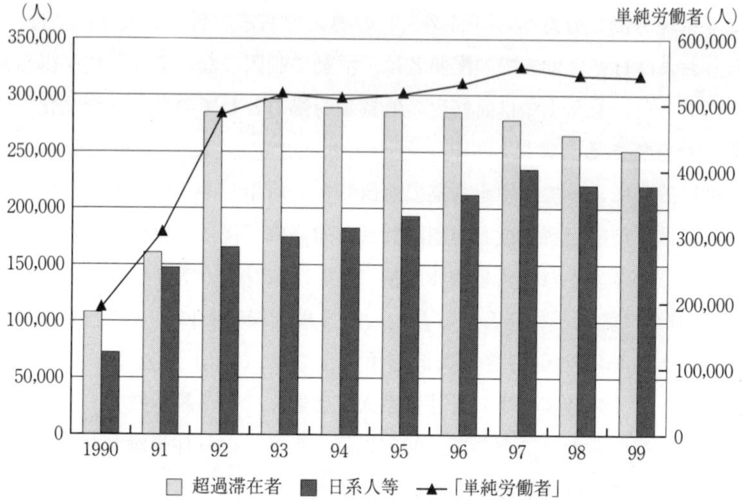

注：「単純労働者」は超過滞在者，日系人等，資格外活動，特定活動（技能実習等）の合計。
資料：労働省資料[15]より作成。

　図表1に示したとおり，「単純労働者」は1991年，1992年に急増し，その後横ばいを続け，97年をピークにわずかに減少する。このうち，超過滞在者は93年までは増加し，その後は減少したが2000年時点でもピーク時の10％程度減少したに過ぎない。入管法改定以降急増した「日系人」はバブル崩壊後の不況にもかかわらず増え続けていき，98年をピークに減少するが，2000年時点でもピーク時の5％減少したに過ぎない。不況の長期化のもとでも相当数の移住労働者が「単純労働」分野で引き続き就労していることがわかる。

（2）女性移住労働者の就労状況
　次に，「単純労働」分野で働く女性の移住労働者について見ていこう。「日系人」については1995年度版国勢調査を利用する。1995年時点で南米国籍を持つものの数が148,599人，うち男性が85,336人，女性が63,263人で，女性の割合は42.6％であった。南米出身者のすべてが「日系人」移住労働者およびその家族というわけではないが，そのほとんどが事実上「単純労働」に従事している

人々およびその家族であると思われる[16]。

　南米出身者の労働力率は全体で89.9%，女性は80.2%である。ちなみに，これを90年と比較してみると，全体の労働力率は92.4%，女性の労働力率は84.1%であったから，この間に家族の呼び寄せなどで配偶者や子供の数が増えてきたことがうかがえる。ともあれ，男性の9割以上，女性でも8割が賃労働に従事している。

　同じく1995年の国勢調査によって，南米出身者の産業別就業者数を見てみると，男女合計では製造業が77.4%，サービス業が8.7%，建設業が5.2%である。女性のみに限定しても製造業が最も多く76.4%，サービス業が12.4%，卸・小売・飲食業が5.6%となっている。したがって，南米出身者の約35%が女性労働者であり，その4分の3が製造業に従事していることになる。

　さらに労働省「外国人雇用状況報告」[17]でこの点を確認してみよう。直接雇用されている「外国人労働者」を性別に見ると，1993年には女性が33.6%，95年には34.5%，その後徐々に増加していき2000年には37.8%となった。産業別に見ると，1995年には62.0%が製造業で就労していたが，このうち男性が65.1%，女性が34.8%であった。製造業のうち，「生産工程作業員」が88.4%で最も多く，次に多いのが「専門・技術・管理職」で6.7%であった。また，「中南米」の78.9%，「日系人」の80.3%が製造業で就労していた。以上からも日系人女性の就労状況は裏付けられる。

　ところで，「外国人雇用状況報告」には「研修生」は含まれず，「技能実習生」は含まれるが，性別・産業別の内訳は明示されていない。そこで，研修生・技能実習生については，民間企業による研修生受け入れ窓口である国際研修協力機構の業務統計で確認する。

　図表2のとおり，1995年のJITCO支援の外国人研修生は18,264人，うち女性は4,908人で26.9%を占めていた。その後男性は1997年まで増加した後に減少に転じたが，女性は一貫して増加を続け，1999年には47.2%に達した。研修生の受け入れ形態には，企業単独型受け入れと団体監理型受け入れとがある。前者は，90年の入管法改定時に研修生の受け入れ要件として定められたもので（いわゆる「基準省令」），受け入れ企業は送り出し企業と資本関係または取引関

図表2　女性の研修生の推移　　　（単位：人）

	1995	1996	1997	1998	1999
総　　数	18,264	23,078	28,011	26,075	25,631
女　　性	4,908	6,307	9,233	9,936	12,104
（構成比）	26.9%	27.3%	33.0%	38.1%	47.2%

資料：国際研修協力機構『JITCO白書』2000年版，96頁より作成。

図表3　女性の技能実習生の推移　　　（単位：人）

	1995	1996	1997	1998	1999
総　　数	3,611	5,276	9,318	12,437	12,442
女　　性	1,483	2,252	3,944	5,517	7,007
（構成比）	41.1%	42.7%	42.3%	44.4%	56.3%

資料：図表2と同じ，107頁より作成。

係を持っていなければならず，「研修」としての実質を持っていると考えられる。他方，後者は「基準省令」施行直後に創設された「特例措置」で，中小企業が労働力の調達手段として利用するという側面が強い。この点に注目すると，1999年の団体監理型受け入れのうち女性の割合は52.9%，企業単独型では37.1%である。つまり，女性のほうが「研修」というよりは労働力として活用されている割合が高いといえるだろう。

さらに，図表3によれば，研修生のなかでも低賃金労働力としての性格が強い技能実習生への移行者に占める女性の割合は，1995年の41.1%から，1999年には56.3%と過半数を上回るに至った。また，研修生のうち技能実習生への移行申請をする割合は，1995年には女性が30.2%，男性が15.9%であったが，1999年にはそれぞれ57.9%，40.2%となった。このように，実習生への移行比率は男女とも上昇しているが，女性は常に男性を大きく上回っているのである。

性別の技能実習生の支給予定賃金を見てみると，図表4のとおり女性の約8割が「11-12万円」であるのに対して，男性は「13-14万円」が約7割を占めている。こうした点からも，女性がより低賃金労働力として利用されていることがわかる[18]。

図表4　技能実習生の性別支給予定賃金の状況（1999年度）

	男　性		女　性	
	人　数（人）	構成比（％）	人　数（人）	構成比（％）
-11万円	0	0.0	0	0.0
11-12万円	425	7.8	5,514	78.7
12-13万円	841	15.5	1,342	19.2
13-14万円	3,711	68.3	130	1.9
14-15万円	458	8.4	21	0.3
15万円-	0	0.0	0	0.0
合　　計	5,435	100.0	7,007	100.0

注：支給予定賃金には，時間外手当，深夜手当て，精皆勤手当て，通勤手当は含まれず，食事手当て，住宅手当等があれば含まれる。
資料：図表2と同じ，22頁より作成。

（3）「女性産業」における移住労働者

　「外国人雇用状況報告」では，直接雇用についてのみ製造業とサービス業の内訳が示されている。2000年時点に製造業で就労する「外国人労働者数」が最も多いのが「輸送用機械器具製造業」で21.8％，次に「電気機械器具製造業」で21.2％，「食料品，飲料等製造業」が14.6％，「繊維工業」が8.9％，「金属製品製造業」が6.6％，「プラスチック・ゴム製品製造業」が5.5％，「一般機械器具製造業」が6.1％，「その他」が18.7％となっている。

　また，『JITCO白書』で研修生の受け入れ状況を産業別に見ると，1999年時点で最も多いのが「衣服・その他繊維製品製造業」の24.6％，次に「食料品製造業」の10.9％，「輸送用機械器具製造業」10.9％，「電気機械器具製造業」10.6％と続く。団体監理型受け入れに限ると，最も多い「衣服・その他繊維製品製造業」が35.3％，「食料品製造業」が12.9％と，これだけで約半数を占める。また，産業別の女性の割合を見ると，全体の41.1％に対して「衣服・その他繊維製品製造業」は90.3％，「食料品製造業」が61.5％である。

　ここで，移住労働者の導入状況と生産労働者に占める女性の割合（以下「女性比率」）との関係を見てみよう。「女性比率」とは，1995年国勢調査の職業（中分類）別就業者数に占める女性就業者の割合を指す[19]。

　「女性比率」は労働者の賃金に反比例する傾向がある。例えば，丹野

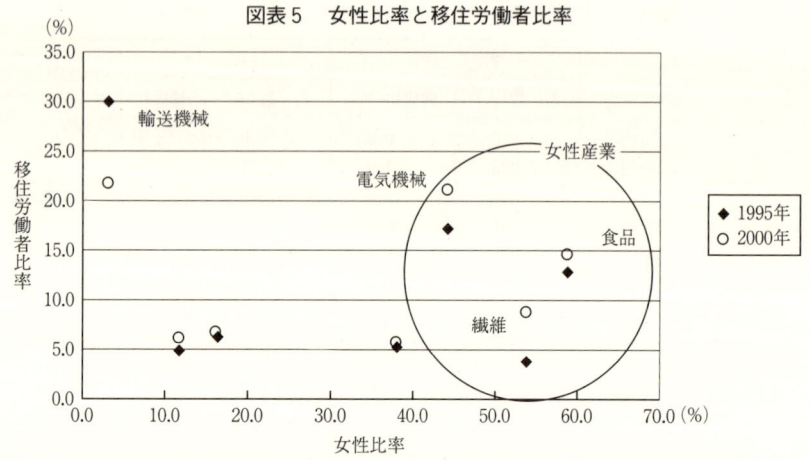

図表5　女性比率と移住労働者比率

資料：総務庁『国勢調査』1995年，労働省「外国人雇用状況報告」1995, 2000年より作成。

(1999)によれば，愛知県の業務請負業[20]における請負単価は，自動車関連が1人2,000～2,500円／時，電機産業は1,650～1,800円／時，食品加工業は950～1,400円／時であるという。繊維・衣服産業については，賃金が低すぎるために日系人の就労はあまり見られない[21]。したがって，この分野では外国人研修制度・技能実習制度によって移住労働者が導入されている。つまり，90年の入管法改定によって導入された「日系人」と研修生（技能実習生）は，前者が相対的に高賃金産業を，後者が未熟練の低賃金労働を担うというように，両者が補完的に活用されているといえよう。

さらに，「外国人雇用状況報告」における製造業内の各産業を「女性産業（female industry）」と「男性産業（male industry）」とに分けてみよう。ここでいう「女性産業」とは，「女性比率」が就業者全体に占める女性の割合（39.9%）を上回る産業を指す。また，それ以外の産業を「男性産業」とする。「女性比率」と，各産業の就業者数に占める移住労働者の割合（「移住労働者比率」）とを比べたのが図表5である。

「輸送機械器具」は「女性比率」が最も低く，また移住労働者数の構成比が最も高いというように，他産業とは異なる傾向を示している。これを除くと，「女性産業」では，産業の規模に比べてより多くの移住労働者が導入されてい

ることがわかる。ただし，繊維産業には技能実習生は含まれるが，研修生は含まれていない。したがって，この点を考慮すれば，繊維産業（衣服産業が中心）の移住労働者比率はもっと高まるであろう。

　以上から，生産労働に従事する移住労働者が，「女性産業」で無視できないウェイトを占めていることがわかる。ところで，これら「女性産業」は，低賃金・未熟練の女性労働力に依存した労働集約的産業であり，とりわけ製造業においては国際競争の影響を受けやすいという点は，英米の事例で見てきたとおりである。この点は日本でも例外ではなく，低賃金を求めて工場の国外移転が行われてきた。特に，90年代前半には，衣服製造企業の多くが中国に進出していったことはよく知られている。そこで，以下，衣服産業にしぼって，国外への生産の移転と移住労働者の導入との関係を見ていくことにしよう。

4　衣服産業における生産の国際化と移住労働者の導入

　日本の繊維・衣服産業の国外進出は，50年代半ばには南米の貿易ブロック化に対応すべく進められたが，60年代には積極的な外資導入策を採った東アジア各国へと向けられた。70年代以降になると，自動車産業が現地市場参入を目指して「中心国」に向かったのに対して，繊維・家電などの労働集約的産業では低賃金労働力を求めてアジアNIEsへ向けた直接投資が活発化した。80年代半ば以降は，急激な円高が進展したため，より一層の低賃金労働力を求めて，ASEAN，さらには中国へと移転していった。とりわけ，90年代前半には，繊維・衣服産業の中国への直接投資が急増したが，その担い手には川下のアパレル企業だけでなく中小の縫製業者が含まれていた。これは，サッセンが指摘したとおり，技術が単純で基本的に変わりがなく，かつ規模の経済性を損なうことなく生産過程の分割が可能であるという同産業の「生産過程の性格」による。加えて，こうした中小企業では日本国内で女性の進学率向上や他産業への移動による人手不足，さらには高齢化による労働力資源の枯渇の影響を最も強く受けるためである[22]。

　90年代に本格化した繊維・衣服産業における中国への直接投資のなかで，岐

図表6　技能実習への移行申請者数　　　　（単位：人）

	1993	1994	1995	1996	1997	1998	1999
全国平均	25	45	76	n.a.	198	265	265
岐阜県	5	178	356	n.a.	1,463	1,711	1,680

資料：国際研修協力機構（1996, 2000）より作成。

阜県の中小縫製企業が積極的であったことで知られている。これは，東京・大阪と異なり，定番品産地としてより厳しい国際競争にさらされていたという背景がある。この先駆けとなったのは，岐阜県のある縫製業者である。同社は，1985年に経営不振にあえぐ中国のある国有企業を再建すべく，合弁企業の経営を引き受けることになった。紳士服の製造を開始するにあたって，中国側の工場に日本から縫製機器を持ち込むとともに，多数の中国人労働者に対して日本での研修を実施した。その後次々に合弁会社を設立し，中国での紳士ブレザー，紳士スーツの最大手業者となった。1995年時点で，同社の日本国内の従業員数が関連会社を含めて470名なのに対して，中国における従業員数は4,400名にものぼる。また，同社は地元の業者の中国進出を積極的に支援・勧誘していった。こうして，岐阜県の縫製業者の多くが中国での衣服生産を活発化させていった[23]。

中国に進出した企業の多くは，製品のほぼ100％を「持ち帰り輸入」している。この結果，90年代初頭以降，中国からの衣服製品輸入が急増していった。これによって，日本国内の生産は大きな打撃を受けた。外国人研修生や技能実習生は，こうした衰退しつつある国内生産におけるコスト削減策としても活用されている。1999年の岐阜県の研修生の数は982人で全国第9位であったが，団体監理型受け入れに限ると全国第2位であった。また，図表6のとおり，1994年以降に岐阜県の技能実習生への移行申請者数が急増し，2位以下に大差を付けて常に1位を維持している。1999年時点の技能実習生の移行申請者数は，全国平均265人に対して，岐阜県は1,680人であった。研修生のうち女性の割合は，全国26.9％だが岐阜県は68.7％と非常に高い[24]。これらの点から，岐阜県では女性の研修生および技能実習生を低賃金労働力として活用していることがうかがえる。

では，国内で研修生・技能実習生を活用している衣服製造企業と国外へ移転した工場とはどのような関係にあるだろうか。これまでのところ，中国では大ロットの定番品生産を中心に展開し，国内では小ロット，短サイクルの高付加価値品生産を中心に展開するという方向にある[25]。例えば，北陸地方の縫製企業A社の例を見てみよう[26]。同社は，東京の高級婦人服メーカーを主要取引先として，婦人用ブラウス，スーツ，パンツ，スカート等を生産している。40～50代の女性を対象とした高級婦人服は他のアイテムに比べて不況の影響を受けにくく，同社の生産のピークは1994年から1995年で，その後も急激な需要の落ち込みを経験していない。生産する商品は1アイテムにつき1～3日で入れ替わる。したがって，納期は長くても1週間程度となっている。また，高級婦人服は薄く柔らかい素材を使っているため加工がしにくいうえ，加工品質に対する消費者の要求が厳しいなどの技術的な問題から，現時点での生産工程の中国移転が現実的ではないという側面もある[27]。ところが，80年代末以降から，同社では職業安定所に求人を出しても若年労働力は確保できず，また入社してもすぐに辞めてしまい，労働者は高齢化しているという状況にあった。こうした労働力不足に対応するために，研修生の受け入れを開始したのである。

　この点は統計的にも確認できる。1999年度に繊維・衣服産業の研修生で技能実習生へ移行申請をした者のうち，「婦人子供服製造」が約8割（79.8％），次に「紳士服製造業」が12.0％であった[28]。英米の場合がそうであったように，婦人向けの流行服は多品種小ロットの製品を短いサイクルで生産しているため，需要地の近くで生産するほうが望ましい。日本では店頭で在庫がなくなった場合，注文してから店頭に並ぶまでに1週間以上かかるとチャンス・ロスが生じてしまうといわれている。こうした部門では，依然として国内での生産が続いているのである[29]。加えて，多くが中小企業であり，国外へ工場を移転するためのリスクを負う余裕がない。したがって，このような部門では，衣服産業全体で国際競争が激化して廃業する企業が増加しても，労働力需要が依然として存在していた。しかし，工賃は低下しており，労働力確保のために賃金を含めて処遇を改善する余地はない[30]。そこで，低賃金のまま安定的に労働力を確保するために，こうした部門での外国人研修生・技能実習生の活用が進展して

Ⅲ 投稿論文

いったのである。

5 まとめと展望

　以上のように，1980年代半ば以降，日本の電気機械，繊維などの産業では，一方で多くの企業が低賃金労働力を求めて途上国に生産拠点を移転するとともに，他方では国内生産を維持するために移住労働者を活用していった。本論ではこの点を，特に低賃金・未熟練労働力に依存してきた衣服産業の事例について，イギリスやアメリカの衣服産業に関する研究から導き出された論点をふまえながら検討した。検討の結果，衣服産業における生産過程の国外移転と移住労働者の導入に関する諸傾向は，大局的には共通のものが見られることが明らかになった。しかし，生産の国際化に対する国内での対応に関しては，日本の独自性が見られる。すなわち，イギリスおよびアメリカの衣服産業は，国内生産が全体として縮小していくなかで，生き残りをかけて新たに家内労働的な生産や零細工場を組織しつつ，低賃金かつ劣悪な労働条件のもとで女性移住労働者を動員していった。他方日本では，このような労働力の供給源となるような移民社会が発達していない。また，これまで同産業の主要な労働力として活用されてきた日本人女性労働者のうち，比較的若い層は第3次産業などに就労機会を見いだしていったため，労働者の年齢構成はますます高齢化していった。そこで利用されていったのが外国人研修生および技能実習生である。研修生は，同じ時期に導入された「日系人」労働者と異なり，職場を移動する自由のない「不自由労働者」であり，相対的に安い賃金でも安定的に労働力が確保できる。その意味で，イギリスやアメリカにおける移民女性と同様の位置にあったということができる。

　外国人研修制度は，このような産業では二重の意味で労働市場の国際化を促進する。ひとつは，低賃金労働力を求めて国外へと進出した工場で活用するための管理職・リーダー層の育成である。これは，国外の工場への技術・技能の移転という同制度の「本来の」目的に沿ったものである。したがって，主として大企業が生産工程の一層の国外移転を促進するのに役立っている。いまひと

つは,研修生・技能実習生の受け入れという形をとった,中小企業による国外からの低廉な労働力の調達である。中国での衣服生産が拡大すればするほど,一定以上の技能を持った女性の労働力がますます増加していき,これが日本への労働力供給源となっているのである[31]。

現在,「持ち帰り輸入」した商品の販売量が頭打ちになりつつあり,衣服生産の中国への移転に一時の勢いはなくなっている。他方,研修生の受け入れおよび技能実習生への移行に関してはさまざまな制限が設けられており,ただちに移住労働者の大量導入に結びつくことはないであろう。とはいえ,研修生の活用は着実に増加してきている。1990年代の主要な「合法的」移住労働者である「日系人」のうち,出稼ぎを希望する者はすでに来日しているため,今後日本の経済状況が好転したとしても,追加的な労働力供給は期待できないとみられている。また,「日系人」を雇用してきた企業のなかには,より安価な研修生・技能実習生への転換を進めているものもある[32]。加えて,経営者団体は「外国人労働者受け入れ」に関して積極的に発言を展開している[33]。研修制度に関しても,求められる技術や能力が変化ないし高度化するのに対応するためとして,再研修機会の拡大が提案されている[34]。こうしたなかで,研修制度の「規制緩和」が行われる可能性は十分にある。このような移住労働者「受け入れ」をめぐる動きが,日本の労働市場にどのような影響を及ぼすのか,より一層の検討が必要であろう。

1) 伊藤るり (1992) 293-294頁。
2) 移住労働者の就労・生活実態に関する研究としては日本統計研究所 (1993),駒井洋編 (1994a, b),渡辺雅子編 (1995a, b) 所収の各論文,浅生 (1994) などがある。
3) もちろん,伊藤は「女性の国際移動の全てが再生産労働の超国家的移転という現象に還元されるわけではない」点に論究している。伊藤 (1996) 266頁。
4) 女性の国際移動に関する研究を概観したものとしては Morokvasic (1984), Pedraza (1991), Kofman (1999) を参照。
5) 森田・木前 (1988)。
6) 「第三世界」の輸出加工区における女性労働力の導入実態については,Grossman (1979), Fröbel et al. (1980), ミース (1986) を参照。
7) Fröbel et al., op. cit.
8) ミース (同上書) 172頁。

9) 例えば，合衆国における電子産業では，生産労働の主力が女性労働者によって担われている。また，熟練労働（craft workers）は主として男性労働者が占め，半熟練および未熟練労働（operator/laborer）を主として既婚女性が担っている。さらに，白人女性とそれ以外の「マイノリティ」女性とを比較すると，「マイノリティ」女性のほうが生産労働者の割合が高い。森田・木前（前掲書）4-8頁。

10) 移民女性労働の基盤となる家族関係や家父長制については久場（1994）を参照。

11) サッセン（1988）は，このような生産過程の「格下げ」による下級製造業部門の累積と拡大とともに，ニューヨークやロス・アンジェルスのような世界都市（Global city）における新しいサービス需要に関連した労働力需要の増大を指摘する。こうした都市には，多国籍企業などの世界的な企業の管理・中枢機能が集中しているため，金融や法律サービスなどのこれを支える高度に専門的な職業が生み出されるとともに，生活関連，企業関連および家事サービス等のさまざまな低賃金サービス需要をつくりだしていく。こうした部門に，女性移住労働者が吸収されているという。

12) 超過滞在の移住労働者は，主として「短期滞在」（観光など）という滞在資格で入国し，査証の期限が切れた後も滞在し就労を続ける。超過滞在者のほとんどは就労していると思われるため，以下では単に「超過滞在者」という。また，「超過滞在者」以外に「不法入国者」を含めて未登録労働者（undocumented workers）と呼ぶこともある。

13) 労働省資料「就労する外国人（推計）」より。同統計は，法務省入国管理局の資料に基づき労働省が推計したもので，毎年12月に公表されている。「外国人」の中には在日韓国・朝鮮人等の「永住者」は含まれない。

14) ここでいう「就労目的の外国人」とは，在留資格27種類のうち，就労可能とされる教授，芸術，宗教，報道，投資・経営，法律・会計業務，医療，研究，教育，技術，人文知識・国際業務，企業内転勤，興行，技能の14種類を指す。

15) 註13を参照。

16) 労働省推計では1995年に「定住者」「日本人の配偶者等」および「永住者の配偶者等」の在留資格で日本に滞在し，就労していると推定されるものは193,748人である（労働省資料「日系人等の労働者数の推移」による）。

17) 労働省は1993年より外国人の雇用実態に関する調査を開始した。この調査は，労働省が各都道府県の公共職業安定所を通じて，従業員50人以上の全事業所および従業員49人以下については各地域の実情や行政上の必要に応じて選定された一部の事業所に対して，「外国人労働者」の雇用状況に関する調査票を送付し回答を依頼するというもの。調査結果は，毎年6月1日現在で「外国人労働者」を雇用する事業所からの回答を集計したもので，その年の11月または12月に「外国人雇用状況報告」として発表されている。

18) 日本の外国人研修・技能実習制度が，低賃金女性労働力の調達手段として機能しているという点について，詳しくは村上（2001）を参照。

19) 産業別の生産労働者の男女別就業者数が得られないので，やむをえずこの指標を使っている。

20) 「業務請負業」は「構内請負業」とも呼ばれ，移住労働者の多くを社外工として工場に送り出す役割を担っている。法律上は人材派遣業とは異なっているが，事実上は両者に違いはない。ただし，業務請負業は，完成物の引き渡しを法律上の拠り所としている

ため，製造業でしか認められない。業務請負業を通じた移住労働者の職業紹介に関しては丹野（1999）を参照。
21) 例えば，2000年の賃金センサスにおける高卒女性の賃金は，食料品製造業の930円／時に対して，衣服産業では862円／時である。
22) 藤井（2001）103頁。
23) 藤井（同上書）107-109頁。
24) 国際研修協力機構（1996）。なお，都道府県別・産業別の内訳を示す統計数値はないが，同書では岐阜県では「繊維関係の研修生が多いと思われる」ことが指摘されている。
25) 藤井（前掲書）129頁。
26) 2001年6月に筆者が行った縫製企業A社社長を対象とした聞き取り調査による。
27) 上述A社の中国人研修生は，来日以前に中国の縫製業でミシン縫いの仕事を経験していたが，日本での作業で最も難しい点は柔らかい生地の扱いであると述べている。
　　A社社長は，現在の中国の縫製技術レベルは日本10に対して5程度と考えている。この差はできあがりの緻密さに表れる。また，高級衣料の場合は作業者のファッション・センスも製品の出来具合に影響するという。中国からの研修生の多くは，中国で生産している服と日本の高級婦人服の微妙な違いが理解できない。その結果，「出来上がった製品のシルエットに柔らかさがなく，どうしても直線的なものになってしまう」という。したがって，「日本人のセンス」で監督・指導する必要がある。こうした微妙なセンスは，3年間の研修を終えても身につかない場合がほとんどだという。
28) 『JITCO白書』2000年。残念ながら，研修生について同様の数値は得られない。
29) 2001年7月に筆者が行った中部地方の縫製業B組合連合会会長に対する聞き取りによれば，同地域の縫製業者のうち国内で生き残っているのはこのような短サイクル品の需要を確保した企業であるという。
30) 上述のB組合連合会会長よれば，一部の企業では工賃がピーク時の10分の1程度まで低下し，「中国並みの工賃」で業務を継続しているという。
31) 国外への移転先工場での雇用および国内での研修生導入の両面で，女性労働力が動員されている。中国に移転した縫製企業が中国で大量の女性労働力を活用している実態については，藤井（1994）および藤井（1997）を参照。
32) 2001年5月に筆者が行った東海地方における食品加工協同組合の聞き取り調査による。同組合および組合員企業では，90年代半ば以降業務請負業者を通じて日系人労働者を雇用してきたが，関連職種の技能実習への移行が認められたため，2000年から研修生の受け入れを本格的に開始した。同組合の管理部部長によれば，周辺の自動車関連工場で求人が出ると，日系人労働者の多くは賃金が高いためにそちらに移動してしまうという。したがって，日系人から研修生（技能実習生）へ転換する理由は，コストが若干安くなることに加え，何よりも労働力を安定的に確保できる点にある。
33) 井口によれば，90年代末以降の移住労働者受け入れに関する「第2の論争」は，日本経済の停滞と将来の少子・高齢化を背景に経済界主導で行われているという点で，「労働需要バブル」の下で行われた「第1の論争」と大きく性格を異にしているという。井口（2001）44頁。
34) 国際研修協力機構（2001b）6-7頁。

【参考文献】

Fröbel, F., Kreye, J. and Heinrichs, O. (1980) *The New International Division of Labour*, Cmbridge University Press.

Grossman, Rachel. (1979) 'Women's Place in the Integrated Circuit', in *South East Asian Chronicle*, No. 66.

Kofman, Elenore (1999) 'Female 'Birds of Passage' a Decade Later: Gender and Immigration in the European Union', in *International Migration Review*, Vol. 33, No. 2.

Mies, Maria (1986) *Patriarchy and Accumulation on a World Scale*, Zed Books（奥田曉子訳『国際分業と女性』1997年, 日本経済評論社）

Mitter, Swasti (1986) 'Industrial restructuring and manufacturing homework: immigrant women in the UK clothing industry', in *Capital and Class*, No. 27.

Morokvasic, Mirajana (1984) Birds of Passage are also Women..., in *International Migration Review*, Vol. 18, No. 4.

Nash, June, Patricia Maria and Kelly, Fernandez eds. (1984) *Women, Men and the International Division of Labor*, State University of New York Press.

Piore, Michael J (1979) *Birds of Passage*, Cambridge University Press.

Pedraza, Silvia (1991) 'Women and Migration: The Social Consequences of Gender', *Annual Review of Sociology*, Vol. 17.

Sassen-Koob, Saskia (1984) 'Labor Migration and the New Industrial Division of Labor', in Nash et. al eds.

Sassen, Saskia (1988) *The Mobility of Labor and Capital*, Cambridge University Press（森田桐郎ほか訳『労働と資本の国際移動』1994年, 岩波書店）

Snow, Robert T. (1984) 'The New International division of Labor and U. S. Work Force: The Case of the Electronics Industry', in Nash et. al eds.

浅生卯一（1994）「自動車部品メーカーによる労務管理と日系人労働者」『社会政策学会年報　第38集』御茶の水書房。

井口泰（2001）『外国人労働者新時代』筑摩書房。

伊藤るり（1992）「『ジャパゆきさん』現象再考」梶田孝道・伊豫谷登士翁編『外国人労働者論』弘文堂。

伊藤るり（1996）「もう一つの国際労働力移動　再生産労働の超国境的移動と日本の女性移住者」伊豫谷登士翁・杉原達編『日本社会と移民』明石書店。

久場嬉子（1994）「移民と女性労働」森田桐郎編著『国際労働移動と外国人労働者』同文館。

国際研修協力機構（1996）『JITCO YEAR BOOK　データで見る外国人研修・技能

実習』。
国際研修協力機構(2000a)『JITCO白書』。
国際研修協力機構(2000b)『小規模事業者等の海外戦略における外国人研修の役割の調査研究』。
駒井洋編(1994a)『外国人労働者問題資料集成　上』明石書店。
駒井洋編(1994b)『外国人労働者問題資料集成　下』明石書店。
丹野清人(1999)「在日ブラジル人の労働市場」『大原社会問題研究所雑誌』No. 487。
日本統計研究所(1993)『研究所報』No. 20。
藤井治枝(1997)「国際分業の進展と労働力の女性化―中国日系企業のケースを中心に―」『オホーツク産業経営論集』Vol. 8, No. 1。
藤井光男(1994)「アジアにおける国際分業の展開と労働力のフェミニゼイション」『商学集志』Vol. 64, No. 1. 2. 3合併号。
藤井光男編著(2001)『東アジアにおける国際分業と技術移転』ミネルヴァ書房。
村上英吾(2001)「1990年代における中小企業の外国人研修制度活用実態―産業別受入れ状況と研修生の『女性化』―」法政大学比較経済研究所 Working Paper, No. 101(ジェンダー研究―理論・歴史・政策―シリーズ No. 1)。
森田桐郎・木前利秋(1988)「資本の国際化・新国際分業・世界労働市場(1)」『経済学論集』Vol. 53-4, No. 4。
渡辺雅子(1995a)『共同研究　出稼ぎ日系ブラジル人　論文編』明石書店。
渡辺雅子(1995b)『共同研究　出稼ぎ日系ブラジル人　資料編』明石書店。

SUMMARY

Economic Inequality and Economic Polices

Toshiaki TACHIBANAKI

The paper examines the relationship between economic inequality (i.e., income distribution) and economic policies. There are two methods in order to reduce the degree of income inequality in redistributed incomes (i.e., disposable incomes). The first is to reduce inequality in primary incomes (i.e., before-tax incomes), and at the same time not to use tax and social security policies. The second is to use tax and social security policies to reduce inequality in primary incomes. The paper discusses the merit and the demerit of these two methods, and shows a speculation that the second method is preferable if the society has an agreement that it is desirable to reduce inequality in redistributed incomes.

The paper also presented four strategies for the first method. (1) Intensifying the minimum wage law, (2) Reducing the difference in per-hour wages between full-timers and part-timers, (3) Reducing wage payments between larger firms and smaller firms, and (4) The introduction of various safety net systems.

About the Present Condition of the Belt of Labor Market in Japan: From a Survey on the Actual Condition of Rural Areas

Shinji OHSU

This report clarifies economic gap structure in Japan through changes in the rural labor market and considers methods to reform this gap structure from its lowest level is realized.

It is widely pointed out that Japan presently faces growing economic gap. However simply pointing out the problem does not provide any solution to the quetions, "Which direction should the economic gap be steered?" or simply "Is the gap going to the right direction?", because no one knows the admissible extent of the gap.

The best approach to the addressing gap problem is to improve its lowest level. Its improvement would steadily narrow the economic gap.

This approach will assure us that we will not make a mistake when narrowing the gap.

The first step for us to take to realize this approach is to prasp the exact elements of those who are considered to belong to the lowest group.

The rural labor market consists of the base of the labor market in Japan. At the base, both family agricultural labor and non-agricultural labor are mixed in part-time farm households.

The mixtures differ by esch part-time farm household recognizing the actual condition of the part-time farm household by class, and solve the nature of inconsistency at its concentration point. This paper shows that solution of this inconsistency is an important focal point in the relaxation of economic gap.

The Japanese Wage Differential and the Suppliers System

Hirofumi UEDA

This study intends to clarify what and how the wage differential in the Japanese automobile industry has been determined by the size of companies. In Japan, mass-production in the automobile industry started around 1960 and the original Japanese suppliers system also started at that time. One of the reasons the car makers adopted the suppliers system was that the wage differential between the car makers and their suppliers was large because the average age of the car makers was older in the late 1950s. Toyota and Nissan had stopped employment after the big labor struggle in the early 1950s.

In the 1970s the Confederation of Japan Automobile Workers' Unions (JAW) was established. JAW is composed of the group-wide organizations such as the Federation of All Toyota Workers' Unions and each group-wide organization aimed to unify and stabilize the level of wage rises. The wage differential among the group that includes the car maker and the suppliers has been stable since the 1970s.

Since the 1990s under difficult conditions the car makers has adopted a new cost reduction program and their suppliers also have pursued cost reduction more and more. Although the wage differential of regular workers was stable in the 1990s, some suppliers have employed more irregular workers for labor cost reduction.

Japanese Women in Class Structure

Kenji HASHIMOTO

This article aims to clarify the structure and trend of economic and social inequalities among Japanese women in the light of class theory. The economic and social situations

SUMMARY

of Japanese women are investigated in terms of their class locations, marital situations and their husbands' class locations, using SSM survey data 1985 and 1995. Many aspects such as individual and family income, characteristics of gender roles, perception of status and consciousness about living standard among Japanese women, are well accounted in terms of class and marital status. Though inequality in the chance of class mobility is reduced, economic inequality among women is widened between 1985 and 1995, especially within new and old middle classes respectively. In sum, it can be said that contemporary Japan is a class society for women, because of various inequalities caused by class structure, either directly or indirectly via social structures such as family or business organization.

Toward a New Perspective of Women's Social Mobility : An Analysis of Status Attainment through Earning Function

Setsuko HASHIMOTO

The thrust of this article is to suggest a new approach in analyzing gender inequality in social stratification research. Women were not regarded as agents of social mobility due to certain implicit assumptions concerning social stratification research. Though this indifference on the 'gender issue' was challenged, the problem was not solved because there is no consensus as to which indicator best represents both employed and non-employed women all together. In order to measure status attainment of women without reducing their heterogeneity, not only technical improvements but also conceptual changes are necessary. This article suggests that we should abandon the concept of monolithic stratification and reconstruct the concept of status. I propose to break down the concept of social status into two dimensions, occupational status and living-standard status.

By analying direct and indirect paths of women's status attainment separately, I will attempt to show the existence of complicity between the two dimensions, which, I argue, account for gender inequality.

Employment and Unemployment of Young Workers in France

Hiromasa SUZUKI

This paper reviews unemployment issues of young workers in France. Since the 1970s, major policy issues in this country have revolved around the high unemployment rates for young workers. Several avenues of policies have been attempted: to give longer schooling to the young population (the average schooling years rose by 3 years from 1982-1983 to 1996-1997) and to provide subsidies (often with the possibility of vocational training) for the employment of young workers. Lately, employment policies tend to focus more sharply on those workers with a vulnerable profile (for instance, school dropouts in areas where industry is declining).

Cohort surveys of young workers show that they tend to have a much longer period of transition (often 5 years of more) between school and work (stable employment). This transition is, for many young people, a variegated and longer trajectory composed of periods of fix-term employment, unemployment and training before arriving to a stable open-ended employment. This trend is partly due to the difficulties and conditions of the labour market but also partly due to the desire of young people to find suitable jobs.

The Relationship between the Public Sector and the Private Sector in Postwar Japanese Social Welfare Legislation and the Inherent Restriction on the Private Sector

Tsutomu KITABA

This paper discusses the role assignment of the public sector and the private sector in the social welfare of postwar Japan. In the welfare legislations under the postwar occupation, the following principles regulated the relationship between the public sector and the private sector.

① Operational responsibility assumed by the state and prohibition of delegation to other agencies.

② Separation of the field and financial administration between a public sector and a private sector.

③ Prohibition of public-funds expenditure for private social work not under the control of public authority.

In the Japanese situation, private social work was commissioned to execute governmental office work, and public funds were concentrated on private social work under the control of the authorities. Such a transition changed previous principles and brought about a public-private relation peculiar to Japan. This Japanese public-private relation played a role in restraining public support regarding private social entreprises for welfare services at home.

SUMMARY

The Social Isolation of the Elderly and Social Welfare Services in Japan

Katsuyoshi KAWAI

The main objective of this paper is to ascertain the number of elderly who live in isolation and to gain a clear understanding of their living conditions. According to my investigation of the elderly (over 65 years old) living alone in Minato-Ku, Tokyo, 30 percent are living in isolation and face various difficulties. In case of 40 percent of this age-group, the annual income is only two million yen, which is equivalent to the benefits normally provided by public assistance. Only 12. 7 percent of this group receive public assistance. The elderly who live in isolation often have inadequate access to information and are unable to make appropriate decisions regarding social welfare services. It is clear that the quantity and the seriousness of these social isolation problems cannot be bypassed when we consider the needs of the elderly and what social welfare services should be provided.

Globalization and Its Effect on the Welfare State: A Case Study of EU Member Countries

Yoshihiro SHIMODAIRA

This article analyzes the influences of globalization on welfare states in the EU which have completed the Economic and Monetary Union in 1999. There are four main questions concerning this theme: First, does globalization reduce the autonomy of macro-economic policies in these countries ? Second, if so, will the reduction of autonomy of macro-economic policies induce "a race to the bottom" ? Third, consequently, will "the race to the bottom" bring "convergence towards the Anglo-Saxon model" ? Finally, will "the convergence towards the Anglo-Saxon model" result in "the end of the nation state" ? Using the latest socio-economic data, the four hypotheses mentioned above are examined in this article. As a result, the author concludes that all the EU member countries have lost their autonomy over macro-economic policies since the start of the EMU, and the EMU has caused "the race to the bottom". However, there is no evidence which shows "the convergence towards the Anglo-Saxon model" and "the end of the nation state".

A Sketch of Taiwan's National Pension Debate: Late Welfare State Formation in the Global Economy

Yasuhiro KAMIMURA

In recent years there has been renewed interest in the social policies of Asian countries. The aim of this paper is to investigate Taiwan's National Pension debate after democratization. This topic is significant not only because of its theoretical importance for comparative welfare state studies, but also because of its practical relevance for identifying the political-economic conditions for welfare state formation in the developing world. Why is it that democratization has not led automatically to the introduction of National Pension System? Certain internal factors should be considered. Differentiated social insurance schemes as a legacy of authoritarian regime, and many trivial benefit schemes as a result of electoral contests after democratization cause great difficulty in establishing a new integrated system. In understanding welfare state formation of newly democratized countries, institutional legacy must be looked into more carefully. On the other hand, there are also some external factors that require examination. Globalization fuels international economic competition, and undermines fiscal autonomy of national governments. Thus, new president Chen, whose DPP (Democratic Progressive Party) had promised to establish a "welfare state", could not avoid declaring the postponement of the introduction of National Pension System. We should take into account that the international circumstances of Taiwan's welfare state formation are quite different from those of advanced coutries in the post-war era.

The Significance of 401(k)s in U.S. Retirement Income Policy: A Comparison with Corporate-IRAs in the Early 1980s.

Kenzo YOSHIDA

This paper studies the significance of 401(k)s in U. S. retirement income policy. For that purpose, I observe corporate-IRAs, the 401(k)-type plans which are defined as employee benefit plans with tax-deducted employees' contributions. Conclusion consists of the following two points:

First, the 401(k)-type plans were of two political backgrounds. For one, the government tried to increase savings to boost the economy as part of the economic policy. For the other, retirement savings were encouraged as a income policy. The 401(k)-type plans were not unique ideas of a private benefit consultant, as generally said.

Second, friction between these two political backgrounds became a main issue in the

SUMMARY

history of the 401(k)s. For example 401(k)s, made by the private consultant and the IRS, imposed fewer regulations, as a retirement income policy, than corporate-IRAs made by Congress. This is why the 401(k)s could prevail over corporate-IRAs. In the Tax Reform Act of 1986, some regulations for the retirement income policy were added to the 401(k)s. After the enactment, the political issues over the 401(k)s have been raised from the conflict between the retirement income policy and the economic policy.

The Introduction of the Job Evaluation System in a Steel Plant

Hiroyuki AOKI

The objective of this paper is to examine the introduction of the job evaluation system performed at the K plant of F Iron and Steel Company in 1957, and to clarify its significances and limitations. In the revision of the wage system, job evaluations were applied to the individual calculation of group incentive pay.

Of primary importance, through job evaluations performed from 1956 to 1957 the central staff (labor division, efficiency section etc) was able to gain specific information previously only known to employees on the workshop. Secondly, The job evaluation system enabled the central staff to set all of the work of more than 1000 jobs on the basis of a unitary value standard and to attain a mutual comparison. This is a milestone in the history of development of personnel and production management.

At the same time, however, there was the limitation in the control capability of central staff, and they had to concede to the opinions of the workshop leader in the adjustment of job evaluations. Consequently, job evaluations came to be determined by the particularities of each plant, and whole-company unification ended in failure. To conclude, the job evaluation system introduced in 1957 became at the utmost only an index with which job value is expressed in a plant.

International Relocation of Production Process and Introduction of Migrant Workers in Japanese Garment Industry

Eigo MURAKAMI

This paper examines the relationshop between international relocation of the production process and the introduction of migrant workers by Japanese firms, using the garment industry as an example.

In the 1990s, many Japanese manufacturers in the garment industry moved their factories to China, searching for a low wage labor force. At the same time, the firms, where the relocation of production process was difficult, utilized foreign trainees as low wage labor forces.

In the UK and the US, domestic manufacturers lost a large share of the market to overseas suppliers in the 1980s. Those firms, which managed to survive, came to rely on homeworkers and female migrant workers who were employed by ethnic minority entrepreneurs. The imigrants society which provides such a labor force does not exist in Japan. From the 1990s, foreign trainees were introduced as a young and low wage labor force. Because the trainee is an "unfree laborer" who does not have the freedom to move, firms can secure a stable labor force at a lower wage. In that sense, foreign trainees were in the same position as female migrant workers in the UK and the US.

The foreign traineeship program promotes internationalization of the labor market in two ways. First, it enables smaller firms to secure a low wage labor force. Secondly, it raises a laborer's skill level by training and helps larger firms transfer their production process outside the country. The more production abroad is expanded, and the labor force, with a certain level of skill, increases, the more the source of the labor force supply to Japan increase.

学会記事 (2001年度)

1 大 会 関 係

　社会政策学会は例年，春・秋2回の大会を開催している。2001年度春は第102回大会を開催した。2001年度から大会参加費を徴収することになったが，第102回大会は報告数においても，参加者数（受付参加者総数は440名，うち会員325名，非会員115名）においても本学会史上最大規模の大会となった。以下，大会プログラムを掲げる。

▶第102回大会　（於：中央大学多摩キャンパス　実行委員長：工藤恒夫会員）
　　　2001年5月26日(土)～27日(日)
　　【共通論題】経済格差と社会変動　　コーディネーター：森　建資（東京大学）
　　　　　　　　　　　　　　　　　　　　座長：木本喜美子（一橋大学）
　　　　　　　　　　　　　　　　　　　　　　　中川　清（慶応大学）
　1．経済格差と経済政策　　　　　　　　　　　橘木俊詔（京都大学）
　2．日本のベルト的労働市場の現況について
　　　　―農村実態調査をもとに―　　　　　　　大須真治（中央大学）
　3．「規模別格差」と分業構造　　　　　　　　植田浩史（大阪市立大学）
　4．女性と階級構造―所属階級と配偶関係からみた
　　　女性の経済的・社会的格差―　　　　　　　橋本健二（静岡大学）
　　　　　　――総括討論――
　【テーマ別分科会】
　《第1分科会》社会的・経済的格差とジェンダー　座長：竹内敬子（成蹊大学）
　1．男女賃金格差と社会構造　　　　　　　　　橋本摂子（東京工業大学）
　2．グローバル化とジェンダー格差
　　　―NIDL（新国際分業）を超えて―　　　　足立真理子（東京大学大学院生）
　《第2分科会》若年者の雇用問題　　　座長：仁田道夫（東京大学）
　1．新卒市場と就職指導がキャリア形成に与える影響　玄田有史（学習院大学）
　　　　　　　　　　　　　　　　　　　　　　黒澤晶子（明治学院大学）
　2．フリーターの参入契機と職業意識　　　　　上西充子（日本労働研究機構）
　3．フランスの若年者の雇用問題　　　　　　　鈴木宏昌（早稲田大学）

《第3分科会》社会福祉改革における公私関係変容の構図

座長：小笠原浩一（埼玉大学）

1. 戦後社会福祉立法における公私関係とそれが民間社会
   福祉事業にもたらした内在的制約について　北場　勉（日本社会事業大学）
2. 1980年代厚生行政のダイナミズムと公私関係の変容

   蟻塚昌克（埼玉県立大学）
3. 社会福祉基礎構造改革における〈新しい公私関係〉栃本一三郎（上智大学）

《第4分科会》変貌する地域社会と社会保障の今日的課題

座長：川上昌子（淑徳大学）

1. 過疎地域における高齢者生活と介護・年金・医療の課題
   ―石川県珠洲市日置地区の医療・福祉実態調査から―

   横山寿一（金沢大学）
2. 山間地域における高齢者生活と介護保険導入後の高齢者
   福祉行政の課題―京都府美山町高齢者福祉調査から―

   岡崎祐司（佛教大学）
3. 大都市における高齢者の社会的孤立と社会保障・社会福祉の課題
   ―東京都港区のひとり暮らし高齢者の生活実態を中心に―

   河合克義（明治学院大学）

《第5分科会》ホワイトカラーの雇用管理の生成史

座長：三宅明正（千葉大学）

1. 明治期三井物産のホワイト・カラーの教育・養成　　若林幸男（明治大学）
2. 三井家における雇用制度の再編
   ―明治初期，三井の人事管理―　　　　　　　　　粕谷　誠（東京大学）

《第6分科会》社会変動が労働者世帯の生活時間に及ぼす影響
　　　　　　　―カップル単位の小規模生活時間調査から―

座長：伊藤セツ（昭和女子大学）

1. 1990年代の社会変動が大都市労働者夫妻の生活時間構造に
   与える影響―多摩ニュータウン調査から―　　　大竹美登利（東京学芸大学）
2. 世帯内生活時間ジェンダー格差の動向とアンペイド・ワーク
   評価問題―世田谷1990, 1995, 2000年調査を用いて―

   斎藤悦子（岐阜経済大学）
3. 生活時間調査による収入労働時間および不払い労働時間の
   実態へのアプローチ―世田谷1995, 2000年調査より―

学会記事（2001年度）

　　　　　　　　　　　　　　　　水野谷武志（法政大学大学院生）
　　　　　　　　　　　　コメンテーター：鷲谷徹（中央大学）
《第7分科会》労働組合における新たな賃金政策の模索
　　　　―〈同一価値労働同一賃金〉原則と単産の賃金政策―
　　　　　　　　　　　　　　　　座長：遠藤公嗣（明治大学）
1．商業労連の賃金政策　　　　　　　大賀康幸（商業労連）
2．電機連合の賃金政策　　　　　　　崎岡利克（電機連合）
　　　　　　　　　　コメンテーター：木下武男（鹿児島国際大学）

《第8分科会》福祉国家と福祉社会　　座長：武川正吾（東京大学）
1．福祉国家体制の再編と市場化
　　―日本の介護保険を事例として―　平岡公一（お茶の水女子大学）
2．経済活動の国際化と福祉国家―EU諸国を中心に―　下平好博（明星大学）
3．反グローバリズム・反市場原理主義と福祉国家　山森　亮（東京都立大学）

《第9分科会》介護保険実施後1年
　　　　　―施行後の実態―　　　　　座長：高田一夫（一橋大学）
1．介護保険はどう受けとられたか　　高田一夫（一橋大学）
2．要支援高齢者の状況　　　　　　　新名正弥（東京都老人総合研究所）
3．サービス供給者の状況　　　　　　松家さおり（神奈川県）

《第10分科会》台湾の労働と社会保障　座長：埋橋孝文（日本女子大学）
1．グローバル経済下における外国人労働者政策
　　―台湾における事例から―　　　　石川善治（大阪産業大学大学院生）
2．国際比較から見た台湾の福祉国家形成　上村泰裕（東京大学）
3．台湾における〈全民健康保険〉の成立と展開　曽　妙慧（台湾・銘傳大学）
　　　　　　　　　　コメンテーター：イト　ペング（関西学院大学）

《第11分科会》介護の市場化とホームヘルプ労働
　　　　　　　　　　　　　　　　座長：深澤和子（日本女子大学）
　　　　　　　　　　コーディネーター：竹中恵美子（龍谷大学）
1．ホームヘルプ事業の調査から　　　大塩まゆみ（福井県立大学）
2．社会保障制度・介護保険とホームヘルプ労働　石見恭子（華頂短期大学）
3．ホームヘルパーのジェンダーバイアスと
　　その解消への課題　　　　　　　　小松満貴子（武庫川女子大学）

【自由論題】
《第1会場》労働市場　　　　　　　　座長：下田平裕身（信州大学）

1．移住労働者の導入と女性労働者の供給制約
　　　　　　　　　　　　　　　　　　　　　村上英吾（横浜国立大学大学院生）
2．電機産業Ａ社におけるパートタイム雇用の展開
　　　　　　　　　　　　　　　　　　　　　禿あや美（東京大学大学院生）
3．女性労働と労働力の再生産
　　　　―フォーディズムの分析から―　　　新井美佐子（名古屋大学大学院生）
《第2会場》社会保障(1)　　　　　　　座長：澤邊みさ子（東北公益文科大学）
1．障害者福祉分野における〈支援費支給制度〉の導入について
　　　　　　　　　　　　　　　　　　　　　木村　敦（種智院大学）
2．介護保険の実施に伴う福祉雇用の変化
　　　　―東京都福祉施設での雇用実態調査から―
　　　　　　　　　　　　　　　　　　　　　照内八重子（立正大学大学院生）
3．乳幼児を持つ世帯の保育料負担と家計　　濱本知寿香（大東文化大学）
《第3会場》社会保障(2)　　　　　　　座長：堀越栄子（日本女子大学）
1．近代日本医療の特質としての開業医集団　猪飼周平（東京大学大学院生）
2．雇用政策と公的扶助の交錯
　　　　―ドイツにおける〈就労扶助〉の展開―　　布川日佐史（静岡大学）
3．ベーシック・インカム論と福祉社会の展望　小沢修司（京都府立大学）
《第4会場》労使関係(1)　　　　　　　座長：李　捷生（大阪市立大学）
1．日本型労働組合主義運動とその帰結
　　　　―分析枠組みの提起と検証結果―　　山垣真浩（一橋大学大学院生）
2．日本鉄鋼業における職務給制度の導入過程
　　　　―Ｆ製鉄Ｋ製鉄所の事例を中心に―　青木宏之（明治大学大学院生）
《第5会場》労使関係(2)　　　　　　　座長：秋元　樹（日本女子大学）
1．アメリカの人事考課制度―1970年代以降の変遷―
　　　　　　　　　　　　　　　　　　　　　片岡洋子（京都大学大学院生）
2．鬼平の人足寄場―労働政策の魁―　　　　久田俊夫（市邨学園短期大学）

2　総会関係

▶第102回大会総会
　　日時　2001年5月26日（土）17:10～18:00
　　場所　中央大学多摩キャンパス3号館3115教室
　　参加者　約130名

議長　早川征一郎会員
1．代表幹事から2000年度活動について学会改革の成果が現れつつあるとの報告があった。
2．禹宗杬会計担当幹事から2000年度決算報告が，伊藤セツ会計監査から会計監査報告があり，拍手で承認された。
3．遠藤公嗣委員から科学研究費審査委員の決定手続きに関する経済政策研連の動きについて報告があった。
4．代表幹事から「制度・組織改革から『社会政策研究の発展』へ」と題する2001年度活動方針の提案があり，拍手で承認された。
5．森廣正編集委員長から懸案の学会誌の出版社一本化について，最終的に法律文化社とすることに決定したとの報告があった。
6．代表幹事から今秋実施の役員選挙の選挙管理委員を佐藤眞，遠藤公嗣，三富紀敬，中原弘二の4氏に委嘱したとの報告があり，中原氏から第1回委員会の結果，同氏が委員長に選出された旨報告があった。
7．代表幹事が名誉会員として，大前朔郎，飯田鼎，津田真澂の3氏を推挙した。
8．石田光男学会賞選考委員長から，第7回社会政策学会賞審査経過報告と，中川清会員が学術賞を，平井陽一会員と三富紀敬会員が奨励賞を受賞された旨報告があり，表彰された。
9．斎藤義博幹事から第103回大会が今秋10月20～21日（1日目は東北学院大学，2日目は東北大学）に開催されるとの予告があり，玉井秋季大会企画委員長から企画の説明と自由論題の募集受付の呼びかけがあった。
10．第104回大会企画：森建資春季企画委員長から来春日本女子大学で行われる第104回大会の共通論題を「雇用関係の変貌：雇用形態の多様化と時間管理の後退」（仮題）とするとの報告があった。
11．代表幹事から企画委員会の規程を第104回大会の臨時総会で決定するとの予告があった。

3　2000年度第7回社会政策学会賞

〈学会賞選考委員会〉
　委員長：石田光男
　委　員：荒又重雄，松崎　義，上田修，武川正吾
〈受賞者・作品〉
　学術賞：中川　清『日本都市の生活変動』（勁草書房，2000年）

奨励賞：平井陽一『三池争議——戦後労働運動の分水嶺』
(ミネルヴァ書房，2000年)
三富紀敬『イギリスの在宅介護者』(ミネルヴァ書房，2000年)

《社会政策学会誌の変遷》

　『社会政策学会誌』(『学会誌』と略称)は，本号からすべて法律文化社から刊行される運びとなりました。
　『学会誌』が，『社会政策学会年報』(『年報』と略称)と『社会政策叢書』(『叢書』と略称)を統一したものであること，同時にそれらを継承したものであることを明らかにするために，1『年報』，2『叢書』，3『学会誌』に区別し，それぞれの書名，出版社，刊行年月を以下に掲載します。なお紙幅の関係上，副題はすべて省略しました。

1　『社会政策学会年報』

第1輯	賃銀・生計費・生活保障	有斐閣	1953年12月
第2集	賃労働における封建性	有斐閣	1955年6月
第3集	産業合理化と労働問題	有斐閣	1956年6月
第4集	戦後日本の労働組合	有斐閣	1956年10月
第5集	最低賃金制	有斐閣	1957年7月
第6集	生産性向上と社会政策	有斐閣	1958年10月
第7集	日本の失業	有斐閣	1959年10月
第8集	中小企業と労働問題	有斐閣	1960年10月
第9集	婦人労働	有斐閣	1961年5月
第10集	労働市場と賃金	有斐閣	1961年12月
第11集	労働時間と職務給	御茶の水書房	1964年1月
第12集	経済成長と賃金	御茶の水書房	1964年11月
第13集	社会保障と最低賃金制	御茶の水書房	1966年3月
第14集	合理化と労働者階級	御茶の水書房	1967年6月
第15集	戦後労働運動の展開過程	御茶の水書房	1968年4月
第16集	社会政策と労働経済学	御茶の水書房	1971年11月
第17集	70年代の労働者状態	御茶の水書房	1972年10月
第18集	労働戦線の統一	御茶の水書房	1974年10月
第19集	資本輸出と労働問題	御茶の水書房	1975年6月
第20集	労働問題研究の方法	御茶の水書房	1976年5月

第21集	日本経済と雇用・失業問題	御茶の水書房	1977年5月
第22集	戦後体制と労資関係	御茶の水書房	1978年5月
第23集	「構造的危機」下の社会政策	御茶の水書房	1979年5月
第24集	不安定就業と社会政策	御茶の水書房	1980年5月
第25集	日本労使関係の現段階	御茶の水書房	1981年5月
第26集	現代日本の賃金問題	御茶の水書房	1982年5月
第27集	現代の合理化	御茶の水書房	1983年5月
第28集	行財政改革と労働問題	御茶の水書房	1984年5月
第29集	先進国における労働問題	御茶の水書房	1985年5月
第30集	先端技術と労働問題	御茶の水書房	1986年5月
第31集	日本の労使関係の特質	御茶の水書房	1987年5月
第32集	現代の労働時間問題	御茶の水書房	1988年5月
第33集	「産業空洞化」と雇用問題	御茶の水書房	1989年5月
第34集	日本の企業と外国人労働者	御茶の水書房	1990年5月
第35集	社会保障改革の現局面	御茶の水書房	1991年6月
第36集	現代日本の労務管理	御茶の水書房	1992年6月
第37集	現代の女性労働と社会政策	御茶の水書房	1993年6月
第38集	日本における外国人労働者問題	御茶の水書房	1994年6月
第39集	現代日本のホワイトカラー	御茶の水書房	1995年6月
第40集	技術選択と社会・企業	御茶の水書房	1996年5月
第41集	二一世紀の社会保障	御茶の水書房	1997年5月
第42集	アジアの労働と生活	御茶の水書房	1998年6月

2 『社会政策叢書』

第Ⅰ集	労働運動の国民的課題	御茶の水書房	1979年4月
第Ⅱ集	福祉国家体制と社会政策	御茶の水書房	1981年1月
第Ⅲ集	高齢化社会の社会政策	啓文社	1982年4月
第Ⅳ集	「地方の時代」と労働問題	啓文社	1982年8月
第Ⅴ集	現代の福祉政策と労働問題	啓文社	1983年5月
第Ⅵ集	総合社会政策と労働福祉	啓文社	1983年10月
第Ⅶ集	「構造変動」と労働者・労働行政	啓文社	1984年5月
第8集	国際化する労働問題と社会政策	啓文社	1984年9月
第9集	婦人労働における保護と平等	啓文社	1985年9月

第10集	社会政策の危機と国民生活	啓文社	1986年10月
第11集	変貌する産業社会と社会政策学	啓文社	1987年10月
第12集	現代労働問題と「人づくり」	啓文社	1988年9月
第13集	転換期に立つ労働運動	啓文社	1989年10月
第14集	戦後社会政策の軌跡	啓文社	1990年10月
第15集	社会政策研究の方法と領域	啓文社	1991年11月
第16集	社会政策学と生活の論理	啓文社	1992年10月
第17集	変化の中の労働と生活	啓文社	1993年10月
第18集	日本型企業社会と社会政策	啓文社	1994年10月
第19集	今日の生活と社会保障改革	啓文社	1995年10月
第20集	弾力化・規制緩和と社会政策	啓文社	1996年10月
第21集	今日の賃金問題	啓文社	1997年10月
第22集	社会政策学会100年	啓文社	1998年10月

3 『社会政策学会誌』

第1号	日雇労働者・ホームレスと現代日本	御茶の水書房	1999年7月
	[社会政策学会年報　通巻第43集]		
第2号	高齢社会と社会政策	ミネルヴァ書房	1999年10月
	[社会政策叢書　通巻第23集]		
第3号	社会政策における国家と地域	御茶の水書房	2000年4月
	[社会政策学会年報　通巻第44集]		
第4号	社会構造の変動と労働問題	ミネルヴァ書房	2000年10月
	[社会政策叢書　通巻第24集]		
第5号	自己選択と共同性	御茶の水書房	2001年3月
	[社会政策学会年報　通巻第45集]		
第6号	「福祉国家」の射程	ミネルヴァ書房	2001年10月
	[社会政策叢書　通巻第25集]		
第7号	経済格差と社会変動	法律文化社	2002年3月

　第7号より，『年報』と『叢書』の『学会誌』への統一移行期の措置であった各号への通巻号数の記載は取りやめることにいたしました。

2002年3月
社会政策学会誌編集委員会

◆編集後記

　社会政策学会第102回大会の共通論題における報告と討論は，男女の賃金格差，大企業と中小企業の規模別格差，パートとフルタイマー・正規と非正規の雇用形態別格差など，「経済格差の拡大」の実態をいろいろな視点から明らかにすると同時に，必要とされている多様な政策課題を提起するものであった。その全体については，中川清会員の［座長報告］を参照されたい。

　第102回大会は，大会史上最多の参加者を得た第100回大会を上回る規模のものとなった。ある分科会では，「座席が足りなくなるほど多くの参加者があった」ほど盛況であった。テーマ別分科会は，共通論題と連動するテーマが設定された第1分科会「社会的・経済的格差とジェンダー」から，実施後1年の介護保険制度に焦点をあてた第11分科会「介護の市場化とホームヘルプ労働」にいたるまで，社会政策の対象である今日的な多くの問題について，11の分科会で30の報告と討論が行なわれた。各分科会の雰囲気がそのまま伝わってくる活気に満ちた大会であった。

　本誌の自由投稿欄には，今回も自由論題分科会での報告者を中心に多数の方が投稿された。投稿論文の数は，合計6本であった。編集委員会では，慎重に検討した結果，最終的に3本の論文を掲載することになった。お忙しいところ，レフリーの労を快諾していただいた会員の皆様には，この場を借りて厚くお礼申し上げたい。また，今後とももっと多くの会員が，自由投稿欄に応募されることを期待したい。

　さて，第100回大会総会で編集委員会に課せられた学会誌改革の課題は，(1)英語論文の掲載，(2)英文サマリーの掲載，(3)誌面の改善，(4)出版社の1本化であった。これらの課題にたいして，編集委員会は，春の号と秋の号を担当する各委員会の相互連携のもとに，第5号(春季号)での英語論文の掲載，第6号(秋季号)からの英文サマリーの掲載，そして本号からは法律文化社からの発行を実現することによって改革課題に応えることができた。新しい表紙カバーの装丁も，その結果である。また，読みやすい学会誌とするために，本号から「はじめに」を掲載することになった。

　さらに本号には，これまでの学会誌である『社会政策学会年報』，『社会政策叢書』，『社会政策学会誌』の発行状況を一覧できる《社会政策学会誌の変遷》を掲載した。会員諸氏の皆様には，所属する大学の図書館，研究所，資料室などで，これらの既刊学会誌について，欠号の有無の確認と補充，継続購入などの労を取って下さるようお願いしたい。

　昨年秋の第103回大会臨時総会では，編集委員の増員が決定され，編集委員会の組織強化がはかられることになった。今後とも，学会誌改善のために，幹事会はじめ会員諸氏の心からのご支援とご協力をお願いしたい。

　　　　　　　　　　　　　　　（森　廣正）

『社会政策学会誌』投稿論文募集について

『社会政策学会誌』に掲載する論文を，下記の【投稿規程】により募集いたします。投稿ご希望の方は，封筒に「社会政策学会誌・投稿論文在中」と明記のうえ，法律文化社編集部宛に簡易書留でお送り下さい。

送付先は学会本部（埼玉大学経済学部）とは別の所ですので，ご注意下さい。

送付先：〒603-8053 京都市北区上賀茂岩ヶ垣内町71 ㈱法律文化社編集部
問合せ先：森　廣正　TEL：045-962-7932　Fax：045-962-6031
E-mail morimasa@pb3.so-net.ne.jp

【投稿規程】
1. 『社会政策学会誌』の投稿資格は，社会政策学会の会員とします。
2. 会員が代表執筆者である場合は，共同執筆論文の投稿を認めます。
3. 投稿原稿の種類は論文とし，未発表のものに限ります。和文原稿の場合は400字詰め原稿用紙50枚以内（図表を含む），英文原稿の場合はＡ４用紙にダブルスペース（1枚28行，1行10～15単語）で25枚以内（図表を含む）とします。その他，詳細については，別紙【執筆要領】（学会ホームページを参照または編集委員会に問い合わせ）を参照して下さい。
4. 論文締切日は，7月20日と1月20日（いずれも当日消印有効）です。締切日までに，和文原稿の場合は英文タイトルと英文要旨（200単語程度）を，英文原稿の場合は和文タイトルと英文要旨（200単語程度）を付して，正1部，副1部を法律文化社編集部宛に送るものとします。

   なお，英文タイトル・英文要旨・英文原稿については，執筆者があらかじめ英語を自国語とする人のチェックを受けた原文を提出して下さい。
5. 投稿論文の採否は，社会政策学会誌編集委員会が指名するレフリーの審査を経て，社会政策学会誌編集委員会が決定します。

   なお，採否理由についてのお問合せには応じられませんのでご了承下さい。
6. 採用原稿の執筆者校正は再校までです。なお，校正時の原稿の改訂は認められません。
7. 投稿原稿は，採否に関わりなく返却致しません。
8. 原稿料は，支払いません。
9. 『社会政策学会誌』に掲載された論文を執筆者が他の出版物に転載する場合は，あらかじめ文書によって編集委員長の了承を得なければなりません。

Shakai-seisaku Gakkai Shi
(The Journal of Social Policy and Labor Studies)

March 2002   No. 7

Economic Inequality and Social Change

1. Economic Inequality and Economic Policies .... Toshiaki TACHIBANAKI (3)
2. About the Present Condition of the Belt of Labor Market in Japan:
From a Survey on the Actual Condition of Rural Areas .... Shinji OHSU (17)
3. The Japanese Wage Differential and the Suppliers System ... Hirofumi UEDA (33)
4. Japanese Women in Class Structure .... Kenji HASHIMOTO (47)
5. Inequality and Social Change: A New Perspective
on Poverty in Contemporary Japan .... Kiyoshi NAKAGAWA (64)

From the Sub-sessions

1. Toward a New Perspective of Women's Social Mobility:
An Analysis of Status Attainment through Earning Function
.... Setsuko HASHIMOTO (77)
2. Employment and Unemployment of Young Workers in France
.... Hiromasa SUZUKI (89)
3. The Relationship between the Public Sector and the Private Sector
in Postwar Japanese Social Welfare Legislation and
the Inherent Restriction on the Private Sector .... Tsutomu KITABA (105)
4. The Social Isolation of the Elderly and
Social Welfare Services in Japan .... Katsuyoshi KAWAI (118)
5. Globalization and Its Effect on the Welfare State:
A Case Study of EU Member Countries .... Yoshihiro SHIMODAIRA (132)
6. A Sketch of Taiwan's National Pension Debate:
Late Welfare State Formation in the Global Economy
.... Yasuhiro KAMIMURA (151)

Comments by Sub-sessions Chairs .... (165)

Articles

1. The Significance of 401(k)s in U. S. Retirement Income Policy:
A Comparison with Corporate-IRAs in the Early 1980s. ... Kenzo YOSHIDA (209)
2. The Introduction of the Job Evaluation System
in a Steel Plant .... Hiroyuki AOKI (231)
3. International Relocation of Production Process and Introduction of
Migrant Workers in Japanese Garment Industry .... Eigo MURAKAMI (252)

Summary .... (273)

Edited by
SHAKAI-SEISAKU GAKKAI
(Society for the Study of Social Policy)
c/o Professor Yoshihiko Kamii
Faculty of Economics, Saitama University
255 Shimo-ookubo, Saitama-shi, Saitama-ken, 338-8570, JAPAN
URL http://oisr.org/sssp/
E-mail: Kamii@eco.saitama-u.ac.jp

＜執筆者紹介＞ （執筆順）

橘木　俊詔	京都大学経済研究所
大須　真治	中央大学経済学部
植田　浩史	大阪市立大学経済研究所
橋本　健二	静岡大学教育学部
中川　清	慶應義塾大学経済学部
橋本　摂子	東京工業大学大学院社会理工学研究科
鈴木　宏昌	早稲田大学商学部
北場　勉	日本社会事業大学社会福祉学部
河合　克義	明治学院大学社会学部
下平　好博	明星大学人文学部
上村　泰裕	東京大学社会科学研究所
竹内　敬子	成蹊大学文学部
仁田　道夫	東京大学社会科学研究所
小笠原浩一	埼玉大学経済学部
川上　昌子	淑徳大学社会学部
三宅　明正	千葉大学文学部
伊藤　セツ	昭和女子大学女性文化研究所
遠藤　公嗣	明治大学経営学部
武川　正吾	東京大学大学院
高田　一夫	一橋大学大学院
埋橋　孝文	日本女子大学人間社会学部
深澤　和子	日本女子大学人間社会学部
吉田　健三	京都大学大学院経済学研究科
青木　宏之	明治大学大学院経営学研究科
村上　英吾	横浜国立大学大学院国際開発研究科

経済格差と社会変動　　　社会政策学会誌第7号

2002年3月31日　初版第1刷発行

編集　社 会 政 策 学 会
（代表幹事　上井喜彦）

発行所　社会政策学会本部事務局
〒338-8570　埼玉県さいたま市下大久保255
埼玉大学経済学部気付
電話 048-858-3331／Fax 048-858-3331
URL http://oisr.org/sssp/
E-mail:kamii@eco.saitama-u.ac.jp

発売元　株式会社　法律文化社
〒603-8053　京都市北区上賀茂岩ケ垣内町71
電話 075(791)7131　FAX 075(721)8400
URL:http://web.kyoto-inet.or.jp/org/houritu/

©2002 社会政策学会 Printed in Japan
内外印刷株式会社・酒本製本所
装幀　石井きよ子
ISBN 4-589-02561-2

講座 社会保障法【全6巻】
日本社会保障法学会 編　　　　・A5判／上製カバー巻

❶ **21世紀の社会保障法**　　・326頁・3600円
「全面的・抜本的な構造改革」が重大な政策争点となっている今日、戦後の立法の展開を総括し、課題と難局をのりこえる視角を設定した本講座の総論。

❷ **所得保障法**　　・344頁・3700円
年金保険と労働保険を中心に、現状を概観。年金財政の危機的状況のなかで制度と給付をめぐる今日的な課題に迫る。

❸ **社会福祉サービス法**　　・330頁・3700円
「措置から契約へ」といった社会福祉サービスの政策動向の転換を権利擁護の視角から捉え、今後の福祉サービスのあり方に一石を投じる。

❹ **医療保障法・介護保障法**　　・364頁・3900円
医療と介護の保障をいかに実現するか。その具体的方策について現状と発展の方向を探り出し、健康権・患者の権利の展開を体系と構造の両側面から明らかにする。

❺ **住居保障法・公的扶助法**　　・320頁・3800円
Ⅰ部＝基本的人権の基礎としての居住権の確立を検討する。Ⅱ部＝最低生活保障の最後のセーフティネットである生活保護法の権利の再構築と立法政策的課題を提起。

❻ **社会保障法の関連領域──拡大と発展**　　・342頁・3900円
社会保障を総合的「生活保障制度」の一環と位置づけ、教育、雇用・就労、被害者救済制度について考察。市民運動や裁判をふまえ、新たな課題と方向を検討する。

福祉国家という戦略
──スウェーデンモデルの政治経済学──

宮本太郎著

スウェーデン福祉国家の形成と発展プロセスを実証研究と理論動向を踏まえ分析。福祉国家戦略を理論的に解明し、その全体構造を示す。今後の福祉国家研究の礎となる分析枠組・視角・手法を提示。　・3800円

失業の社会学
──フランスにおける失業との闘い──

D. ドマジエール／都留民子訳

失業は権利だ──失業が社会的に認可されてきたフランスの雇用政策や社会保障制度、失業者の生活分析・調査から「失業とは何か」を問う。日本との比較や研究課題についても論及。　・2600円

法律文化社

表示価格は本体（税別）価格です